유형별 주제별로 정리한

JPT 한권으로 끝내기 VOCA

윤준호, 박재욱 공저

다락원

유형별 주제별로 정리한

JPT 한권으로 끝내기 VOCA

지은이 윤준호, 박재욱
펴낸이 정규도
펴낸곳 (주)다락원

초판 1쇄 발행 2009년 8월 17일
개정1판 1쇄 발행 2016년 5월 25일
개정1판 5쇄 발행 2025년 7월 4일

책임편집 송화록, 한누리, 임혜련, 임지인
디자인 하태호, 정규옥

다락원 경기도 파주시 문발로 211
내용문의: (02)736-2031 내선 460~465
구입문의: (02)736-2031 내선 250~252
Fax: (02)732-2037
출판등록 1977년 9월 16일 제406-2008-000007호

ISBN 979-89-277-1146-9 13730

http://www.darakwon.co.kr

- 다락원 홈페이지를 방문하시면 상세한 출판 정보와 함께 동영상강좌, MP3 자료 등 다양한 어학 정보를 얻으실 수 있습니다.
- 다락원 홈페이지에 접속하시거나 표지의 QR코드를 스캔하시면 MP3 파일 및 관련자료를 다운로드 하실 수 있습니다.

– 머리말 –

JPT(Japanese Proficiency Test) 일본어능력시험은 시험의 특성상 얼마나 많은 어휘를 알고 있느냐가 시험 성적을 좌우한다고 해도 과언이 아닙니다. 따라서 고득점을 얻기 위해서는 동사, イ형용사, ナ형용사, 부사, 접속사, 관용구, 속담 등의 다양하고 폭넓은 어휘의 암기가 중요합니다.

하지만 이런 어휘를 모두 암기하려면 막대한 시간과 노력이 필요하며, 두서없이 외우다 보면 시간을 낭비하기 쉽습니다. 그래서 저자는 매회 JPT시험을 치르면서 시험에 나왔던 어휘를 철저하게 분석하여, 수험자가 효율적으로 어휘를 학습할 수 있도록 정리하였습니다.

『JPT 한권으로 끝내기 VOCA』는 유형별·주제별로 어휘를 정리하여 수험자가 자신의 취약점을 보완할 수 있게 하였고, 예문은 실제 시험과 그 형태를 같게 구성하여 시험에서 적응력을 높일 수 있도록 하였습니다. 그리고 학습자의 편의를 위해 관련 어휘를 제시하여 어휘의 폭과 깊이를 더하였습니다.

이 책으로 꾸준히 학습한다면 JPT 고득점의 길은 쉬울 것이라고 확신하며, 수험자 여러분의 노력의 결실이 이루어지기를 기원하겠습니다.
마지막으로 이 책이 나오기까지 도움을 주신 유코와 사오리 선생님께 감사의 마음을 전합니다.

저자 윤준호, 박재욱

책의 구성과 특징

1 유형별 정리

유형별로 어휘가 정리되어 자신의 취약점을 공략할 수 있습니다.

2 주제별 정리

주제별로 어휘를 정리하여 관련 어휘를 한꺼번에 학습할 수 있습니다.

3 출제 경향에 딱 맞춘 예문

출제 경향에 맞춘 예문으로 시험 적응력을 높일 수 있습니다.

표제어
☆☆☆표시는 중요도와 출제 빈도수를 나타내며, ★이 많으면 중요 단어입니다.

관 표제어의 관련 어휘

반의어 반 표제어에 대한 반의어
유의어 유 표제어에 대한 유의어
타동사 타 표제어에 대한 타동사
자동사 자 표제어에 대한 자동사
파생어 파 표제어에 대한 파생어

★★☆
洗う

씻다
男の人が車の後ろを洗っています。
남자는 차 뒤쪽을 씻고 있습니다.

관 洗濯 세탁
皿洗い 설거지

★★☆
歩く
유 歩む 걷다

걷다
本を読みながら街を歩いています。
책을 읽으면서 거리를 걷고 있습니다.

관 すたすた 총총걸음으로 (빠른 걸음으로 걷는 모양)
とぼとぼ 터벅터벅 (쓸쓸한 듯 기운 없이 걷는 모양)
よちよち 아장아장, 비틀비틀 (아기나 노쇠한 사람 등이 걷는 모양)

★★☆
動かす
자 動く 움직이다

움직이다
指を入れて動かす人形です。
손가락을 넣어서 움직이는 인형입니다.

★★☆
うつむく
반 仰向く 위를 향하다

고개를 숙이다
その人は片手にうちわを握り締め、うつむいています。
그 사람은 한 손에 부채를 움켜쥐고 고개를 숙이고 있습니다.

★☆☆
演説

연설
演説を聞いている学生たちは全員制服を着ています。
연설을 듣고 있는 학생들은 모두 제복을 입고 있습니다.

012 JPT 보카 한권으로 끝내기

무료 MP3 파일

일한 동시녹음 무료 MP3를 들으면서 학습할 수 있습니다.

연습문제

실제 시험과 같은 형태의 문제로 실력을 점검합니다.

연습문제

실제 시험과 같은 형태의 연습문제로 실력을 점검합니다.

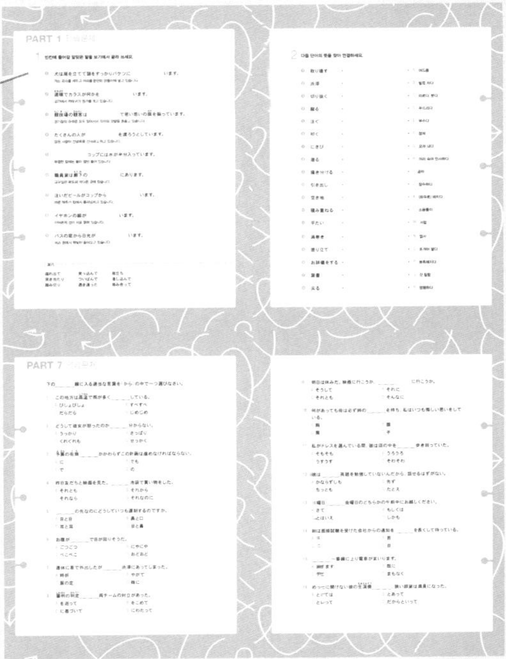

무료 MP3 다운로드

본책의 단어와 예문은 다락원 홈페이지(www.darakwon.co.kr)에서 다운로드 받을 수 있습니다.

목 차

■ 머리말 003　■ 책의 구성과 특징 004

PART 1
사진묘사

unit 01 동작 · 행동 011
unit 02 상태 · 모양 039
unit 03 교통수단 054
unit 04 위치와 도형 060
unit 05 실내 풍경 063
unit 06 실외 풍경 075

PART 2
질의응답

unit 01 인사 표현 093
unit 02 존경어 · 겸양어 098
unit 03 예 / 아니요형 질문 103
unit 04 의문사가 있는 질의응답 105
unit 05 의문사가 없는 질의응답 110
unit 06 정보 전달 118
unit 07 자신의 의견 · 감동 전달 131

PART 3
회화문

unit 01 경험 · 습관 · 행동 147
unit 02 규칙 · 안내 · 정보 · 주의 153
unit 03 부탁 · 예약 · 주문 159
unit 04 비즈니스 · 업무 165
unit 05 일상생활 173

PART 4
설명문

unit 01 광고 213
unit 02 날씨 217
unit 03 사건 · 사고 226

PART 5
정답찾기

unit 01 1자 한자어 243
unit 02 2자 한자어 249
unit 03 3자 한자어 256
unit 04 4자 한자어 258
unit 05 イ형용사 260
unit 06 ナ형용사 265
unit 07 동사 268
unit 08 복합동사 273
unit 09 동음이의어 278
unit 10 다의어 287

PART 6
오문정정

unit 01 자·타동사 309
unit 02 조사 317
unit 03 가타카나 322

PART 7
공란메우기

unit 01 접속사 331
unit 02 부사 337
unit 03 의성어·의태어 351
unit 04 관용구 I 362
unit 05 관용구 II 372
unit 06 필수 문형 383

PART 8
독해

unit 01 경제 407
unit 02 교육 434
unit 03 스포츠 439
unit 04 의료 442
unit 05 정치 447
unit 06 환경 456

■ 정답 및 찾아보기 461

PART 1

사진 묘사

사진을 묘사한 문장을 고르는 것으로 총 20문제가 출제된다. 사진묘사 문제는 사람이나 동물, 실내외 풍경에 대한 문제가 대부분이다. 따라서 이 문제를 풀기 위해서는 인물의 동작, 자세, 복장에 대한 어휘를 알아야 하며, 인물이 2명 이상일 경우에는 각각의 복장 및 동작의 차이점을 찾아내는 것도 중요하다. 실내외 풍경에서는 장소와 사물의 위치, 상태를 주의 깊게 보아야 하며, 간판이나 자판기 등을 보고 제시된 정보를 재빨리 파악해야 문제를 풀 수 있다.

1. 次の写真を見て、その内容に合っている表現を(A)から(D)の中で一つ選びなさい。

例

(A) 壁のそばに車椅子が置いてあります。

(B) 壁には何もかかっていません。

(C) 壁のそばに自転車が置いてあります。

(D) 壁のそばにベビーカーが置いてあります。

答 (A)

unit 01

동작·행동

TRACK 1-01

★★☆

足(あし)を揃(そろ)える

다리를 모으다

足(あし)を揃(そろ)えて椅子(いす)に腰掛(こしか)けています。

다리를 모으고 의자에 앉아 있습니다.

爪先(つまさき)を揃(そろ)える 발끝을 모으다

★★☆

足(あし)を伸(の)ばす

다리를 펴다, 다리를 뻗다

女(おんな)の人(ひと)は足(あし)を伸(の)ばして本(ほん)を読(よ)んでいます。

여자는 다리를 뻗고 책을 읽고 있습니다.

足(あし)を曲(ま)げる 다리를 구부리다

片膝(かたひざ)を上(あ)げる 한쪽 무릎을 구부리다

★★☆

預(あず)ける

맡기다

ここでお金(かね)を預(あず)けることができます。

여기에서 돈을 맡길 수가 있습니다.

預(あず)かる 맡다, 보관하다

げたを預(あず)ける (모든 것을 상대편에게 부탁하여 그 처리를) 일임하다

★☆☆

後片付(あとかたづ)け

뒤처리, 설거지

食事(しょくじ)を済(す)ませ、食器(しょっき)の後片付(あとかたづ)けをしています。

식사를 끝내고 식기를 설거지하고 있습니다.

★★☆

洗(あら)う

씻다

男(おとこ)の人(ひと)が車(くるま)の後(うし)ろを洗(あら)っています。

남자는 차 뒤쪽을 씻고 있습니다.

> 洗濯(せんたく) 세탁
> 皿洗(さらあら)い 설거지

★★☆

歩(ある)く

유 歩(あゆ)む 걷다

걷다

本(ほん)を読(よ)みながら街(まち)を歩(ある)いています。

책을 읽으면서 거리를 걷고 있습니다.

> すたすた 총총걸음으로 (빠른 걸음으로 걷는 모양)
> とぼとぼ 터벅터벅 (쓸쓸한 듯 기운 없이 걷는 모양)
> よちよち 아장아장, 비틀비틀 (아기나 노쇠한 사람 등이 걷는 모양)

★★☆

動(うご)かす

자 動(うご)く 움직이다

움직이다

指(ゆび)を入(い)れて動(うご)かす人形(にんぎょう)です。

손가락을 넣어서 움직이는 인형입니다.

★★☆

うつむく

반 仰向(あおむ)く 위를 향하다

고개를 숙이다

その人(ひと)は片手(かたて)にうちわを握(にぎ)り締(し)め、うつむいています。

그 사람은 한 손에 부채를 움켜쥐고 고개를 숙이고 있습니다.

★☆☆

演説(えんぜつ)

연설

演説(えんぜつ)を聞(き)いている学生(がくせい)たちは全員制服(ぜんいんせいふく)を着(き)ています。

연설을 듣고 있는 학생들은 모두 제복을 입고 있습니다.

★★☆

円(えん)になる

유 輪(わ)になる 원형을 이루다

원이 되다

男女(だんじょ)のグループが手(て)をつないで円(えん)になっています。

남녀 그룹이 손을 잡고 원이 되었습니다.

輪(わ)をかける 과장하다

★☆☆

怒(おこ)る

화내다

この人(ひと)は怖(こわ)い顔(かお)で怒(おこ)っています。

이 사람은 무서운 얼굴로 화내고 있습니다.

激怒(げきど)する 격노하다, 몹시 화내다
腹立(はらだ)たしい 화가 나다
腹立(はらだ)つ 화를 내다
立腹(りっぷく)する 화를 내다

★☆☆

お辞儀(じぎ)をする

머리 숙여 인사하다

ウェーターが店(みせ)に入(はい)る男性(だんせい)にお辞儀(じぎ)をしています。

웨이터가 가게에 들어오는 남성에게 머리 숙여 인사하고 있습니다.

挨拶(あいさつ) (말로 주고받는) 인사
会釈(えしゃく) (머리를 살짝 숙이는) 가벼운 인사
お礼(れい) (감사의 뜻을 표현하는) 인사

★★☆

お茶(ちゃ)を入(い)れる

차를 끓이다

着物姿(きものすがた)の人(ひと)が両方(りょうほう)の手(て)を使(つか)ってお茶(ちゃ)を入(い)れています。

기모노 차림의 사람이 양손을 사용해서 차를 끓이고 있습니다.

お茶(ちゃ)する 차 한잔하다
お茶(ちゃ)にする (일하는 도중) 잠깐 쉬다

★★☆

踊(おど)る

유 舞(ま)う 춤추다

춤추다

着物姿(きものすがた)の子供(こども)たちが踊(おど)っています。

기모노 차림의 아이들이 춤추고 있습니다.

★★★

泳(およ)ぐ

헤엄치다, 수영하다

こいが公園(こうえん)の池(いけ)で泳(およ)いでいます。

잉어가 공원 연못에서 헤엄치고 있습니다.

★☆☆

尾(お)を立(た)てる

꼬리를 세우다

ピンと尾(お)を立(た)てた犬(いぬ)がこちらを向(む)いています。

꼬리를 꼿꼿이 세운 개가 이쪽을 보고 있습니다.

★★☆

会議室(かいぎしつ)

회의실

会議室(かいぎしつ)で打(う)ち合(あ)わせをしている最中(さいちゅう)です。

회의실에서 한창 협의를 하고 있는 중입니다.

★☆☆

回収(かいしゅう)する

회수하다

リサイクル用(よう)に分別(ぶんべつ)されたゴミを回収(かいしゅう)しています。

재활용용으로 분류된 쓰레기를 회수하고 있습니다.

★☆☆

買(か)い物(もの)をする

쇼핑을 하다

男(おとこ)の人(ひと)はデパートで買(か)い物(もの)をしています。

남자는 백화점에서 쇼핑을 하고 있습니다.

★★☆

飼う

유 飼育する 사육하다

기르다

温室で飼われている動物です。

온실에서 사육되고 있는 동물입니다.

★★☆

掻き分ける

(좌우로) 헤치다

雑木林の中を掻き分けながら歩いている人が見えます。

잡목림 안을 헤치며 걸어가고 있는 사람이 보입니다.

★★★

書く

쓰다

部屋で手紙を書いています。

방에서 편지를 쓰고 있습니다.

★☆☆

掻く

긁다

左手で頭を掻いています。

왼손으로 머리를 긁고 있습니다.

★★★

傘をさす

우산을 쓰다

女の人が傘をさして公園を歩いています。

여자가 우산을 쓰고 공원을 걷고 있습니다.

相合傘 한 우산을 남녀가 함께 씀
置き傘 예비 우산
折り畳みの傘 접이식 우산
傘を畳む 우산을 접다
日傘 양산

★★☆

片付ける(かたづける)

정리하다, 정돈하다

店員(てんいん)がテーブルの上(うえ)を片付(かたづ)けているところです。

점원이 테이블 위를 정리하고 있는 중입니다.

★★☆

肩(かた)にかける

어깨에 걸치다, 어깨에 메다

女(おんな)の人(ひと)はショルダーバッグを肩(かた)にかけています。

여자는 숄더백을 어깨에 메고 있습니다.

★☆☆

担ぐ(かつぐ)

유 担う(になう) 짊어지다

파 担い手(にないて) 담당자

메다, 짊어지다

人々(ひとびと)は同(おな)じ服(ふく)を身(み)につけ、何(なに)かを担(かつ)いでいます。

사람들은 같은 옷을 몸에 걸치고, 무언가를 메고 있습니다.

★☆☆

奏でる(かなでる)

유 演奏(えんそう)する 연주하다

연주하다, 악기를 타다

３人(にん)は楽譜(がくふ)を据(す)え、ギターを奏(かな)でています。

3명은 악보를 고정시키고, 기타를 연주하고 있습니다.

★★☆

乾かす(かわかす)

유 干す(ほす) 말리다

자 乾く(かわく) 마르다

말리다

髪(かみ)の毛(け)を乾(かわ)かしているところです。

머리카락을 말리고 있는 중입니다.

★★☆

着飾る(きかざる)

화려하게 옷을 차려입다

着飾(きかざ)った女性(じょせい)たちが笑(わら)っています。

화려하게 차려입은 여성들이 웃고 있습니다.

着る(き) (옷을) 입다
正装(せいそう) 정장
盛装(せいそう) 옷을 화려하게 차려입음

★★☆

機内(きない)

파 機内食(きないしょく) 기내식

기내

乗客(じょうきゃく)は順番(じゅんばん)に機内(きない)に乗(の)り込(こ)んでいます。

승객은 순번대로 기내에 올라타고 있습니다.

★☆☆

きらびやか

눈부시게 아름다움

きらびやかな女優(じょゆう)がスクリーンの前(まえ)に座(すわ)っています。

아름다운 여배우가 스크린 앞에 앉아 있습니다.

★★☆

切(き)り抜(ぬ)く

오려 내다

雑誌(ざっし)の写真(しゃしん)を切(き)り抜(ぬ)いてスクラップしています。

잡지의 사진을 오려 내서 스크랩하고 있습니다.

★★★

切(き)る

자르다

まな板(いた)の上(うえ)で肉(にく)を分厚(ぶあつ)く切(き)っています。

도마 위에서 고기를 두껍게 자르고 있습니다.

★☆☆

議論(ぎろん)する

토론하다, 의론하다

机(つくえ)を囲(かこ)んで4人(にん)の男女(だんじょ)が議論(ぎろん)しています。

책상을 둘러싸고 남녀 네 명이 토론하고 있습니다.

★☆☆

食(く)う

먹다

彼(かれ)はラーメンを食(く)っています。

그는 라면을 먹고 있습니다.

> 食(く)うは食(た)べる보다 거친 말로 주로 남자가 씀

★★☆

組(く)み合(あ)わせる

짜 맞추다, 짝을 짓다

男(おとこ)の人(ひと)は両手(りょうて)の指(ゆび)を組(く)み合(あ)わせて頭(あたま)の後(うし)ろに上(あ)げています。

남자는 양손을 깍지 끼고 머리 뒤로 올리고 있습니다.

★★★

組(く)む

끼다, 꼬다

真(ま)ん中(なか)の女(おんな)の人(ひと)は腕(うで)を組(く)んでいます。

한가운데의 여자는 팔짱을 끼고 있습니다.

> 足(あし)を組(く)む 다리를 꼬다
> 肩(かた)を組(く)む 어깨동무를 하다

★☆☆

クリームをつける

크림을 바르다

おでこにクリームをつけています。

이마에 크림을 바르고 있습니다.

★★☆

消(け)しゴム

지우개

間違(まちが)った字(じ)を消(け)しゴムで消(け)しています。

틀린 글자를 지우개로 지우고 있습니다.

> 修正(しゅうせい)テープ 수정 테이프
> 修正(しゅうせい)ペン 수정 펜

★☆☆

化粧(けしょう)する

화장하다

鏡(かがみ)を見(み)ながら化粧(けしょう)しています。

거울을 보면서 화장하고 있습니다.

★★☆

削(けず)る

깎다

新聞紙(しんぶんし)の上(うえ)で鉛筆(えんぴつ)を削(けず)っています。

신문지 위에서 연필을 깎고 있습니다.

★★☆

蹴(け)る

(발로) 차다

川(かわ)に向(む)かって石(いし)を蹴(け)ろうとしている瞬間(しゅんかん)です。

강을 향해서 돌을 차려고 하는 순간입니다.

★★☆

見物(けんぶつ)する

구경하다

みんなでテニスのゲームを見物(けんぶつ)しています。

모두 테니스 게임을 구경하고 있습니다.

> 高(たか)みの見物(けんぶつ) 강 건너 불구경
> 野次馬(やじうま) 구경꾼

★★☆

小包(こづつみ)

소포

小包(こづつみ)の重量(じゅうりょう)を測(はか)っています。

소포의 중량을 재고 있습니다.

★★☆

コピー

복사(copy)

コピーをしている職員(しょくいん)がいます。

복사를 하고 있는 직원이 있습니다.

★★☆

最中(さいちゅう)

한창인 때, 한창 진행되고 있는 도중

バスから順番(じゅんばん)に乗客(じょうきゃく)が降(お)りている最中(さいちゅう)です。

버스에서 차례대로 승객이 한창 내리고 있는 중입니다.

★★☆

支(ささ)える

떠받치다

壁(かべ)にかかっている額(がく)を両手(りょうて)で支(ささ)えています。

벽에 걸려 있는 액자를 양손으로 떠받치고 있습니다.

支(つか)える 막히다

★★☆

差(さ)し出(だ)す

내밀다

猫(ねこ)の目(め)の前(まえ)に餌(えさ)を差(さ)し出(だ)しています。

고양이 눈앞에 먹이를 내밀고 있습니다.

★★★

触(さわ)る

유 触(ふ)れる 스치다, 접촉하다

만지다

両手(りょうて)で膝(ひざ)を触(さわ)っています。

양손으로 무릎을 만지고 있습니다.

★☆☆

指揮(しき)する

지휘하다

交響楽団(こうきょうがくだん)でオーケストラを指揮(しき)しています。

교향악단에서 오케스트라를 지휘하고 있습니다.

★★☆

事故に遭う

사고를 당하다

警官が事故に遭った車を調査しています。

경찰관이 사고를 당한 차를 조사하고 있습니다.

★★☆

芝を刈る

잔디를 깎다

麦わら帽子を被った人が芝を刈っています。

밀짚모자를 쓴 사람이 잔디를 깎고 있습니다.

★☆☆

シュレッダー

문서 절단기, 슈레더(shredder)

シュレッダーで書類を処分している人がいます。

문서 절단기로 서류를 처분하고 있는 사람이 있습니다.

★☆☆

消火作業

소화 작업

消防士たちが火災現場で消火作業をしています。

소방관들이 화재 현장에서 소화 작업을 하고 있습니다.

★☆☆

定規

자

女の人はノートに定規で線を引いています。

여자는 노트에 자로 선을 긋고 있습니다.

★☆☆

スコップ

삽

スコップで足元の土を掘っています。

삽으로 발밑의 흙을 파고 있습니다.

★★☆

進(すす)む

㊀ 進(すす)める 앞으로 가게 하다, 진행시키다

나아가다

川(かわ)の真(ま)ん中(なか)でボートが３列(れつ)に並(なら)んで進(すす)んでいるところです。

강 한가운데에서 보트가 3열로 줄을 지어 나아가고 있는 중입니다.

★★☆

すっぽり

뒤집어 쓰는 모양, 푹

猫(ねこ)が紙袋(かみぶくろ)の中(なか)にすっぽり頭(あたま)を突(つ)っ込(こ)んでいます。

고양이가 종이 가방 안에 머리를 푹 넣고 있습니다.

★★★

座(すわ)る

앉다

若(わか)い女(おんな)の人(ひと)が椅子(いす)に座(すわ)っています。

젊은 여자가 의자에 앉아 있습니다.

- あぐらをかく 책상다리하고 앉다
- うずくまる 웅크리고 앉다, 쪼그리고 앉다
- 腰掛(こしか)ける 걸터앉다
- 腰(こし)を下(お)ろす 앉다
- しゃがむ 쭈그리고 앉다
- 正座(せいざ)する 정좌하다
- ひざまずく 꿇어앉다, 무릎 꿇다

★★☆

背(せ)を向(む)ける

㊁ 向(む)かい合(あ)う 마주보다
向(む)き合(あ)う 마주보다

등을 돌리다

二人(ふたり)はお互(たが)いに背(せ)を向(む)けて立(た)っています。

두 사람은 서로 등을 돌리고 서 있습니다.

★★☆

掃除(そうじ)する

㊂ 清掃(せいそう)する 청소하다

청소하다

この人(ひと)たちは店(みせ)の前(まえ)を掃除(そうじ)しています。

이 사람들은 가게 앞을 청소하고 있습니다.

★★☆

叩(たた)く

두드리다, 치다

隣(となり)の人(ひと)の肩(かた)を叩(たた)いています。 옆 사람의 어깨를 두드리고 있습니다.

殴(なぐ)る (세게) 때리다, 치다

★★★

立(た)つ

서다

二人(ふたり)は座(すわ)っていて、一人(ひとり)は立(た)っています。
두 사람은 앉아 있고 한 사람은 서 있습니다.

立(た)ち上(あ)がる 일어서다

★☆☆

種(たね)をまく

씨를 뿌리다

腰(こし)を曲(ま)げて種(たね)をまいています。 허리를 구부리고 씨를 뿌리고 있습니다.

★★★

食(た)べる

파 食(た)べ盛(ざか)り 한창 먹을 나이

먹다

ハイキングに来(き)た人(ひと)たちがおにぎりを食(た)べています。
하이킹을 온 사람들이 주먹밥을 먹고 있습니다.

ぱくぱく 우걱우걱 (마구 먹어대는 모양)
もぐもぐ 우물우물 (입을 충분히 벌리지 않고 먹는 모양)

★☆☆

戯(たわむ)れる

유 いたずらをする
장난을 치다

장난치다

野生(やせい)の猿(さる)たちが木(き)の上(うえ)で戯(たわむ)れています。
야생 원숭이들이 나무 위에서 장난치고 있습니다.

じゃれる (아이나 작은 동물이) 달라붙어 장난치다

★★☆

散らかる

흩어지다, 널브러지다

타 散らかす 흩뜨리다, 어지르다

散らかった服をきちんと揃えているところです。
널브러진 옷을 깔끔히 정리하고 있는 중입니다.

★☆☆

ついばむ

쪼다

小鳥が小さなパンくずをついばんでいます。
작은 새가 작은 빵부스러기를 쪼고 있습니다.

★★☆

注ぐ

따르다, 붓다

ウェーターが両手でグラスに飲み物を注いでいます。
웨이터가 양손으로 유리컵에 음료수를 따르고 있습니다.

注ぐ 흘러들다, 쏟아지다, 정신을 쏟다

★★☆

突っ込む

쑤셔 넣다, 질러 넣다, 처넣다

女の人は洗面器に両手を突っ込んでいます。
여자는 세면대에 양손을 넣고 있습니다.

★★☆

つまむ

(손가락 또는 막대로) 집다

파 つまみ食い
손가락으로 집어 먹음

右手でおかずをつまんでいます。
오른손으로 반찬을 집고 있습니다.

★★☆

積み込む

짐을 싣다

荷台にたくさんの荷物を積み込んでいます。
짐받이에 많은 짐을 싣고 있습니다.

★★☆
手(て)にする

손에 쥐다

公衆電話(こうしゅうでんわ)の受話器(じゅわき)を手(て)にしながら話(はな)しています。

공중전화 수화기를 손에 쥐고 이야기하고 있습니다.

★★☆
手袋(てぶくろ)をする

장갑을 끼다

手袋(てぶくろ)をした人(ひと)が停留場(ていりゅうじょう)に立(た)っています。

장갑을 낀 사람이 정류장에 서 있습니다.

> 軍手(ぐんて) 목장갑
> 手袋(てぶくろ)を嵌(は)める 장갑을 끼다

★★★
手(て)を入(い)れる

손을 넣다

３人(にん)はみんなズボンのポケットに手(て)を入(い)れています。

세 사람은 모두 바지 주머니에 손을 넣고 있습니다.

★★☆
手(て)を振(ふ)る

손을 흔들다

ボートに乗(の)った人(ひと)たちが手(て)を振(ふ)っています。

보트에 탄 사람들이 손을 흔들고 있습니다.

> 大手(おおで)を振(ふ)る 의기양양하게 걷다, 서슴없이 행동하다

★☆☆
点検(てんけん)

점검

ピットでエンジンの点検(てんけん)をしています。

정비소에서 엔진 점검을 하고 있습니다.

★★☆

閉(と)じる

반 開(あ)ける 뜨다, 열다

감다, 닫다

目(め)を閉(と)じて笑(わら)っています。

눈을 감고 웃고 있습니다.

★★★

飛(と)ぶ

타 飛(と)ばす 날리다

날다

空(そら)に飛行機(ひこうき)が飛(と)んでいます。

하늘에 비행기가 날고 있습니다.

> 飛(と)び立(た)つ 날아오르다, 날아가다

★☆☆

取(と)り合(あ)い

서로 차지하려고 다툼, 서로 빼앗음

選手(せんしゅ)たちはサッカーボールの取(と)り合(あ)いをしています。

선수들은 축구공을 차지하려고 다투고 있습니다.

★★☆

眺(なが)める

유 見詰(みつ)める 바라보다

바라보다, 조망하다

男(おとこ)の人(ひと)は寝転(ねころ)んで景色(けしき)を眺(なが)めています。

남자는 드러누워서 경치를 바라보고 있습니다.

★★☆

投(な)げる

던지다

男(おとこ)の子(こ)たちはボールを投(な)げています。

사내아이들은 공을 던지고 있습니다.

> 身(み)を投(な)げる 몸을 던지다, 투신하다

★★☆

撫(な)でる

쓰다듬다

横(よこ)になっている犬(いぬ)の体(からだ)を撫(な)でている人(ひと)がいます。

누워 있는 개의 몸을 쓰다듬고 있는 사람이 있습니다.

★★☆

波(なみ)を立(た)てる

파도(물결)를 일으키다

一隻(いっせき)の船(ふね)が波(なみ)を立(た)てながら川(かわ)を進(すす)んでいます。

배 한 척이 물결을 일으키며 강을 나아가고 있습니다.

★☆☆

にきび

여드름

にきびをつぶしています。

여드름을 짜고 있습니다.

★★☆

握(にぎ)り締(し)める

꽉 쥐다, 움켜쥐다

首(くび)からぶらさげたカメラを握(にぎ)り締(し)めています。

목에 매단 카메라를 꽉 쥐고 있습니다.

★☆☆

睨(にら)む

노려보다

男(おとこ)の人(ひと)は眼鏡(めがね)を外(はず)して隣(となり)の人(ひと)を睨(にら)んでいます。

남자는 안경을 벗고 옆 사람을 노려보고 있습니다.

> 睨(にら)み合(あ)う 서로 노려보다

★★☆

縫(ぬ)う

꿰매다

この人(ひと)は華(はな)やかな布団(ふとん)を縫(ぬ)っているところです。

이 사람은 화려한 이불을 꿰매고 있는 중입니다.

★★☆

脱(ぬ)ぐ

벗다

㉆ 脱(ぬ)げる 벗겨지다

靴下(くつした)を脱(ぬ)いでいるところです。
양말을 벗고 있는 중입니다.

★★☆

濡(ぬ)れる

젖다

㉁ 濡(ぬ)らす 적시다

濡(ぬ)れた床(ゆか)を雑巾(ぞうきん)で拭(ふ)いています。
젖은 마루를 걸레로 닦고 있습니다.

ぐしょ濡(ぬ)れ (물방울이 떨어질 정도로) 흠뻑 젖음
ずぶ濡(ぬ)れ 흠뻑 젖음
びしょ濡(ぬ)れ 흠뻑 젖음

★★☆

眠(ねむ)る

자다

田(た)んぼのあぜ道(みち)で犬(いぬ)が眠(ねむ)っています。
논두렁길에서 개가 자고 있습니다.

居眠(いねむ)りする 앉아서 졸다
うたた寝(ね)をする 선잠을 자다
うつらうつらする 꾸벅꾸벅 졸다
うとうとする 꾸벅꾸벅 졸다
狸寝入(たぬきねい)り 자는 체함, 거짓 잠
舟(ふね)を漕(こ)ぐ 꾸벅꾸벅 졸다

★☆☆

乗(の)り入(い)れる

탈것에 탄 채 들어가다

商店街(しょうてんがい)には自転車(じてんしゃ)を乗(の)り入(い)れる人(ひと)はいません。
상점가에는 자전거를 타고 들어가는 사람은 없습니다.

★★★

乗(の)る

반 降(お)りる 내리다

타다

皆(みな)、乗(の)り物(もの)に乗(の)っています。

모두 탈것을 타고 있습니다.

乗(の)り込(こ)む 탈것에 올라타다
またがる 올라타다

★★★

飲(の)む

파 飲(の)み会(かい) 술자리
飲(の)み食(く)い 먹고 마심

마시다

男(おとこ)の人(ひと)は飲(の)み物(もの)を飲(の)んでいます。

남자는 음료수를 마시고 있습니다.

がぶがぶ 꿀꺽꿀꺽, 벌컥벌컥 (물, 술 등을 힘차게 마시는 모양)
ぐびぐび 꿀꺽꿀꺽 (목청을 울리며 마시는 모양)
ごくごく 벌컥벌컥 (물 등을 힘차게 계속해서 마실 때 목에서 나는 소리)

★★☆

履(は)く

① 입다 ② 신다

子供(こども)は半(はん)ズボンを履(は)いています。

아이는 반바지를 입고 있습니다.

女(おんな)の子(こ)は赤(あか)い靴(くつ)を履(は)いています。

여자 아이는 빨간 구두를 신고 있습니다.

ぶかぶか 헐렁헐렁 (입거나 신는 것이 큰 모양)

★☆☆

拍手(はくしゅ)する

박수 치다

女(おんな)の人(ひと)は笑(わら)いながら拍手(はくしゅ)しています。

여자는 웃으면서 박수 치고 있습니다.

手(て)をたたく 손뼉을 치다

★☆☆

運び出す

밖으로 끌어내다

男の人は引っ越しの荷物を外へ運び出しています。

남자는 이삿짐을 밖으로 끌어내고 있습니다.

★★☆

挟む

사이에 두다, 끼우다

二人はテーブルを挟んで座っています。

두 사람은 탁자를 사이에 두고 앉아 있습니다.

★★☆

走り回る

뛰어 돌아다니다

何台ものオートバイが広場を走り回っています。

오토바이 몇 대가 광장을 돌아다니고 있습니다.

★★☆

外す

자 外れる 벗겨지다

① 벗다 ② 떼다

男の子は眼鏡を外しています。

남자아이는 안경을 벗고 있습니다.

車内の広告が全て外してあります。

차 안의 광고가 모두 떼어져 있습니다.

★★★

話す

유 言う 말하다
語る 말하다

이야기하다, 말하다

男の人は店の人と話しています。

남자는 가게 사람과 이야기하고 있습니다.

がやがや 왁자지껄 (여러 사람이 시끄럽게 떠드는 모양)
しゃべる 수다 떨다
ひそひそ 소곤소곤 (비밀 이야기 같이 작은 소리로 말함)
ぶつぶつ 투덜투덜 (불평·불만이나 잔소리를 하는 모양)
わいわい 와글와글 (여럿이 큰 소리로 떠들어대는 모양)

★★☆

歯磨きする (はみが)

양치질하다

洗面所(せんめんじょ)で歯磨き(はみが)しています。

세면장에서 양치질을 하고 있습니다.

> うがいをする 양치질을 하다
> 歯(は)を磨(みが)く 이를 닦다

★☆☆

張り替える (は / か)

(낡은 것을 떼고) 새로 바르다

男(おとこ)の人(ひと)が掲示板(けいじばん)のポスターを張(は)り替(か)えています。

남자가 게시판의 포스터를 새로 바르고 있습니다.

★☆☆

万歳をする (ばんざい)

만세를 하다

両方(りょうほう)の手(て)を上(あ)げて万歳(ばんざい)をしています。

양손을 들어 만세를 하고 있습니다.

★☆☆

引きずる (ひ)

질질 끌다

スーツケースを引(ひ)きずって歩(ある)いています。

슈트 케이스를 끌며 걷고 있습니다.

★★☆

肘を突く (ひじ / つ)

팔꿈치를 대다, 팔을 괴다

テーブルに肘(ひじ)を突(つ)いてコーヒーを飲(の)んでいます。

탁자에 팔꿈치를 대고 커피를 마시고 있습니다.

★★☆

肘(ひじ)を曲(ま)げる

팔꿈치를 구부리다

帽子(ぼうし)を被(かぶ)った赤(あか)ちゃんは肘(ひじ)を曲(ま)げて手(て)を握(にぎ)っています。

모자를 쓴 아기는 팔꿈치를 구부리고 주먹을 쥐고 있습니다.

★★☆

引(ひ)っ張(ぱ)る

잡아당기다

自分(じぶん)の髪(かみ)の毛(け)を手(て)で引(ひ)っ張(ぱ)っています。

자신의 머리카락을 손으로 잡아당기고 있습니다.

★★☆

拾(ひろ)う

반 捨(す)てる 버리다

줍다

床(ゆか)に落(お)ちた雑誌(ざっし)を拾(ひろ)っています。

마루에 떨어진 잡지를 줍고 있습니다.

★★☆

ファックス

팩스(fax)

ファックスで書類(しょるい)を送信(そうしん)している人(ひと)がいます。

팩스로 서류를 송신하고 있는 사람이 있습니다.

★★☆

吹(ふ)き上(あ)がる

(물·수증기 등이) 솟아오르다

公園(こうえん)の噴水(ふんすい)が高々(たかだか)と吹(ふ)き上(あ)がっています。

공원의 분수가 높게 솟아오르고 있습니다.

★★★

拭(ふ)く

유 拭(ぬぐ)う 닦다, 훔치다

닦다, 훔치다

教室(きょうしつ)の窓(まど)ガラスを拭(ふ)いています。

교실 창문 유리를 닦고 있습니다.

> 洗(あら)う (물로) 씻다, 닦다

★★☆

膨(ふく)らます

부풀게 하다, 부풀리다

자 膨(ふく)らむ 부풀다, 불룩해지다

子供(こども)が風船(ふうせん)を膨(ふく)らましています。

아이가 풍선을 부풀리고 있습니다.

> 頬(ほお)を膨(ふく)らます 불만스런 얼굴을 하다, 뿌루퉁해지다

★★☆

船(ふね)を漕(こ)ぐ

배를 젓다

船(ふね)に乗(の)った人(ひと)たちは船(ふね)を漕(こ)いでいます。

배를 탄 사람들은 배를 젓고 있습니다.

★★☆

ぶら下(さ)がる

매달리다

타 ぶら下(さ)げる 매달다

男(おとこ)の人(ひと)は両手(りょうて)で鉄棒(てつぼう)にぶら下(さ)がっています。

남자는 양손으로 철봉에 매달려 있습니다.

★★★

振(ふ)り返(かえ)る

뒤돌아보다

電話(でんわ)をしながら振(ふ)り返(かえ)っているスーツ姿(すがた)の男性(だんせい)がいます。

전화를 하면서 뒤돌아보는 양복 차림의 남성이 있습니다.

★☆☆

ペダルを漕(こ)ぐ

페달을 밟다

コートを着(き)た人(ひと)が自転車(じてんしゃ)のペダルを漕(こ)いでいます。

코트를 입은 사람이 자전거 페달을 밟고 있습니다.

★★★

帽子(ぼうし)を被(かぶ)る

모자를 쓰다

帽子(ぼうし)を被(かぶ)った人(ひと)が机(つくえ)に座(すわ)っています。

모자를 쓴 사람이 책상에 앉아 있습니다.

> 目深(まぶか) (모자 따위를) 눈이 가려질 정도로 깊숙이 눌러 씀

★☆☆

頬杖(ほおづえ)をつく

턱을 괴다

頬杖(ほおづえ)をついてページをめくっています。

턱을 괴고 페이지를 넘기고 있습니다.

★☆☆

マウス

마우스(mouse)

女(おんな)の人(ひと)はマウスを動(うご)かしながらパソコンの画面(がめん)を見(み)ています。

여자는 마우스를 움직이면서 컴퓨터 화면을 보고 있습니다.

★★☆

マスクをする

마스크를 하다

マスクをした男性(だんせい)が待合室(まちあいしつ)で雑誌(ざっし)を読(よ)んでいます。

마스크를 한 남자가 대합실에서 잡지를 읽고 있습니다.

★★★

待(ま)つ

기다리다

男(おとこ)の人(ひと)は小(ちい)さな池(いけ)の前(まえ)でバスを待(ま)っています。

남자는 작은 연못 앞에서 버스를 기다리고 있습니다.

> 首(くび)を長(なが)くする 애타게 기다리다
> 待(ま)ち構(かま)える (준비를 하고) 기다리다

★★☆

水(みず)を浴(あ)びる

물을 끼얹다

象(ぞう)が川(かわ)で水(みず)を浴(あ)びています。

코끼리가 강에서 물을 끼얹고 있습니다.

> シャワーを浴(あ)びる 샤워를 하다
> 水浴(みずあ)び 물을 끼얹음

★★☆

水(みず)をまく

물을 뿌리다

男(おとこ)の人(ひと)がバケツを持(も)って水(みず)をまいています。

남자는 양동이를 들고 물을 뿌리고 있습니다.

> 撒水(さっすい) 살수, 물을 뿌림

★★☆

水(みず)をやる

물을 주다

木(き)に水(みず)をやっています。

나무에 물을 주고 있습니다.

★☆☆

見(み)せ合(あ)う

서로 보여주다

二人(ふたり)は写真(しゃしん)を見(み)せ合(あ)っています。

두 사람은 사진을 서로 보여주고 있습니다.

> 동사 ます형＋合(あ)う 서로 ~하다
> 助(たす)け合(あ)う 서로 돕다
> 話(はな)し合(あ)う 서로 이야기하다

★★☆

見詰める

응시하다, 주시하다

女性が自分のつまさきを見詰めています。

여성이 자신의 발끝을 바라보고 있습니다.

★★★

見る

보다

女の人は傘を半分開いたまま空を見ています。

여자는 우산을 반 정도 편 채로 하늘을 보고 있습니다.

> じろじろ(と) 빤히, 유심히 (실례가 될 정도로 염치없이 쳐다 보는 모양)
> ちらりと 흘끗흘끗 (곁눈으로 조금씩 몇 번이고 보는 모양)
> 見上げる 올려보다
> 見下ろす 내려보다

★★☆

身を乗り出す

몸을 앞으로 내밀다

ブランコに乗っている女の人は鎖を握り締め、前方に身を乗り出しています。

그네를 타고 있는 여자는 쇠사슬을 꽉 쥐고 앞쪽으로 몸을 내밀고 있습니다.

> ひざを乗り出す (흥미 있는 이야기에 이끌려) 몸을 상대에 가까이 하다

★★☆

結ぶ

㊌結う 매다, 묶다

매다, 묶다

女の人は手で運動靴のひもを結ぼうとしています。

여자는 손으로 운동화 끈을 묶으려고 하고 있습니다.

★★★

眼鏡をかける

안경을 쓰다

人々はみんな眼鏡をかけています。

사람들은 모두 안경을 쓰고 있습니다.

★☆☆

目薬(めぐすり)をさす

안약을 넣다

右目(みぎめ)に目薬(めぐすり)をさしています。

오른쪽 눈에 안약을 넣고 있습니다.

★★☆

目(め)を伏(ふ)せる

눈을 내리뜨다

女(おんな)の人(ひと)は腕(うで)を組(く)んで目(め)を伏(ふ)せて怒(おこ)っています。

여자는 팔짱을 끼고 눈을 내리뜨며 화내고 있습니다.

★★☆

潜(もぐ)る

유 潜水(せんすい)する 잠수하다

잠수하다

何人(なんにん)かの人(ひと)が海(うみ)に潜(もぐ)っています。

몇 명의 사람이 바다에 잠수하고 있습니다.

> 潜(くぐ)る (몸을 구부리고) 빠져나가다

★★☆

焼(や)く

유 炙(あぶ)る 굽다

자 焼(や)ける 구워지다, 타다

굽다, 태우다

学生(がくせい)たちは野菜(やさい)や肉(にく)を焼(や)いているところです。

학생들은 채소와 고기를 굽고 있는 중입니다.

★☆☆

破(やぶ)れる

타 破(やぶ)る 찢다

찢어지다, 해지다

破(やぶ)れたノートをセロテープで貼(は)っています。

찢어진 노트를 셀로판 테이프로 붙이고 있습니다.

PART 1

★★☆

横(よこ)になる

눕다

腕(うで)を枕(まくら)にして**横(よこ)になって**います。

팔을 베개 삼아 누워 있습니다.

> 仰向(あおむ)けになる 바닥에 등을 대고 눕다
> 寝転(ねころ)ぶ 아무렇게나 드러눕다
> 腹這(はらば)いになる 엎드리다
> 横(よこ)たわる 눕다

★★☆

読(よ)む

읽다

眼鏡(めがね)をかけた年配(ねんぱい)の男性(だんせい)が新聞(しんぶん)を**読(よ)んで**います。

안경을 쓴 중년 남성이 신문을 읽고 있습니다.

> さばを読(よ)む 수량을 속여 이익을 보다

★★☆

渡(わた)る

타 渡(わた)す 건네다

건너다

二人(ふたり)は話(はな)しながら橋(はし)を**渡(わた)って**います。

두 사람은 이야기하면서 다리를 건너고 있습니다.

★★★

笑(わら)う

웃다

髪(かみ)の短(みじか)い人(ひと)がにこにこ**笑(わら)って**います。

머리카락이 짧은 사람이 방긋방긋 웃고 있습니다.

> 笑(え)みを浮(う)かべる 미소를 띄우다
> くすくす 킥킥, 킬킬 (들리지 않도록 작게 웃는 모양)
> げらげら 껄껄 (큰 소리로 웃는 모양)
> にっこり 생긋, 방긋 (미소를 짓는 모양)
> にやにや 히죽히죽 (기분이 나쁘게 웃는 모양)
> 微笑(ほほえ)む 미소 짓다

unit 02 상태·모양

TRACK 1-02

★★★

空く(あ)

㉺ 空ける(あ) 비우다

비다

駐車場(ちゅうしゃじょう)は空い(あ)ていません。

주차장은 비어 있지 않습니다.

> 空っぽ(から) 속이 빔, 텅 빔
> がらがら 속이 비어 있는 모양, 텅텅
> まばら 드문드문함
> がらん 건물 속이 텅 빈 모양, 텅
> すかすか 틈이 많은 모양

★★★

溢れ出る(あふ・で)

넘치다, 흘러넘치다

倒(たお)れた瓶(びん)から中(なか)の物(もの)が溢(あふ)れ出(で)ています。

쓰러진 병에서 내용물이 흘러넘치고 있습니다.

★★☆

荒れ狂う(あ・くる)

(바람·물결 등이) 몹시 거칠어지다

岸壁(がんぺき)に荒波(あらなみ)が荒(あ)れ狂(くる)うように打(う)ち寄(よ)せている風景(ふうけい)です。

가파른 벼랑에 거센 파도가 거칠게 밀려오고 있는 풍경입니다.

★★☆

行き渡る(い・わた)

빠짐없이 고루 미치다

光(ひかり)は全体(ぜんたい)に広(ひろ)がり隅(すみ)から隅(すみ)まで行(い)き渡(わた)っています。

빛은 전체에 퍼져 구석구석 고루 미치고 있습니다.

★★☆

浮(う)かぶ

반 沈(しず)む 가라앉다

유 浮(う)く 뜨다

타 浮(う)かべる 띄우다

뜨다, 떠오르다

いくつものボートが等間隔(とうかんかく)に湖(みずうみ)に浮(う)かんでいます。

몇 대의 보트가 같은 간격으로 호수에 떠 있습니다.

> 頭(あたま)に浮(う)かぶ (어떤 생각이) 머릿속에 떠오르다
> 目(め)に浮(う)かぶ 실제 눈으로 본 듯이 떠오르다

★☆☆

渦巻(うずま)き

소용돌이

渦巻(うずま)き模様(もよう)がケーキの断面(だんめん)にデコレーションされています。

소용돌이 모양이 케이크 단면에 장식되어 있습니다.

> 渦(うず) 소용돌이
> 渦巻(うずま)く 소용돌이치다

★★☆

訴(うった)える

호소하다, 소송하다

車内(しゃない)では迷惑行為禁止(めいわくこういきんし)を訴(うった)える広告(こうこく)が貼(は)られています。

차내에는 민폐 행위 금지를 호소하는 광고가 붙어 있습니다.

★★☆

映(うつ)る

타 映(うつ)す 비추다

(형태·색·빛 등이) 비치다

湖(みずうみ)に向(む)こう岸(ぎし)の景色(けしき)が映(うつ)っています。

호수에 건너편 물가의 경치가 비치고 있습니다.

★★☆

埋(う)まる

타 埋(う)める 메우다

메워지다, 가득 차다

壁(かべ)はたくさんのポスターで埋(う)まっています。

벽은 많은 포스터로 메워져 있습니다.

★★☆

描(えが)く

그리다

ガラスの入(い)れ物(もの)に草花(くさばな)が描(えが)かれています。
유리그릇에 화초가 그려져 있습니다.

★★☆

覆(おお)い尽(つ)くす

완전히 덮다

枯(か)れ葉(は)が溝(みぞ)を覆(おお)い尽(つ)くしています。
마른 잎이 도랑을 완전히 덮고 있습니다.

> 동사 ます형+尽(つ)くす 다 ~하다
> 食(た)べ尽(つ)くす 다 먹다
> 使(つか)い尽(つ)くす 다 쓰다

★☆☆

折(お)り重(かさ)ねる

자 折(お)り重(かさ)なる 겹쳐지다, 포개어지다

접어서 포개다, 접어서 쌓다, 겹쳐 포개다

テーブルの上(うえ)にナプキンが何枚(なんまい)も折(お)り重(かさ)ねられています。
테이블 위에 냅킨이 몇 장이나 접어 포개져 있습니다.

★★☆

輝(かがや)く

빛나다, 반짝이다

都会(とかい)の夜空(よぞら)に星(ほし)が輝(かがや)いています。
도시의 밤하늘에 별이 빛나고 있습니다.

> 輝(かがや)かしい 빛나다, 훌륭하다
> きらきら 계속해서 반짝이는 모양, 반짝반짝

★★☆

隠(かく)れる

타 隠(かく)す 숨기다, 감추다

숨다

テーブルの下(した)に猫(ねこ)が隠(かく)れています。
탁자 밑에 고양이가 숨어 있습니다.

★☆☆

重(かさ)なり合(あ)う

서로 겹치다

重(かさ)なり合(あ)っている標識(ひょうしき)が多数(たすう)あります。

서로 겹치는 표지가 다수 있습니다.

★★★

飾(かざ)る

꾸미다, 장식하다

店内(てんない)にはきれいに畳(たた)まれた洋服(ようふく)が飾(かざ)られています。

가게 안에는 깨끗하게 개어진 옷이 장식되어 있습니다.

★★☆

絡(から)み合(あ)う

서로 얽히다

コンセントの線(せん)が絡(から)み合(あ)っています。

콘센트 선이 서로 얽혀 있습니다.

★★☆

切(き)り落(お)とす

잘라 내다, 베어 버리다

枝(えだ)が切(き)り落(お)とされている木(き)があります。

가지를 친 나무가 있습니다.

★★☆

切(き)り立(た)つ

(산·벼랑 등이) 깎아지른 듯이 솟다

道路(どうろ)の横(よこ)は切(き)り立(た)った崖(がけ)になっています。

도로 옆은 깎아지른 듯한 벼랑으로 되어 있습니다.

★★☆

切(き)り分(わ)ける

잘라서 나누다

等分(とうぶん)に切(き)り分(わ)けたケーキが皿(さら)に載(の)せられています。

똑같이 잘라서 나눈 케이크가 접시에 놓여 있습니다.

★★☆

こお
凍る

얼다

湖の水面が凍り、太陽の光が反射しています。

호수 수면이 얼어 햇빛이 반사되고 있습니다.

> 凍える 추위 때문에 몸에 감각이 없어지다

★☆☆

ごとに

~마다

1時間ごとに料金が上がる駐車場です。

한 시간마다 요금이 오르는 주차장입니다.

★★★

こ
込む

붐비다

駅のホームはたくさんの人で込んでいます。

역 승강장은 많은 사람으로 붐비고 있습니다.

> 芋を洗うよう 좁은 곳에 많은 사람이 모여서 북적거리는 모양
> 押すな押すな 북적북적, 밀치락달치락 (사람이 많이 몰려 혼잡한 모양)
> ごった返す 몹시 붐비다
> 込み合う 북적거리다, 붐비다
> 立て込む 북적거리다
> ひしめき合う 밀치락달치락하며 북적대다
> 人込み 사람으로 붐빔

★☆☆

こん ぽう
梱包

곤포, 짐을 꾸림

新聞が山積みになって梱包されています。

신문이 산더미처럼 쌓여 꾸려져 있습니다.

★★☆

下(さ)がる

드리워지다

店(みせ)の中(なか)には色(いろ)とりどりの靴下(くつした)が下(さ)がっています。

가게 안에는 각양각색의 양말이 드리워져 있습니다.

타 下(さ)げる 드리우다

★★☆

咲(さ)き乱(みだ)れる

(많은 꽃이) 어우러져 만발하다

温室(おんしつ)にはいろいろな種類(しゅるい)の花(はな)が咲(さ)き乱(みだ)れています。

온실에는 여러 가지 종류의 꽃이 활짝 피어 있습니다.

유 咲(さ)きこぼれる 꽃이 만발하다

- 咲(さ)く 피다
- 萎(しぼ)む (꽃·풀 등이 생기를 잃고) 시들시들해지다
- 散(ち)る (꽃이나 잎이) 지다
- 綻(ほころ)びる (꽃봉오리 등이) 조금 벌어지다

★★☆

差(さ)し込(こ)む

(햇빛이) 들어오다

座席(ざせき)には窓(まど)から太陽(たいよう)の日差(ひざ)しが差(さ)し込(こ)んでいます。

좌석에는 창문으로 햇살이 들어오고 있습니다.

★★☆

敷(し)き詰(つ)める

전면에 빈틈없이 깔다

木(き)の根元(ねもと)には細(こま)かい砂(すな)が一面(いちめん)に敷(し)き詰(つ)められています。

나무 밑동에는 자잘한 모래가 온통 깔려 있습니다.

★★☆

敷(し)く

깔다, 펴다

居間(いま)に丸(まる)いじゅうたんが敷(し)いてあります。

거실에 둥근 양탄자가 깔려 있습니다.

★★☆

閉(し)まる

(문 등이) 닫히다

窓(まど)が閉(し)まっています。

창문이 닫혀 있습니다.

반 開(あ)く 열리다
유 閉(と)じる 닫히다
타 閉(し)める 닫다

★☆☆

除雪作業(じょせつさぎょう)

제설 작업

除雪作業(じょせつさぎょう)をしている隊員(たいいん)たちは完全装備(かんぜんそうび)をしています。

제설 작업을 하고 있는 대원들은 완전 장비를 하고 있습니다.

★☆☆

診察(しんさつ)を受(う)ける

진찰을 받다

診察(しんさつ)を受(う)ける際(さい)に記入(きにゅう)する用紙(ようし)があります。

진찰을 받을 때 기입하는 용지가 있습니다.

> 医者(いしゃ)にかかる 의사에게 진찰(치료)을 받다
> 医者(いしゃ)に診(み)てもらう 진찰을 받다

★★☆

透(す)き通(とお)る

투명하다

透(す)き通(とお)った皿(さら)に料理(りょうり)が盛(も)ってあります。

투명한 접시에 요리가 담겨 있습니다.

★☆☆

擦(す)れ違(ちが)う

마주 지나가다, 엇갈리다

この道路(どうろ)は道幅(みちはば)が狭(せま)く、車(くるま)が擦(す)れ違(ちが)うことができません。

이 도로는 폭이 좁아서 차가 마주 지나갈 수 없습니다.

★★☆

セロテープ

셀로판 테이프

セロテープで貼(は)られたページがあります。

셀로판 테이프로 붙여진 페이지가 있습니다.

★☆☆

洗濯機(せんたくき)

세탁기

洗濯機(せんたくき)の上(うえ)に洗濯物(せんたくもの)が溜(たま)っています。

세탁기 위에 세탁물이 쌓여 있습니다.

★★☆

そびえ立(た)つ

우뚝 솟다

高層(こうそう)ビルがそびえ立(た)っています。

고층 빌딩이 우뚝 솟아 있습니다.

★☆☆

平(たい)ら

평평함, 납작함

平(たい)らな木(き)の椅子(いす)が積(つ)まれています。

평평한 나무 의자가 쌓여 있습니다.

★☆☆

倒(たお)れる

타 倒(たお)す 넘어뜨리다

넘어지다, 쓰러지다

一台(いちだい)のオートバイが倒(たお)れています。

오토바이 한 대가 넘어져 있습니다.

★★★

足(た)し算(ざん)

반 引(ひ)き算(ざん) 뺄셈

덧셈

足(た)し算(ざん)の式(しき)が両(りょう)ページに書(か)いてあります。

덧셈식이 양쪽 페이지에 적혀 있습니다.

掛け算(かざん) 곱셈
割り算(わりざん) 나눗셈

★★☆

立ち並ぶ(たちならぶ)

늘어서다, 줄지어 서다

この地域(ちいき)は古い(ふるい)住宅(じゅうたく)が立ち並んで(たちならんで)います。

이 지역에는 낡은 주택이 늘어서 있습니다.

★★☆

溜る(たまる)

괴다

バケツに満杯(まんぱい)の水(みず)が溜って(たまって)います。

양동이에 물이 가득 괴어 있습니다.

水溜り(みずたまり) 웅덩이

★☆☆

聴衆(ちょうしゅう)

청중

講堂(こうどう)には聴衆(ちょうしゅう)が集まって(あつまって)います。

강당에는 청중이 모여 있습니다.

★★☆

散らばる(ちらばる)

타 散らす(ちらす) 흩뜨리다

흩어지다

ごみが広範囲(こうはんい)に散らばって(ちらばって)います。

쓰레기가 광범위하게 흩어져 있습니다.

★★☆

通行止め(つうこうどめ)

통행 금지

通行止め(つうこうどめ)と書かれた(かかれた)看板(かんばん)があります。

통행 금지라고 써진 간판이 있습니다.

★★★
積(つ)み重(かさ)ねる
자 積(つ)み重(かさ)なる 겹쳐 쌓이다

포개어 쌓다

積(つ)み重(かさ)ねられている大小(だいしょう)の箱(はこ)があります。
포개어 쌓인 크고 작은 상자가 있습니다.

> 積(つ)む 쌓다

★★☆
吊(つる)す

(つるす)

매달다

干(ほ)し柿(がき)が吊(つる)されています。
곶감이 매달려 있습니다.

★☆☆
照(て)らす
자 照(て)る 비치다

비추다, 비추어서 밝히다

太陽(たいよう)の光(ひかり)が部屋全体(へやぜんたい)を照(て)らしています。
햇빛이 방 전체를 밝히고 있습니다.

★★☆
尖(とが)る

(とがる)

타 尖(とが)らす 뾰족하게 하다

뾰족해지다

ビルの先端(せんたん)は鋭(するど)く尖(とが)っています。
빌딩의 끝은 날카롭게 뾰족해져 있습니다.

★★☆
解(と)く

(とく)

자 解(と)ける 풀리다

풀다, 뜯다

プレゼントのリボンが解(と)かれています。
선물 리본이 풀려 있습니다.

★★☆
退(ど)ける
유 退(ど)かす 치우다

치우다

道路(どうろ)の端(はし)に雪(ゆき)が退(ど)けられています。
도로 끝에 눈이 치워져 있습니다.

★☆☆

綴(と)じる

유 綴(つづ)る 철하다

철하다

会議(かいぎ)の議事録(ぎじろく)が綴(と)じられています。

회의 의사록이 철해져 있습니다.

★★☆

隣(とな)り合(あ)う

서로 이웃하다

様々(さまざま)な形(かたち)のビルが隣(とな)り合(あ)って建(た)っています。

다양한 형태의 빌딩이 서로 이웃하여 세워져 있습니다.

★★★

止(と)める

자 止(と)まる 서다, 멎다

세우다, 멈추다

駐輪場(ちゅうりんじょう)が満車(まんしゃ)のため止(と)める場所(ばしょ)がありません。

자전거 주차장이 가득 차서 세울 장소가 없습니다.

★★☆

取(と)り壊(こわ)す

부수다, 헐다

工事現場(こうじげんば)の周辺(しゅうへん)の古(ふる)い建物(たてもの)はすべて取(と)り壊(こわ)されています。

공사 현장 주변의 오래된 건물은 모두 부서져 있습니다.

★★★

並(なら)ぶ

타 並(なら)べる 늘어놓다, 나란히 놓다

늘어서다, 나란히 서다

駐車場(ちゅうしゃじょう)には様々(さまざま)な自動車(じどうしゃ)が並(なら)んでいます。

주차장에는 다양한 자동차가 늘어서 있습니다.

★☆☆

塗(ぬ)り立(た)て

갓 칠함

ペンキ塗(ぬ)り立(た)ての警告(けいこく)が書(か)かれたベンチです。

페인트를 갓 칠한 경고가 쓰여 있는 벤치입니다.

동사 ます형+立(た)て 갓 ~한
揚(あ)げ立(た)てのてんぷら 갓 튀긴 튀김
絞(しぼ)り立(た)ての牛乳(ぎゅうにゅう) 갓 짠 우유
取(と)り立(た)ての魚(さかな) 갓 잡은 생선
焼(や)き立(た)てのパン 갓 구운 빵

★★★

載(の)せる

자 載(の)る 얹히다

얹다

コピー機(き)の上(うえ)にはコピー中(ちゅう)の紙(かみ)が**載せられて**います。

복사기 위에는 복사 중인 종이가 얹혀 있습니다.

★☆☆

伸(の)び放題(ほうだい)

제멋대로 뻗음

空(あ)き地(ち)に雑草(ざっそう)が**伸(の)び放題(ほうだい)**になっています。

공터에 잡초가 제멋대로 뻗어 있습니다.

동사 ます형+放題(ほうだい) 마음대로 ~함, 제멋대로 ~함
打(う)ち放題(ほうだい) 마음껏 침
食(た)べ放題(ほうだい) 마음껏 먹음, 뷔페
飲(の)み放題(ほうだい) 마음껏 마심
乗(の)り放題(ほうだい) 마음껏 탐

★☆☆

のり

풀

2枚(まい)のポスターが**のり**で貼(は)られています。

포스터 두 장이 풀로 붙어 있습니다.

★★☆

はさみ

가위

線(せん)に沿(そ)って切(き)られた紙(かみ)のそばに**はさみ**が置(お)いてあります。

선을 따라 잘린 종이 옆에는 가위가 놓여 있습니다.

★★☆

張る

뻗다

この塔には複数の電線が張られています。

이 탑에는 전선 여러 줄이 뻗어 있습니다.

★★★

貼る

붙이다

ビルの壁一面に映画の宣伝ポスターが貼ってあります。

빌딩 벽 한 면에 영화 선전 포스터가 붙어 있습니다.

★☆☆

冷やす

반 暖める 데우다

자 冷える 식다

식히다

冷蔵庫の中には冷やされたビールがあります。

냉장고 안에는 식혀진 맥주가 있습니다.

頭を冷やす 머리를 식히다

肝を冷やす 간담이 서늘해지다

★☆☆

便箋

편지지

便箋には何も書いてありません。

편지지에는 아무것도 쓰여 있지 않습니다.

★★☆

封筒

봉투

2枚の封筒にはすべて切手が貼ってあります。

봉투 두 장에는 모두 우표가 붙어 있습니다.

★☆☆

塞(ふさ)ぐ

[자] 塞(ふさ)がる 막히다

막다

山道(やまみち)は大木(たいぼく)によって塞(ふさ)がれています。

산길은 큰 나무에 의해 막혀 있습니다.

★★☆

細長(ほそなが)い

가늘고 길다

女性(じょせい)の影(かげ)が地面(じめん)に細長(ほそなが)く伸(の)びています。

여성의 그림자가 지면에 가늘고 길게 뻗어 있습니다.

★☆☆

掘(ほ)り起(お)こす

파서 일구다, 개간하다

村(むら)の空(あ)き地(ち)が掘(ほ)り起(お)こされています。

마을의 공터가 개간되어 있습니다.

★★☆

彫(ほ)る

새기다, 조각하다

表札(ひょうさつ)に名前(なまえ)が彫(ほ)ってあります。

문패에 이름이 새겨져 있습니다.

★★★

丸(まる)い

둥글다

高(たか)いビルに丸(まる)い時計(とけい)がかかっています。

높은 빌딩에 둥근 시계가 걸려 있습니다.

> 四角(しかく)い 네모지다

★★★

見通(みとお)し

[유] 見晴(みは)らし 전망, 조망

조망, 전망

ビルの前(まえ)の歩道(ほどう)は急(きゅう)カーブになっていて見通(みとお)しが悪(わる)いです。

빌딩 앞 보도는 급커브여서 조망이 나쁩니다.

★★★

向かい合う

むかあ

㊄向き合う 마주보다

마주보다

数台の自動販売機が向かい合って置かれています。

자동판매기 몇 대가 마주보며 놓여 있습니다.

向かい合せ 마주봄

★★☆

群がる

떼 지어 모이다

ゴミ捨て場にカラスが群がっています。

쓰레기장에 까마귀가 떼 지어 모여 있습니다.

群れ 무리, 떼

★☆☆

模型

모형

大きいかにの模型がかかっています。

큰 게의 모형이 걸려 있습니다.

unit 03 교통수단

TRACK 1-03

★★★
横断歩道(おうだんほどう)

횡단보도

大(おお)きい荷物(にもつ)を持(も)っている人(ひと)が横断歩道(おうだんほどう)を渡(わた)っています。

큰 짐을 든 사람이 횡단보도를 건너고 있습니다.

歩道橋(ほどうきょう) 육교

★☆☆
お巡(まわ)りさん

순경

交差点(こうさてん)には何人(なんにん)ものお巡(まわ)りさんが立(た)っています。

교차로에는 순경 몇 명이 서 있습니다.

★★☆
籠(かご)

바구니

籠(かご)つきの自転車(じてんしゃ)が何台(なんだい)も止(と)まっています。

바구니가 달린 자전거가 몇 대나 세워져 있습니다.

★☆☆
汽車(きしゃ)

기차

汽車(きしゃ)が煙(けむり)を出(だ)しながら線路(せんろ)を走(はし)っています。

기차가 연기를 뿜으며 선로를 달리고 있습니다.

★☆☆
切符売(きっぷう)り場(ば)

매표소

切符売(きっぷう)り場(ば)で列(れつ)を作(つく)っている客(きゃく)が3人(にん)います。

매표소에 줄을 선 손님이 세 명 있습니다.

★★☆
くう こう
空港

공항

くうこう　こ がた き　と
空港に小型機が止まっています。

공항에 소형기가 세워져 있습니다.

★★☆
けい かん
警官

경관, 경찰관

うんてんせき　けいかん　あいさつ
パトカーの運転席から警官が挨拶しています。

순찰차 운전석에서 경찰관이 인사하고 있습니다.

★★★
こう さ てん
交差点

교차로

おんな　ひと　こう さ てん　おうだん
女の人は交差点を横断しています。

여자는 교차로를 횡단하고 있습니다.

★★★
しゃ ない
車内

차내

しゃない　えんそく　い　こ ども　まんいん
車内は遠足に行く子供たちで満員です。

차 안은 소풍 가는 아이들로 만원입니다.

★★☆
じゅう たい
渋滞

정체

どう ろ　いっぽうつうこう　じゅうたい
この道路は一方通行のため渋滞しています。

이 도로는 일방통행 때문에 정체해 있습니다.

あし ど　く
足止めを食う 발이 묶이다
た　おうじょう
立ち往生 선 채로 꼼짝 못함, 앞뒤가 막혀서 오도 가도 못함

★☆☆

白(しろ)バイ警官(けいかん)

교통 단속 경관

白(しろ)バイ警官(けいかん)が飲酒(いんしゅ)の取締(とりしま)りをしています。

교통 단속 경관이 음주 단속을 하고 있습니다.

> 白(しろ)バイ 경찰이 교통 단속에 사용하는 흰색 오토바이

★★☆

信号(しんごう)

신호

信号(しんごう)がない道路(どうろ)です。

신호가 없는 도로입니다.

> 信号待(しんごうま)ち 신호 대기

★★☆

駐車(ちゅうしゃ)

주차

自動車(じどうしゃ)が木(き)の下(した)に何台(なんだい)か駐車(ちゅうしゃ)してあります。

자동차가 나무 아래에 몇 대인가 주차되어 있습니다.

> 駐車場(ちゅうしゃじょう) 주차장

★☆☆

通行禁止(つうこうきんし)

통행 금지

幅(はば)3メートル以上(いじょう)の車(くるま)は通行禁止(つうこうきんし)です。

폭 3미터 이상인 차는 통행 금지입니다.

> 立入禁止(たちいりきんし) 출입 금지
> 通行止(つうこうど)め 통행 금지

★★☆

停泊(ていはく)

정박

港(みなと)には豪華(ごうか)な客船(きゃくせん)が停泊(ていはく)しています。

항구에는 호화로운 객선이 정박해 있습니다.

★★☆

通(とお)り

도로

オフィスビルの並(なら)ぶ通(とお)りを車(くるま)が走(はし)っています。

오피스 빌딩이 늘어선 도로를 차가 달리고 있습니다.

★☆☆

発車(はっしゃ)

반 停車(ていしゃ) 정차

발차

バスが発車(はっしゃ)した後(あと)でバス停(てい)には人(ひと)が一人(ひとり)もいません。

버스가 발차한 후 버스정류장에는 사람이 한 명도 없습니다.

★★☆

船着(ふなつ)き場(ば)

선착장

船着(ふなつ)き場(ば)には人(ひと)の姿(すがた)が見(み)えません。

선착장에는 사람의 모습이 보이지 않습니다.

波止場(はとば) 부두

★★☆

踏(ふ)み切(き)り

건널목

踏(ふ)み切(き)りを電車(でんしゃ)が通(とお)りすぎようとしています。

건널목을 전철이 통과하려고 합니다.

★☆☆
プラットホーム
플랫폼(platform), 승강장

乗客_{じょうきゃく}がプラットホームで整列_{せいれつ}しています。
승객이 승강장에서 정렬해 있습니다.

★★☆
歩行者_{ほこうしゃ}
보행자

横断歩道_{おうだんほどう}を何人_{なんにん}かの歩行者_{ほこうしゃ}が渡_{わた}っているところです。
횡단보도를 보행자 몇 명이 건너고 있는 중입니다.

★☆☆
補助の車輪_{ほじょのしゃりん}
보조 바퀴

子供_{こども}の自転車_{じてんしゃ}には補助_{ほじょ}の車輪_{しゃりん}が付_ついています。
아이 자전거에는 보조 바퀴가 달려 있습니다.

後輪_{こうりん}	뒷바퀴
前輪_{ぜんりん}	앞바퀴

★☆☆
モノレール
모노레일(monorail)

モノレールが山_{やま}の下_{した}を移動中_{いどうちゅう}です。
모노레일이 산 아래를 이동 중입니다.

★★☆
屋根_{やね}つき
지붕이 딸림

この駐車場_{ちゅうしゃじょう}は広_{ひろ}い屋根_{やね}つきの二階建_{にかいだ}てです。
이 주차장은 넓은 지붕이 딸린 2층 건물입니다.

★☆☆

ラッシュアワー

러시아워(rush hour)

ラッシュアワーのためホームはたくさんの人(ひと)で非常(ひじょう)に込(こ)んでいます。

러시아워 때문에 승강장은 많은 사람으로 몹시 붐비고 있습니다.

> 帰省(きせい)ラッシュ 귀성 러시
> 通勤(つうきん)ラッシュ 출근 러시

★★☆

離陸(りりく)

반 着陸(ちゃくりく) 착륙

이륙

飛行機(ひこうき)はちょうど離陸(りりく)したところです。

비행기는 마침 이륙한 참입니다.

unit 04 위치와 도형

TRACK 1-04

★★☆

アーチ状(じょう)

아치 모양

アーチ状(じょう)のモニュメントのある建物(たてもの)です。

아치 모양의 기념물이 있는 건물입니다.

★★☆

裏(うら)

뒷면

２枚(まい)のトランプが裏(うら)になっています。

트럼프 두 장이 뒤집어져 있습니다.

★★★

円(えん)

원

遊園地(ゆうえんち)の花火(はなび)が夜空(よぞら)に大(おお)きな円(えん)を描(えが)いています。

유원지의 불꽃이 밤하늘에 커다란 원을 그리고 있습니다.

★★☆

表(おもて)

앞면

表(おもて)になっているカードの数字(すうじ)は４です。

앞면이 보이게 되어 있는 카드의 숫자는 4입니다.

★★★

逆様(さかさま)

거꾸로 됨, 반대로 됨

目覚(めざ)まし時計(どけい)は上下(じょうげ)逆様(さかさま)に置(お)かれています。

알람시계는 상하 거꾸로 놓여 있습니다.

★★☆

左右対称（さゆうたいしょう）

좌우 대칭

左右対称に描かれた図形があります。

좌우 대칭으로 그려진 도형이 있습니다.

★★☆

垂直（すいちょく）

수직

地面に対して垂直に棒が立っています。

지면에 수직으로 막대기가 서 있습니다.

★★☆

縦（たて）

반 横（よこ） 가로

세로

文が縦に書かれている教科書です。

문장이 세로로 쓰여 있는 교과서입니다.

★★☆

長方形（ちょうほうけい）

직사각형

三角形の中心に長方形が描かれています。

삼각형 중심에 직사각형이 그려져 있습니다.

円錐形（えんすいけい） 원뿔형　正方形（せいほうけい） 정사각형
楕円形（だえんけい） 타원형　半円形（はんえんけい） 반원형

★★☆

突き当たり（つきあたり）

막다른 곳

化粧室は廊下の突き当たりにあります。

화장실은 복도 막다른 곳에 있습니다.

★☆☆

ひし形(がた)

마름모꼴

このチーズケーキはひし形(がた)という珍(めずら)しい形(かたち)をしています。

이 치즈 케이크는 마름모꼴이라는 독특한 모양을 하고 있습니다.

★☆☆

平(ひら)**たい**

평평하다, 넓적하다

平(ひら)たい皿(さら)が数個(すうこ)重(かさ)ねてあります。

평평한 접시가 몇 개 포개져 있습니다.

★★☆

平行(へいこう)

평행

円(えん)と直線(ちょくせん)が平行(へいこう)に描(か)かれています。

원과 직선이 평행하게 그려져 있습니다.

★★☆

真(ま)**ん中**(なか)

유 中心(ちゅうしん) 중심

한가운데

池(いけ)の真(ま)ん中(なか)に噴水(ふんすい)があります。

연못 한가운데 분수가 있습니다.

★☆☆

螺旋(らせん)

나선

建物(たてもの)の螺旋階段(らせんかいだん)には手(て)すりがついています。

건물의 나선계단에는 난간이 붙어 있습니다.

unit 05 실내 풍경

TRACK 1-05

★★☆

入り口(いりぐち)

㉶ 出口(でぐち) 출구

입구

いくつかのテーブルや椅子(いす)が入り口(いりぐち)付近(ふきん)に置(お)いてあります。
몇 개의 탁자와 의자가 입구 부근에 놓여 있습니다.

> 出入り口(でいりぐち) 출입구
> 非常口(ひじょうぐち) 비상구

★★☆

売り場(うりば)

매장

おもちゃ売り場(うりば)には様々(さまざま)なおもちゃが飾(かざ)られています。
장난감 매장에는 다양한 장난감이 장식되어 있습니다.

★★★

お湯(ゆ)が沸(わ)く

물이 끓다

お湯(ゆ)が沸(わ)いているポットがあります。
물이 끓고 있는 주전자가 있습니다.

★★☆

開店(かいてん)

㉶ 閉店(へいてん) 폐점

개점

女(おんな)の人(ひと)は店(みせ)の開店(かいてん)の準備(じゅんび)をしています。
여자는 가게의 개점 준비를 하고 있습니다.

★☆☆

開放的（かいほうてき）

반 閉鎖的（へいさてき） 폐쇄적

개방적

天窓（てんまど）がある開放的（かいほうてき）な空間（くうかん）です。

천창이 있는 개방적인 공간입니다.

★★☆

鏡（かがみ）

거울

洗面所（せんめんじょ）の鏡（かがみ）の前（まえ）には石（せっ）けんが置（お）いてあります。

세면대 거울 앞에는 비누가 놓여 있습니다.

> 三面鏡（さんめんきょう） 삼면경 (세 면으로 이루어진 거울)
> 手鏡（てかがみ） 손거울

★★★

花瓶（かびん）

꽃병

形（かたち）の異（こと）なる花瓶（かびん）が並（なら）べられています。

모양이 다른 꽃병이 늘어서 있습니다.

★☆☆

画用紙（がようし）

도화지

画用紙（がようし）に風景画（ふうけいが）が描（えが）かれています。

도화지에 풍경화가 그려져 있습니다.

★★☆

間隔（かんかく）

간격

コップが同（おな）じ間隔（かんかく）で置（お）かれています。

컵이 같은 간격으로 놓여 있습니다.

★☆☆

観賞用（かんしょうよう）

관상용

玄関（げんかん）に観賞用（かんしょうよう）の植物（しょくぶつ）が置（お）かれています。

현관에 관상용 식물이 놓여 있습니다.

★★☆

缶詰（かんづめ）

통조림

箱詰（はこづ）めされた缶詰（かんづめ）があります。

상자에 담긴 통조림이 있습니다.

★★☆

喫煙（きつえん）

반 禁煙（きんえん） 금연

흡연

喫煙（きつえん）が許（ゆる）されている場所（ばしょ）があります。

흡연이 허용되어 있는 장소가 있습니다.

★☆☆

ぎゅうぎゅう

꽉꽉, 꾹꾹 (무리하게 채우거나 누르는 모양)

箱（はこ）にぎゅうぎゅうと商品（しょうひん）が詰（つ）まっています。

상자에 꽉꽉 상품이 채워져 있습니다.

★★☆

蛍光灯（けいこうとう）

형광등

蛍光灯（けいこうとう）の隅（すみ）にくもが巣（す）を作（つく）っています。

형광등 구석에 거미가 집을 만들고 있습니다.

懐中電灯（かいちゅうでんとう） 손전등
電灯（でんとう） 전등
豆電球（まめでんきゅう） 꼬마 전구, 소형 전구

★☆☆

げきじょう
劇場

극장

げきじょうない　ざせき　かんきゃく　う　つ
劇場内の座席は観客で埋め尽くされています。

극장내의 좌석은 관객이 가득 메웠습니다.

★★☆

こうご
交互に

번갈아

がら　こうご　ぬの
柄が交互にデザインされている布があります。

무늬가 번갈아 디자인 되어 있는 천이 있습니다.

★★★

こくばん
黒板

칠판

もじ　か　こくばん
文字が書かれている黒板があります。

글자가 쓰여 있는 칠판이 있습니다.

★☆☆

コンビニ

편의점(convenience store)

ざっし　た　よ
コンビニで雑誌の立ち読みをしています。

편의점에서 서서 잡지를 읽고 있습니다.

★★☆

スーツケース

슈트 케이스(suitcase), 여행 가방

かぎ　つ
鍵が付いているスーツケースがあります。

열쇠가 달려 있는 여행 가방이 있습니다.

★★☆

じむしょ
事務所

사무실

じむしょ　じむようひん　お
事務所には事務用品が置かれています。

사무실에는 사무용품이 놓여 있습니다.

★★☆

じゅん
順に

순서대로

あつ　　こと　　　ほん　あつ　じゅん　なら
厚さの異なった本が厚い順に並べられています。

두께가 다른 책이 두꺼운 순서대로 나열되어 있습니다.

★★☆

ず　かん
図鑑

도감

えいぶん　か　　しょくぶつ　ず　かん
英文で書かれた植物の図鑑です。

영문으로 쓰인 식물 도감입니다.

★★☆

せん ぷう き
扇風機

선풍기

う　ば　せんぷうき　いちれつ　ちんれつ
売り場に扇風機が一列に陳列されています。

매장에 선풍기가 일렬로 진열되어 있습니다.

★★☆

た しゅ た よう
多種多様

가지각색

みせさき　た しゅ た よう　しんしょうひん
店先に多種多様な新商品がディスプレイされています。

가게 앞에 가지각색의 신상품이 진열되어 있습니다.

★☆☆

た　ぐ
立ち食い

서서 먹음

えき　こうない　た　ぐ　しょくどう
駅の構内には立ち食い食堂がたくさんあります。

역 구내에는 서서 먹는 식당이 많이 있습니다.

★★☆

たっぷり

듬뿍, 잔뜩 (넘칠 만큼 충분한 모양)

か びん　みず　　　　　　つ
花瓶に水がたっぷり注がれています。

꽃병에 물이 가득 담겨져 있습니다.

★★☆

棚(たな)

선반

棚(たな)には辞書(じしょ)だけが並(なら)べられています。

선반에는 사전만 죽 늘어서 있습니다.

★★☆

継(つ)ぎ接(は)ぎ

(옷 등을) 기움

継(つ)ぎ接(は)ぎされた作業着(さぎょうぎ)です。

누덕누덕 기운 작업복입니다.

★☆☆

伝言板(でんごんばん)

전언판

伝言板(でんごんばん)には伝言(でんごん)がぎっしり残(のこ)されています。

전언판에는 전언이 가득 남겨져 있습니다.

★★☆

天井(てんじょう)

천장

提灯(ちょうちん)が天井(てんじょう)から吊(つる)されています。

등롱이 천장에 매달려 있습니다.

★★☆

床屋(とこや)

이발소

床屋(とこや)で理容師(りようし)が客(きゃく)のひげを剃(そ)っている姿(すがた)が見(み)えます。

이발소에서 이발사가 손님의 수염을 깎고 있는 모습이 보입니다.

問屋(とんや) 도매상	楽屋(がくや) 분장실
薬屋(くすりや) 약국	居酒屋(いざかや) 선술집
質屋(しちや) 전당포	小屋(こや) 오두막집
宿屋(やどや) 여관	八百屋(やおや) 채소 가게

★☆☆

図書室(としょしつ)

도서실

図書室(としょしつ)で分厚(ぶあつ)い本(ほん)を読(よ)んでいる男(おとこ)の人(ひと)がいます。

도서실에서 두꺼운 책을 읽고 있는 남자가 있습니다.

★☆☆

戸棚(とだな)

안에 선반을 단 장 (찬장·신발장·책장 등의 총칭)

食器(しょっき)戸棚(とだな)の戸(と)が開(あ)いたままです。

식기장의 문이 열린 채입니다.

★☆☆

土俵(どひょう)

씨름판

土俵(どひょう)で相撲(すもう)取(と)りが儀式(ぎしき)を行(おこな)っています。

씨름판에서 스모 선수가 의식을 행하고 있습니다.

★☆☆

泥(どろ)だらけ

흙투성이

床(ゆか)は泥(どろ)だらけの服(ふく)で散(ち)らかっています。

마루는 흙투성이의 옷으로 어질러져 있습니다.

> 명사+だらけ ~투성이
> 汗(あせ)だらけ 땀투성이
> 油(あぶら)だらけ 기름투성이
> 傷(きず)だらけ 상처투성이
> しわだらけ 주름투성이
> 血(ち)だらけ 피투성이
> ほこりだらけ 먼지투성이
> 間違(まちが)いだらけ 실수투성이

★★★
暖簾(のれん)

포렴

茶(ちゃ)の間(ま)と台所(だいどころ)の間(あいだ)には水玉模様(みずたまもよう)の暖簾(のれん)が掛(か)かっています。

다실과 부엌 사이에는 물방울 무늬의 포렴이 걸려 있습니다.

> 暖簾(のれん)を下(お)ろす 폐업하다

★★☆
灰皿(はいざら)

재떨이

すいがらが溜(たま)った灰皿(はいざら)があります。

담배꽁초가 쌓인 재떨이가 있습니다.

★★☆
葉書(はがき)

엽서

住所(じゅうしょ)と名前(なまえ)を書(か)いた葉書(はがき)があります。

주소와 이름을 적은 엽서가 있습니다.

★★☆
博物館(はくぶつかん)

박물관

様々(さまざま)な模型(もけい)が博物館(はくぶつかん)に展示(てんじ)されています。

다양한 모형이 박물관에 전시되어 있습니다.

> 映画館(えいがかん) 영화관　大使 z 館(たいしかん) 대사관
> 美術館(びじゅつかん) 미술관　図書館(としょかん) 도서관

★★★
ばらばら

뿔뿔이 (따로따로 흩어지는 모양, 분해되는 모양)

様々(さまざま)な形(かたち)の食器(しょっき)がばらばらに置(お)いてあります。

여러 가지 모양의 식기가 뿔뿔이 놓여 있습니다.

★★☆

引(ひ)き出(だ)し

서랍

机(つくえ)の一番上(いちばんうえ)の引(ひ)き出(だ)しには万年筆(まんねんひつ)が入(はい)っています。

책상 가장 위의 서랍에는 만년필이 들어 있습니다.

★★☆

フォーク

포크(fork)

テーブルの上(うえ)にスプーンの他(ほか)にフォークとナイフが置(お)いてあります。

탁자 위에 스푼 외에 포크와 나이프가 놓여 있습니다.

★☆☆

ふすま

맹장지

ふすまの前(まえ)にふとんが敷(し)かれています。

맹장지 앞에 이불이 깔려 있습니다.

★★☆

蓋(ふた)

뚜껑, 덮개

蓋(ふた)がしてある器(うつわ)が置(お)いてあります。

뚜껑을 덮은 그릇이 놓여 있습니다.

★☆☆

フック

후크(hook), 갈고리

机(つくえ)の横(よこ)のフックにランドセルがかかっています。

책상 옆 갈고리에 란도셀(초등학생용 책가방)이 걸려 있습니다.

★★☆

布団(ふとん)

이불

畳(たた)んだ布団(ふとん)の上(うえ)に二(ふた)つの枕(まくら)が置(お)いてあります。

갠 이불 위에 베개 두 개가 놓여 있습니다.

> 座布団(ざぶとん) 방석

★★☆

踏(ふ)み場(ば)

발 디딜 곳

兄(あに)の部屋(へや)は足(あし)の踏(ふ)み場(ば)もないほど散(ち)らかっています。

오빠의 방은 발 디딜 곳도 없을 정도로 어질러져 있습니다.

★★☆

文房具(ぶんぼうぐ)

문방구, 문구

パソコンの隣(となり)に文房具(ぶんぼうぐ)が置(お)いてあります。

컴퓨터 옆에 문구가 놓여 있습니다.

★☆☆

間取(まど)り

방의 배치

間取(まど)りが書(か)かれた貼(は)り紙(がみ)があります。

방의 배치가 적힌 벽보가 있습니다.

★★☆

無造作(むぞうさ)

손쉽게 대충대충 하는 모양

花束(はなたば)が紐(ひも)で無造作(むぞうさ)に束(たば)ねられています。

꽃다발이 끈으로 아무렇게나 묶여 있습니다.

★★☆

燃(も)えるごみ

타는 쓰레기

箱(はこ)には燃(も)えるごみが捨(す)てられています。

상자에는 타는 쓰레기가 버려져 있습니다.

> 燃(も)えないごみ 타지 않는 쓰레기
> 燃(も)える 타다

★★★

模様(もよう)

모양

花柄(はながら)模様(もよう)が描(か)かれた上着(うわぎ)です。

꽃 무늬 모양이 그려진 상의입니다.

★★☆

矢印(やじるし)

화살표

矢印(やじるし)の方向(ほうこう)をたどって行(い)くと非常口(ひじょうぐち)があります。

화살표 방향을 따라가면 비상구가 있습니다.

★★☆

郵便局(ゆうびんきょく)

우체국

郵便局(ゆうびんきょく)で切手(きって)を買(か)っている女(おんな)の子(こ)がいます。

우체국에서 우표를 사고 있는 여자아이가 있습니다.

★★☆

指輪(ゆびわ)

반지

それぞれの箱(はこ)に指輪(ゆびわ)が一(ひと)つずつ入(はい)っています。

각각의 상자에 반지가 하나씩 들어 있습니다.

> 首輪(くびわ) 목걸이 ＝ ネックレス
> 耳輪(みみわ) 귀고리 ＝ イヤリング

★★☆

汚(よご)れ

더러워짐

汚(よご)れのついた皿(さら)がテーブルの上(うえ)に置(お)いてあります。

더러운 것이 묻은 접시가 탁자 위에 놓여 있습니다.

> 汚(きたな)い 더럽다
> 汚(けが)らわしい 더럽다, 역겹다
> 汚(よご)す 더럽히다
> 汚(よご)れる 더러워지다

★★☆

ろうそく

초, 양초

机(つくえ)の上(うえ)にろうそくの火(ひ)が燃(も)えています。

책상 위에 촛불이 타고 있습니다.

unit 06 실외 풍경

TRACK 1-06

★★☆

空(あ)き缶(かん)

빈 캔

数(かぞ)えられない程(ほど)の空(あ)き缶(かん)が捨(す)てられています。

셀 수 없을 정도의 빈 캔이 버려져 있습니다.

★★☆

空(あ)き地(ち)

공터

空(あ)き地(ち)に木製(もくせい)のベンチが三(みっ)つ置(お)いてあります。

공터에 나무로 만든 벤치가 세 개 놓여 있습니다.

★☆☆

足(あし)の裏(うら)

반 手(て)の裏(うら) 손바닥

발바닥

パンダの人形(にんぎょう)は足(あし)の裏(うら)を見(み)せています。

판다 인형은 발바닥을 보이고 있습니다.

★★☆

行(い)き来(き)

왕래, 오감

ビルの前(まえ)でたくさんの人々(ひとびと)が行(い)き来(き)しています。

빌딩 앞에서 많은 사람들이 오가고 있습니다.

★★☆

植木鉢(うえきばち)

화분

ビニールをかぶせられた植木鉢(うえきばち)があります。

비닐을 씌운 화분이 있습니다.

★☆☆

後ろ足(うしろあし)

반 前足(まえあし) 앞다리

뒷다리

後ろ足(うしろあし)で立(た)ち上(あ)がっている犬(いぬ)がいます。

뒷다리로 서 있는 개가 있습니다.

★★☆

屋外(おくがい)

반 屋内(おくない) 옥내, 실내

옥외, 실외, 바깥

腐(くさ)って捨(す)てられた野菜(やさい)が屋外(おくがい)に山積(やまづ)みになっています。

썩어서 버려진 채소가 바깥에 쌓여 있습니다.

★☆☆

思い思い(おもいおもい)(に)

제 나름대로

みんな思い思い(おもいおもい)に公園(こうえん)を散歩(さんぽ)しています。

모두 제각각 공원을 산책하고 있습니다.

★★☆

海岸(かいがん)

해안

近所(きんじょ)の海岸(かいがん)が見渡(みわた)せる窓(まど)があります。

근처 해안을 바라볼 수 있는 창이 있습니다.

★☆☆

改札口(かいさつぐち)

개찰구

改札口(かいさつぐち)に学生(がくせい)たちが並(なら)んでいます。

개찰구에 학생들이 늘어서 있습니다.

★★☆

海水浴(かいすいよく)

해수욕

ビーチは海水浴(かいすいよく)を楽(たの)しむ人々(ひとびと)で込(こ)み合(あ)っています。

해변은 해수욕을 즐기는 사람들로 혼잡합니다.

★★☆

ガソリンスタンド

주유소(gasoline+stand)

ガソリンスタンドで給油(きゅうゆ)中(ちゅう)の車(くるま)があります。

주유소에서 급유 중인 차가 있습니다.

★★☆

きらきら

반짝반짝

夜空(よぞら)に星(ほし)がきらきら輝(かがや)いています。

밤하늘에 별이 반짝반짝 빛나고 있습니다.

★☆☆

下駄(げた)

게다, 왜나막신

二人(ふたり)の女性(じょせい)は縮緬(ちりめん)のふろしきを持(も)って下駄(げた)をはいています。

두 여성은 치리멘 보자기를 들고 게다(왜나막신)를 신고 있습니다.

★☆☆

気配(けはい)

기미, 기색, 낌새

市内(しない)は閑散(かんさん)として人(ひと)や車(くるま)の気配(けはい)がほとんど感(かん)じられません。

시내는 한산해서 사람이나 차의 기색을 거의 느낄 수 없습니다.

★★☆

煙(けむり)

연기

わらぶきの煙突(えんとつ)から煙(けむり)が出(で)ています。

초가집 지붕의 굴뚝에서 연기가 나오고 있습니다.

★★☆

工事現場(こうじげんば)

공사 현장

工事現場(こうじげんば)ではいろんな種類(しゅるい)の機械(きかい)が使(つか)われています。

공사 현장에서는 여러 종류의 기계가 사용되고 있습니다.

★★☆

洪水（こうずい）

홍수

洪水（こうずい）で川（かわ）の水（みず）が氾濫（はんらん）しています。

홍수 때문에 강물이 범람하고 있습니다.

★☆☆

勾配（こうばい）

경사, 비탈

積雪（せきせつ）がある所（ところ）は急勾配（きゅうこうばい）の斜面（しゃめん）になっています。

눈이 쌓여 있는 곳은 급경사 비탈이 되었습니다.

★★☆

腰掛（こしかけ）

걸상, 의자

広々（ひろびろ）とした砂浜（すなはま）に腰掛（こしかけ）が置（お）かれています。

널찍한 모래 해변에 의자가 놓여 있습니다.

★★★

ごつごつ

울퉁불퉁

ごつごつとした岩場（いわば）が続（つづ）いています。

울퉁불퉁한 바위가 많은 곳이 이어져 있습니다.

★☆☆

骨董品（こっとうひん）

골동품

骨董品（こっとうひん）のつぼやかけじくが展示（てんじ）してあります。

골동품인 항아리와 족자가 전시되어 있습니다.

★☆☆

下手（したて）

반 上手（うわて） 위쪽

유 下手（しもて） 아래쪽

아래쪽

ホームの下手（したて）に立（た）ってタバコを吸（す）っている男性（だんせい）が見（み）えます。

승강장 아래쪽에 서서 담배를 피우는 남성이 보입니다.

★★☆

芝生（しばふ）

잔디밭

芝生（しばふ）の上（うえ）で鳩（はと）の群（む）れが休（やす）んでいます。

잔디밭 위에서 비둘기 떼가 쉬고 있습니다.

★☆☆

蛇口（じゃぐち）

수도꼭지

蛇口（じゃぐち）から勢（いきお）いよく水（みず）が出（で）ています。

수도꼭지에서 힘차게 물이 나오고 있습니다.

蛇口（じゃぐち）を締（し）める 수도꼭지를 잠그다
蛇口（じゃぐち）を捻（ひね）る 수도꼭지를 틀다

★☆☆

写生（しゃせい）

유 スケッチ 스케치

사생, 실물이나 경치를 있는 그대로 그림

青年（せいねん）が川辺（かわべ）で写生（しゃせい）をしています。

청년이 강변에서 풍경화를 그리고 있습니다.

★★★

車道（しゃどう）

차도

季節（きせつ）の草花（くさばな）が車道（しゃどう）と歩道（ほどう）の間（あいだ）に植（う）えられています。

계절 화초가 차도와 보도 사이에 심어져 있습니다.

★☆☆

十字路（じゅうじろ）

십자로, 사거리

十字路（じゅうじろ）に車（くるま）が止（と）まっています。

사거리에 차가 서 있습니다.

★★☆

上半身(じょうはんしん)

상반신

屋外(おくがい)に上半身裸(じょうはんしんはだか)の女性像(じょせいぞう)が建(た)っています。

바깥에 상반신 나체의 여성 동상이 세워져 있습니다.

> 下半身(かはんしん) 하반신　上体(じょうたい) 상체
> 全裸(ぜんら) 전라, 알몸　半裸(はんら) 반라, 반나체

★★☆

巣(す)

파 空(あ)き巣(す) 빈집털이

둥지

鳥(とり)が木(き)の枝(えだ)に巣(す)を作(つく)っています。

새가 나뭇가지에 둥지를 만들고 있습니다.

★★☆

雀(すずめ)

참새

電線(でんせん)にはさまざまな向(む)きで雀(すずめ)が止(と)まっています。

전선에는 다양한 방향으로 참새가 앉아 있습니다.

> おうむ 앵무새　かもめ 갈매기
> からす 까마귀　つる 학

★★★

ずらり(と)

잇달아 늘어선 모양

新作商品(しんさくしょうひん)がずらりと店頭(てんとう)に展示(てんじ)されています。

신상품이 가게 앞에 죽 전시되어 있습니다.

★★★

整然(せいぜん)

정연

棚(たな)にトロフィーが整然(せいぜん)と並(なら)べられています。

선반에 트로피가 정연하게 늘어서 있습니다.

★☆☆

そう だ
総立ち

모두 일어섬, 총기립

かんせんきゃく そう だ おも おも はた ふ
スポーツ観戦客は総立ちで思い思いの旗を振っています。
스포츠 관전객은 모두 일어서서 각각의 깃발을 흔들고 있습니다.

★★☆

た び
焚き火

모닥불

か は あつ た び
枯れ葉を集めて焚き火をしているところです。
마른 잎을 모아서 모닥불을 피우고 있는 중입니다.

★☆☆

たち いり きん し
立入禁止

출입 금지

かんけいしゃ い がい たちいりきん し しめ た ふだ
関係者以外、立入禁止を示す立て札です。
관계자 이외 출입 금지를 나타내는 팻말입니다.

★★☆

た はた
田畑

논밭

たいがん た はた ひろ
対岸には田畑が広がっています。
강 건너편 기슭에는 논밭이 펼쳐져 있습니다.

はたけ
畑 밭
た
田んぼ 논

★★☆

だらだら(と)

완만하게 경사가 이어지는 모양

せ お やまみち のぼ
リュックを背負ってだらだらとした山道を登っています。
배낭을 짊어지고 완만한 산길을 오르고 있습니다.

★☆☆

調教師(ちょうきょうし)

조련사

何羽(なんば)かの鳥(とり)が調教師(ちょうきょうし)の肩(かた)や腕(うで)に乗(の)っています。

몇 마리의 새가 조련사의 어깨와 팔에 올라앉아 있습니다.

★★☆

つぼみ

꽃봉오리

枝(えだ)の先端(せんたん)にはいくつかのつぼみがあります。

가지 끝에는 몇 개의 꽃봉오리가 있습니다.

★☆☆

釣(つ)り合(あ)い

㊒ 均衡(きんこう) 균형

균형

釣(つ)り合(あ)いが取(と)れない板(いた)が左(ひだり)に傾(かたむ)いています。

균형이 맞지 않는 널판지가 왼쪽으로 기울어져 있습니다.

★☆☆

釣(つ)り船(ぶね)

낚싯배

港(みなと)に釣(つ)り船(ぶね)が数隻(すうせき)浮(う)かんでいます。

항구에 낚싯배가 몇 척 떠 있습니다.

★★☆

手当(てあて)

처치, 치료

怪我(けが)をした小指(こゆび)の手当(てあて)をしています。

다친 새끼손가락의 치료를 하고 있습니다.

★☆☆

凸凹(でこぼこ)

울퉁불퉁

地面(じめん)が凸凹(でこぼこ)のままになっています。

지면이 울퉁불퉁해져 있습니다.

凹凸(おうとつ) 요철
凹(へこ)む 움푹 들어가다

★★☆
手(て)すり

난간

ベランダの手(て)すりに垂(た)れ幕(まく)が下(さ)がっています。
베란다 난간에 현수막이 드리워져 있습니다.

★☆☆
電話帳(でんわちょう)

전화번호부

分厚(ぶあつ)い電話帳(でんわちょう)を使(つか)っている人(ひと)がいます。
두꺼운 전화번호부를 사용하는 사람이 있습니다.

★☆☆
土手(どて)

둑, 제방

川(かわ)の土手(どて)で座(すわ)って、写生(しゃせい)している人(ひと)がいます。
강둑에 앉아서 스케치하고 있는 사람이 있습니다.

★★☆
並木道(なみきみち)

가로수 길

並木道(なみきみち)は観光客(かんこうきゃく)で混雑(こんざつ)しています。
가로수 길은 관광객으로 혼잡합니다.

街路樹(がいろじゅ) 가로수
並木(なみき) 가로수

★★☆
布(ぬの)

천

二(ふた)つに分(わ)かれた枝(えだ)に布(ぬの)が巻(ま)かれています。
두 갈래로 나눠진 가지에 천이 감겨 있습니다.

★☆☆

拝観（はいかん）

삼가 관람함

多くの参拝客がいくつもの仏像を興味深く拝観しています。

많은 참배객이 몇 개의 불상을 흥미 깊게 관람하고 있습니다.

★★★

柱（はしら）

기둥

何枚かの広告ポスターが丸い柱に無造作に貼られています。

광고 포스터 몇 장이 둥근 기둥에 아무렇게나 붙어 있습니다.

★★☆

浜辺（はまべ）

해변

浜辺に高波が押し寄せています。

해변에 높은 파도가 밀려오고 있습니다.

★☆☆

パラソル

파라솔(parasol)

パラソルの下で寝ている人がいます。

파라솔 밑에서 자고 있는 사람이 있습니다.

★☆☆

原っぱ（はらっぱ）

들판

山のふもとまで広がっている原っぱです。

산기슭까지 펼쳐진 들판입니다.

★★☆

額（ひたい）

유 おでこ 이마

이마

手の甲で額を押さえています。

손등으로 이마를 누르고 있습니다.

額（がく） 액수

★☆☆

フード付(つ)きのコート　후드가 달린 코트

犬(いぬ)と散歩中(さんぽちゅう)の人(ひと)はフード付(つ)きのコートを着(き)ています。
개와 산책 중인 사람은 후드가 달린 코트를 입고 있습니다.

★★☆

吹雪(ふぶき)

눈보라

吹雪(ふぶき)の中(なか)に男性(だんせい)が雪(ゆき)まみれになってたたずんでいます。
눈보라 속에 남성이 눈투성이가 되어 우두커니 서 있습니다.

なだれ 눈사태

★☆☆

噴火(ふんか)

분화

火山(かざん)が噴火(ふんか)しているところです。
화산이 분화하는 중입니다.

★★☆

塀(へい)

유 垣根(かきね) 울타리

울타리

線路(せんろ)と道路(どうろ)の境(さかい)はレンガの塀(へい)で仕切(しき)られています。
선로와 도로 경계에는 벽돌담으로 구분되어 있습니다.

★★☆

ポスト

우체통(post)

この街(まち)にはポストが一(ひと)つしかありません。
이 거리에는 우체통이 하나밖에 없습니다.

★☆☆

舗装(ほそう)

포장

道路(どうろ)の舗装工事(ほそうこうじ)が行(おこな)われています。
도로 포장 공사가 행해지고 있습니다.

★★☆

ほとんど

거의

池の中にはほとんど水がありません。

연못 안에는 거의 물이 없습니다.

★★☆

まち かど
街角

길모퉁이

街角に電柱が立てられています。

길모퉁이에 전신주가 세워져 있습니다.

★★★

みず たま
水溜り

물구덩이, 웅덩이

うずくまった犬が大きな水溜りの横にいます。

웅크리고 있는 개가 큰 물구덩이 옆에 있습니다.

★★☆

もり
森

숲

森の中には露天風呂があります。

숲 속에는 노천탕이 있습니다.

★★☆

や がい
野外

야외

野外に金銅像が置かれています。

야외에 금동상이 놓여 있습니다.

★★☆

よ ち
余地

여유, 여지

この駐車場にはまだ車を止める余地が残っています。

이 주차장에는 아직 차를 세울 여지가 남아 있습니다.

★★☆

湧き出る

땅속에서 물이 솟아나다

源泉から温泉水が湧き出ています。

원천에서 온천수가 솟아나고 있습니다.

★★☆

僅か

조금, 약간

僅かな雪が広場に残っています。

약간의 눈이 광장에 남아 있습니다.

いささか 조금, 약간

PART 1

PART 1 연습문제

1 빈칸에 들어갈 알맞은 말을 보기에서 골라 쓰세요.

❶ 犬は尾を立てて頭をすっかりバケツに＿＿＿＿＿＿いります。
개는 꼬리를 세우고 머리를 완전히 양동이에 넣고 있습니다.

❷ 道端(みちばた)でカラスが何かを＿＿＿＿＿＿います。
길가에서 까마귀가 뭔가를 쪼고 있습니다.

❸ 競技場(きょうぎじょう)の観客(かんきゃく)は＿＿＿＿＿＿で思い思いの旗(はた)を振っています。
경기장의 관객은 모두 일어서서 각자의 깃발을 흔들고 있습니다.

❹ たくさんの人が＿＿＿＿＿＿を渡ろうとしています。
많은 사람이 건널목을 건너려고 하고 있습니다.

❺ ＿＿＿＿＿＿コップには水が半分入っています。
투명한 컵에는 물이 절반 들어 있습니다.

❻ 職員室は廊下(ろうか)の＿＿＿＿＿＿にあります。
교무실은 복도의 막다른 곳에 있습니다.

❼ 注いだビールがコップから＿＿＿＿＿＿います。
따른 맥주가 컵에서 흘러넘치고 있습니다.

❽ イヤホンの線が＿＿＿＿＿＿います。
이어폰의 선이 서로 얽혀 있습니다.

❾ バスの窓から日光が＿＿＿＿＿＿います。
버스 창에서 햇빛이 들어오고 있습니다.

보기

溢れ出て	突っ込んで	総立ち
突き当たり	ついばんで	差し込んで
踏み切り	透き通った	絡み合って

2 다음 단어의 뜻을 찾아 연결하세요.

❶ 取り壊す	A 여드름
❷ 渋滞	B 발로 차다
❸ 切り抜く	C 따르다, 붓다
❹ 蹴る	D 두드리다
❺ 注ぐ	E 부수다
❻ 叩く	F 정체
❼ にきび	G 오려 내다
❽ 潜る	H 머리 숙여 인사하다
❾ 掻き分ける	I 공터
❿ 引き出し	J 잠수하다
⓫ 空き地	K (좌우로) 헤치다
⓬ 積み重ねる	L 소용돌이
⓭ 平たい	M 서랍
⓮ 渦巻き	N 엽서
⓯ 塗り立て	O 포개어 쌓다
⓰ お辞儀をする	P 뾰족해지다
⓱ 葉書	Q 갓 칠함
⓲ 尖る	R 평평하다

PART2

01 인사 표현
02 존경어·겸양어
03 예/아니요형 질문
04 의문사가 있는 질의응답
05 의문사가 없는 질의응답
06 정보 전달
07 자신의 의견·감동 전달

생활 회화 능력을 평가하는 파트로 총 30문제가 출제된다. 간단한 인사말에서 관용적 표현과 비즈니스 회화까지 출제된다. 일상 생활에서 쓰이는 인사말은 질문과 답을 함께 암기하는 것이 도움이 되며, 의문사가 있는 경우에는 의문사를 주의 깊게 듣고 메모한 후 보기와 하나씩 확인하며 적절한 답을 찾는다. 또한 전화 내용, 업무, 거래처 등 비즈니스 표현과 단어를 익혀 두어야 고득점을 얻을 수 있다.

II. 次の言葉の返事として、もっとも適したものを(A)から(D)の中で一つ選びなさい。

例 飲み物は何がいいですか。

(A) こっちがお茶です。
(B) よくお茶を飲みます。
(C) お茶をください。
(D) 飲み物をください。

答 (C)

unit 01 인사 표현

TRACK 2-01

소개

A はじめまして。田中(たなか)です。처음 뵙겠습니다. 다나카입니다.

B 加藤(かとう)です。どうぞよろしく。가토입니다. 잘 부탁합니다.

A あの、失礼(しつれい)ですが、そちらの方(かた)は？ 저, 실례합니다만 그 분은?

B あ、ご紹介(しょうかい)します。こちらは山田(やまだ)さんです。아, 소개할게요. 이쪽은 야마다 씨입니다.

A 今日(きょう)からこちらで働(はたら)くことになりました。よろしくお願(ねが)いします。
오늘부터 여기에서 일하게 되었습니다. 잘 부탁합니다.

B 事務(じむ)を担当(たんとう)してもらうことになっていますから、よろしく。
사무를 담당하게 되었으니 잘 부탁합니다.

사과

A すみません。죄송합니다.

B いいえ、大丈夫(だいじょうぶ)です。아니요, 괜찮습니다.

A 申(もう)し訳(わけ)ありません。대단히 죄송합니다.

B いいえ、とんでもありません。아니요, 천만에요.

A 申(もう)し訳(わけ)ありませんでした。대단히 죄송합니다.

B いいえ、お気(き)になさらないでください。아니요, 신경쓰지 마세요.

방문과 작별

A さあ、どうぞ。こちらにお入(はい)りください。자, 이쪽으로 들어오세요.

B では、おじゃまします。그럼, 실례하겠습니다.

A さあ、お上(あ)がりください。자, 들어오세요.

B では、失礼(しつれい)します。그럼, 실례하겠습니다.

A これ、ほんのつまらないものですが。이거 아주 보잘것없는 물건입니다만.

B ありがとうございます。お気(き)づかいなさらずに。
고맙습니다. 신경 써 주시지 않으셔도 되는데.

A 突然(とつぜん)お伺(うかが)いしてすみません。どうぞおかまいなく。
갑자기 방문해서 미안합니다. 부디 신경 쓰지 마세요.

B 何(なに)もございませんけど、どうぞごゆっくり。
아무것도 없지만, 천천히 놀다 가세요.

A せっかく来(き)てくれたんだから、腕(うで)によりをかけて何(なに)か作(つく)っておくわ。
모처럼 와 줬으니까 솜씨를 발휘해서 뭔가 만들어 줄게.

B それは恐縮(きょうしゅく)です。どうぞお気(き)づかいなく。
너무나 황송합니다. 부디 신경 쓰지 마세요.

A あら、もうこんな時間(じかん)。そろそろ失礼(しつれい)しないと。
어머, 벌써 이런 시간이야? 이제 그만 돌아가야겠군.

B すみません。お引(ひ)き止(と)めしてしまって。미안해요. 오랫동안 머무르게 해서.

A そろそろおいとまいたします。슬슬 돌아가겠습니다.

B もっとゆっくりしていってくださいよ。좀 더 천천히 놀다 가세요.

A そろそろ失礼(しつれい)します。이제 그만 실례하겠습니다.

B もうお帰(かえ)りですか。벌써 돌아가세요?

A じゃ、失礼(しつれい)します。また明日(あした)。그럼 실례하겠습니다. 내일 봐요.

B ええ、じゃまた明日(あした)。 예, 내일 봐요.

A では、お先(さき)に失礼(しつれい)します。그럼, 먼저 실례하겠습니다.

B おつかれさまでした。수고하셨습니다.

식사

A 今(いま)、お茶(ちゃ)を入(い)れますから。지금 차를 끓일게요.

B どうぞおかまいなく。신경 쓰지 않으셔도 돼요.

A お茶(ちゃ)をもう少(すこ)しいかがですか。차를 좀 더 드시겠습니까?

B ありがとう。でももう結構(けっこう)です。 고맙습니다. 이제 괜찮습니다.

A いただきます。잘 먹겠습니다.

B はい、どうぞ。예, 어서 드세요.

A どうぞ、たくさん召(め)し上(あ)がってください。자, 많이 드세요.

B じゃ、遠慮(えんりょ)なくいただきます。그럼, 사양 않고 먹겠습니다.

A ごちそうさまでした。잘 먹었습니다. .

B いいえ、お粗末様(そまつさま)でした。아니요, 대접이 변변치 못했어요.

A 本当(ほんとう)にご馳走(ちそう)になりました。정말 잘 먹었습니다.

B いいえ、何(なん)のおかまいもできませんで。아니요, 아무런 대접도 못했는데요.

일상・안부

A 行(い)ってきます。다녀오겠습니다.

B 行(い)ってらっしゃい。다녀오세요.

A ただいま。다녀왔어요.

B お帰(かえ)りなさい。어서 와요.

A 急(きゅう)に涼(すず)しくなりましたね。갑자기 서늘해졌네요.

B そうですね。やっと夏(なつ)が終(お)わったという感(かん)じですね。
그러네요. 겨우 여름이 끝난 느낌이에요.

A 天気(てんき)がよくなりましたね。날씨가 좋아졌어요.

B あしたもたぶん晴(は)れるでしょう。내일도 아마 맑겠죠.

A もうすぐお花見(はなみ)の季節(きせつ)ですね。이제 곧 꽃놀이의 계절이네요.

B そうですね。ずいぶん暖(あたた)かくなりましたからね。그렇군요. 꽤 따뜻해졌으니까요.

A 季節(きせつ)の変(か)わり目(め)には風邪(かぜ)を引(ひ)きやすいんですよ。
환절기에는 감기에 걸리기 쉬워요.

B じゃ、気(き)をつけないとね。그럼, 주의해야겠네요.

A 顔色(かおいろ)がよくないですね。안색이 좋지 않네요.

B そうなんですよ。朝(あさ)から熱(ねつ)が出(で)てくらくらするんです。
맞아요. 아침부터 열이 나고 어질어질해요.

A 明(あ)けまして、おめでとうございます。새해 복 많이 받으세요.

B 明(あ)けまして、おめでとうございます。今年(ことし)もよろしくお願(ねが)いします。
새해 복 많이 받으세요. 올해도 잘 부탁합니다.

A いつもお世話(せわ)になっております。항상 신세 지고 있습니다.

B いいえ、こちらこそ。아니요, 저야말로.

A　お元気(げんき)ですか。건강하십니까?

B　はい、おかげさまで。예, 덕분에요.

A　お久(ひさ)しぶりです。お変(か)わりありませんか。오랜만입니다. 별일 없으세요?

B　ええ、おかげさまで。네, 덕분에요.

A　長(なが)い間(あいだ)ごぶさたしておりましたが、お元気(げんき)でいらっしゃいましたか。
오랫동안 격조했는데, 건강하십니까?

B　おかげさまで相変(あいか)わらず元気(げんき)です。덕분에 여전히 건강해요.

축하와 감사

A　お誕生日(たんじょうび)おめでとうございます。생일 축하합니다.

B　どうも、ありがとう。고맙습니다.

A　ありがとうございます。고맙습니다.

B　いいえ、どういたしまして。아니요, 천만에요.

unit **02** 존경어·겸양어

TRACK 2-02

★★★

いただく

받다

A 木村(きむら)さんが贈(おく)り物(もの)をくださったんです。

기무라 씨가 선물을 주셨어요.

B どんなものをいただいたんですか。어떤 것을 받았나요?

★★★

いらっしゃる

① 가시다 ② 오시다 ③ 계시다

A どなたといらっしゃいますか。어느 분과 가십니까?

B 設計者(せっけいしゃ)と一緒(いっしょ)に伺(うかが)おうと思(おも)っています。

설계자와 함께 찾아뵈려고 합니다.

A お約束(やくそく)の石田様(いしださま)がいらっしゃいました。

약속하신 이시다 님이 오셨습니다.

B ありがとう。2階(かい)の応接室(おうせつしつ)にご案内(あんない)して。

고마워. 2층 응접실로 안내해 줘.

A 今朝(けさ)お電話(でんわ)した木村(きむら)ですが、田中課長(たなかかちょう)いらっしゃいますか。

오늘 아침 전화한 기무라입니다만, 다나카 과장님 계십니까?

B お待(ま)ちしておりました。ご案内(あんない)いたします。

기다리고 계십니다. 안내하겠습니다.

★★☆

伺(うかが)う

찾아뵙다

A 明日(あした)10時(じ)にそちらに伺(うかが)ってもいいですか。

내일 열 시에 그쪽에 방문해도 될까요?

B ええ、午前中(ごぜんちゅう)ならかまいませんよ。예, 오전 중이라면 상관없어요.

★☆☆

お会(あ)いできる

뵙다

A　すみません。山田(やまだ)さんにお会(あ)いできますか。
죄송합니다. 다나카 씨를 뵐 수 있을까요?

B　失礼(しつれい)ですが、どちらさまでしょうか。실례입니다만 누구십니까?

★★★

おいでになる

오시다

A　今度(こんど)はいつおいでになりますか。이번에는 언제 오십니까?

B　そうですね。月末(げつまつ)までにもう一度(いちど)伺(うかが)います。
글쎄요. 월말까지 한 번 더 찾아뵙겠습니다.

★★★

お帰(かえ)りになる

돌아오시다

A　部長(ぶちょう)がお帰(かえ)りになったのは何時頃(なんじごろ)でしたか。
부장님이 돌아오신 것은 몇 시경이었습니까?

B　5時半頃(じはんごろ)だったと思(おも)います。5시 반경이었습니다.

★★★

おっしゃる

말씀하시다

A　数年前(すうねんまえ)、前社長(ぜんしゃちょう)が全社員(ぜんしゃいん)におっしゃった訓示(くんじ)を覚(おぼ)えてる?
수년 전 전 사장님이 모든 사원에게 말씀하셨던 훈시를 기억해?

B　そんな前(まえ)のこと覚(おぼ)えていないよ。그런 이전의 일은 기억하고 있지 않아.

★★☆

お待(ま)ちする

기다리다

A　明日(あした)そちらに伺(うかが)いたいんですが。내일 그쪽에 방문하고 싶은데요.

B　では、お待(ま)ちしております。그럼, 기다리고 있겠습니다.

★★★

お目(め)にかかる

뵙다

A　吉田(よしだ)さんに会(あ)ったことがありますか。
요시다 씨를 만난 적이 있습니까?

B　はい、何度(なんど)かお目(め)にかかったことがあります。
예, 몇 번인가 뵌 적이 있습니다.

★☆☆

かしこまりました

알겠습니다

A　山田課長(やまだかちょう)に後日連絡(ごじつれんらく)するとお伝(つた)えください。
야마다 과장님에게 후일 연락하겠다고 전해 주세요.

B　かしこまりました。알겠습니다.

★★★

ご存(ぞん)じだ

알고 계시다

A　あちらにいらっしゃる関連会社(かんれんがいしゃ)の森田(もりた)さんをご存(ぞん)じですか。
저쪽에 계시는 관련 회사의 모리타 씨를 알고 계세요?

B　うん。彼(かれ)は大学時代(だいがくじだい)の後輩(こうはい)だよ。응. 그는 대학 시절의 후배야.

★★☆

ご覧(らん)ください

보세요

A　すみません。この指輪(ゆびわ)見(み)せていただけますか。
죄송합니다. 이 반지 보여 주실래요?

B　ええ、どうぞ。お手(て)にとってご覧(らん)ください。
예, 여기요. 손에 들고 보세요.

★★☆

差(さ)し上(あ)げる

드리다

A　長年(ながねん)お世話(せわ)になった先生(せんせい)に何(なに)を差(さ)し上(あ)げたらいいかな。
오랫동안 신세 진 선생님에게 무엇을 드리면 좋을까?

B　そうだね。確(たし)か先生(せんせい)はお茶(ちゃ)が好(す)きだったんじゃないかな。
글쎄. 선생님은 차를 좋아하지 않았어?

★★★

~(さ)せていただく

~하겠습니다

A　明日は4時に帰らせていただけませんか。
내일은 네 시에 돌아가도 되겠습니까?

B　何か用事があるならいいですよ。뭔가 용무가 있으면 괜찮아요.

★☆☆

ちょうだい

삼가 받음

A　お名刺をちょうだいできますか。명함을 받을 수 있을까요?

B　すみません。今、ちょうど持ち合わせがないんです。
죄송합니다. 지금 마침 가진 것이 없어요.

★★★

~でございます

~입니다

A　鈴木でございます。吉田部長にお会いしたいのですが。
스즈키입니다. 요시다 부장님을 뵙고 싶은데요.

B　おかけになってお待ちいただけますか。
앉아서 기다려 주시겠습니까?

★★☆

なさる

하시다

A　お父さまにあまり無理なさらないようお伝えください。
아버님께 그다지 무리하시지 말라고 전해 주세요.

B　はい、そのように伝えておきます。
예, 그렇게 하도록 전해 두겠습니다.

★★☆

拝見する

삼가 보다

A　身分証明書を拝見できますか。
신분증을 보여 주시겠습니까?

B　ちょっと待ってください。今、かばんから出します。
잠시 기다려 주세요. 지금 가방에서 꺼내겠습니다.

★★★

召(め)し上(あ)がる

드시다, 잡수시다

A　ご朝食(ちょうしょく)はもう召(め)し上(あ)がりましたか。아침 식사는 드셨어요?

B　はい、もういただきました。예, 벌써 먹었습니다.

unit 03 예 / 아니요형 질문

TRACK 2-03

A 田中(たなか)さんを知(し)っていますか。다나카 씨를 알고 있습니까?

B いいえ。どの方(かた)ですか。아니요. 어느 분입니까?

A 兄弟(きょうだい)はいますか。형제는 있습니까?

B はい。姉(あね)と兄(あに)が一人(ひとり)ずついます。예. 누나와 형이 한 명씩 있습니다.

A 切符(きっぷ)を買(か)いましたか。표를 샀습니까?

B いいえ。まだ買(か)っていません。아니요. 아직 사지 않았습니다.

A 毎日(まいにち)パンを食(た)べますか。매일 빵을 먹습니까?

B いいえ。毎日(まいにち)ではありません。아니요. 매일은 아닙니다.

A 今(いま)忙(いそが)しいですか。지금 바쁩니까?

B ええ。何(なに)かご用(よう)でしょうか。예. 무슨 일입니까?

A あれはあなたのノートですか。저것은 당신 노트입니까?

B はい。私(わたし)のです。예. 제 것입니다.

A 椅子(いす)の下(した)に何(なに)かありますか。의자 밑에 뭔가 있습니까?

B いいえ。何(なに)もありません。아니요. 아무것도 없습니다.

A よく地下鉄(ちかてつ)に乗(の)りますか。자주 지하철을 탑니까?

B いいえ。あまり乗(の)りません。아니요. 그다지 타지 않습니다.

A お店(みせ)の予約(よやく)はもう済(す)みましたか。가게 예약은 이미 끝났습니까?

B はい。終(お)わりました。예. 끝났습니다.

A　コーヒーを飲(の)みましたか。커피를 마셨습니까?

B　いいえ。ジュースを飲(の)みました。아니요. 주스를 마셨습니다.

A　何(なに)か嫌(きら)いな食(た)べ物(もの)がありますか。뭔가 싫어하는 음식이 있습니까?

B　はい。豚肉(ぶたにく)はあまり好(す)きではありません。예. 돼지고기는 그다지 좋아하지 않습니다.

A　すみません。この店(みせ)の店員(てんいん)の方(かた)ですか。실례합니다. 이 가게 점원입니까?

B　いいえ、違(ちが)います。아니요, 그렇지 않습니다.

A　この近(ちか)くにスーパーはありますか。이 근처에 슈퍼는 있습니까?

B　いいえ。でも八百屋(やおや)はありますよ。아니요. 하지만 채소 가게는 있습니다.

A　あの山(やま)に登(のぼ)りましたか。저 산에 올랐습니까?

B　いいえ。まだ登(のぼ)っていません。아니요. 아직 오르지 않았습니다.

A　郵便局(ゆうびんきょく)に行(い)きましたか。우체국에 갔습니까?

B　いいえ。明日(あした)、行(い)きます。아니요. 내일 갑니다.

A　引(ひ)っ越(こ)しの準備(じゅんび)はもう終(お)わりましたか。이사 준비는 이제 끝났습니까?

B　ええ。あとはご近所(きんじょ)にご挨拶(あいさつ)するだけです。
예. 남은 것은 이웃에게 인사하는 것뿐입니다.

unit 04 의문사가 있는 질의응답

TRACK 2-04

★★★

いくつ

① 몇 살 ② 몇 개

A 失礼(しつれい)ですが、おいくつですか。실례지만, 몇 살입니까?

B 二十歳(はたち)です。20살입니다.

A いくつりんごを渡(わた)しましたか。사과를 몇 개 건넸습니까?

B 全部(ぜんぶ)でむっつです。전부 여섯 개입니다.

★★☆

いくら

얼마

A それはいくらですか。그것은 얼마입니까?

B ひとつ350円(えん)です。한 개 350엔입니다.

★★★

いつ

언제

A いつ切符(きっぷ)を買(か)いましたか。언제 표를 샀습니까?

B 昨日(きのう)買(か)いました。어제 샀습니다.

★★★

だれ

누구

A だれとレストランへ行(い)きましたか。누구와 레스토랑에 갔습니까?

B 友(とも)だちと行(い)きました。친구와 갔습니다.

★★☆

どう

어떻게

A　国立図書館(こくりつとしょかん)はどうやって行(い)けばいいですか。
국립도서관은 어떻게 가면 됩니까?

B　ここでバスに乗(の)ればいいです。 여기에서 버스를 타면 됩니다.

★★☆

どうして

어째서, 왜

A　どうしてこんなにたくさん缶(かん)ジュースを買(か)ってきたの。
어째서 이렇게 많이 캔 주스를 사 왔어?

B　友達(ともだち)にあげようと思(おも)って。 친구에게 주려고.

★★☆

どこ

어디

A　私(わたし)の辞書(じしょ)はどこにありますか。 내 사전은 어디에 있습니까?

B　机(つくえ)の上(うえ)にあります。 책상 위에 있습니다.

★★☆

どちら / どっち

어느 쪽

A　和食(わしょく)と洋食(ようしょく)とどちらがお好(この)みですか。
일식과 양식 중 어느 쪽을 좋아합니까?

B　どちらかといえば、和食(わしょく)の方(ほう)です。
어느 쪽인가 하면, 일식 쪽입니다.

A　サッカーと野球(やきゅう)とどっちが好(す)きですか。
축구와 야구 중 어느 쪽을 좋아합니까?

B　どちらも好(す)きです。 둘 다 좋아합니다.

★☆☆

どの

어느

A　どの駅(えき)で降(お)りますか。어느 역에서 내립니까?

B　次(つぎ)の駅(えき)です。다음 역입니다.

★☆☆

どの方(かた)

어느 분

A　すみません。田中(たなか)さんはどの方(かた)ですか。
실례합니다. 다나카 씨는 어느 분입니까?

B　赤(あか)いセーターを着(き)ている人(ひと)です。빨간 스웨터를 입고 있는 사람입니다.

★★☆

どのぐらい

어느 정도

A　ここから駅(えき)までどのぐらいかかりますか。
여기서부터 역까지 어느 정도 걸립니까?

B　歩(ある)いて１５分(ふん)です。걸어서 15분입니다.

★☆☆

どれ

어느 것

A　夕食(ゆうしょく)には、豚肉(ぶたにく)と牛肉(ぎゅうにく)と鶏肉(とりにく)のうちどれが食(た)べたいですか。
저녁에는 돼지고기와 소고기와 닭고기 중 어느 것을 먹고 싶습니까?

B　牛肉(ぎゅうにく)をお願(ねが)いします。소고기를 부탁합니다.

★★☆

どれぐらい

어느 정도

A　ここに来(く)るのにどれぐらい時間(じかん)がかかりましたか。
여기에 오는 데 어느 정도 시간이 걸렸습니까?

B　１時間(じかん)くらいかかりました。한 시간 정도 걸렸습니다.

★★★

どんな

어떤

A　どんな映画(えいが)が好(す)きですか。어떤 영화를 좋아합니까?

B　アクション映画(えいが)が好(す)きです。액션 영화를 좋아합니다.

★☆☆

なぜ

어떻게, 왜

A　なぜ仕事(しごと)を休(やす)んだのですか。왜 일을 쉰 건가요?

B　風邪(かぜ)を引(ひ)いてしまったんで。감기에 걸려 버려서요.

★★★

何(なに / なん)

무엇

A　飲(の)み物(もの)は何(なに)にしますか。음료수는 무엇으로 하겠습니까?

B　オレンジジュースにします。오렌지 주스로 하겠습니다.

A　これは何(なん)ですか。이것은 무엇입니까?

B　それは韓国語(かんこくご)の本(ほん)です。그것은 한국어 책입니다.

★☆☆

何歳(なんさい)

몇 살

A　彼(かれ)は何歳(なんさい)だと思(おも)う。그는 몇 살이라고 생각해?

B　わからないけど、私(わたし)には３０代(だい)に見(み)えるわ。
잘 모르겠지만, 나에게는 30대로 보여.

A　お嬢(じょう)さんは何歳(なんさい)ですか。따님은 몇 살입니까?

B　７歳(さい)です。일곱 살입니다.

★★☆

何時（なんじ）

몇 시

A　今日（きょう）は何時（なんじ）に起（お）きましたか。오늘은 몇 시에 일어났습니까?

B　6時（じ）に起（お）きました。여섯 시에 일어났습니다.

★☆☆

何日（なんにち）

며칠

A　今日（きょう）は何日（なんにち）。오늘은 며칠이지?

B　4日（よっか）だよ。4일이야.

unit 05 의문사가 없는 질의응답

TRACK 2-05

권유

～ましょう	～합시다
～ましょうか	～할까요?
～ませんか	～하지 않겠습니까?

A 余談(よだん)になってしまいましたね。そろそろ本題(ほんだい)に戻(もど)りましょう。
여담이 되어 버렸네요. 슬슬 본제로 돌아갑시다.

B まずこのプロジェクトのリーダーを決定(けってい)しましょう。
우선 이 프로젝트의 리더를 결정합시다.

A 外(そと)が騒(さわ)がしいですね。ドアを閉(し)めましょうか。
밖이 시끄럽네요. 문을 닫을까요?

B そうしましょう。
그렇게 합시다.

A 木村(きむら)さん、お昼御飯(ひるごはん)を食(た)べに行(い)きませんか。
기무라 씨, 점심 먹으러 가지 않겠습니까?

B 先(さき)に行(い)ってください。まだ、仕事(しごと)がありますから。
먼저 가세요. 아직 일이 있으니까요.

의뢰 · 부탁

〜てくれる	〜해 줄래?
〜てくれない	〜해 주지 않을래?
〜てくれませんか	〜해 주지 않겠습니까?
〜てくださいませんか	〜해 주시지 않겠습니까?

A　ちょっと棚(たな)のお皿(さら)下(お)ろしてくれる。
선반의 접시 좀 내려 줄래?

B　一番下(いちばんした)のをここに下(お)ろせばいいんだね。
가장 아래 것을 여기에 내려놓으면 되는 거지?

A　申請方法(しんせいほうほう)を教(おし)えてくれない。
신청 방법을 가르쳐 주지 않을래?

B　簡単(かんたん)だよ。ホームページで必要事項(ひつようじこう)を入力(にゅうりょく)するだけだよ。
간단해. 홈페이지에서 필요한 항목을 입력하는 것뿐이야.

A　すみません。ペンを貸(か)してくれませんか。
미안합니다. 펜을 빌려 주지 않겠습니까?

B　どうぞ、これをお使(つか)いください。
여기 이것을 사용하세요.

A　机(つくえ)の上(うえ)が汚(よご)れているので拭(ふ)いてくださいませんか。
책상 위가 더러우니까 닦아 주시지 않겠습니까?

B　これで拭(ふ)けばいいですか。
이것으로 닦으면 됩니까?

허가·승낙

～いいですか ～괜찮습니까?

～てもいいですか ～해도 좋습니까(괜찮습니까)?

～てもかまわないですか ～해도 상관없습니까?

A それじゃ、待ち合わせ場所は駅の改札口でいいですか。
그러면 만날 장소는 역 개찰구면 괜찮습니까?

B ええ、かまいませんが何時頃がいいですか。
예, 상관없는데 몇 시경이 좋겠습니까?

A 突き当たりの駐車場に車を止めてもいいですか。
막다른 곳의 주차장에 차를 세워도 괜찮습니까?

B ええ、長い時間でなければかまいませんよ。
예, 긴 시간이 아니라면 상관없습니다.

A ここにある書類は全部破棄してもかまわないですか。
여기에 있는 서류는 전부 파기해도 상관없습니까?

B はい、かまいません。
네, 상관없습니다.

충고

~ほうがいい ~하는 편이 좋다

~ないほうがいい ~하지 않는 편이 좋다

A 最近(さいきん)、うちの犬(いぬ)が食欲(しょくよく)がなくて全然元気(ぜんぜんげんき)もないのよ。
최근 우리 집 개가 식욕이 없고 전혀 기운도 없어.

B すぐに動物病院(どうぶつびょういん)で診(み)てもらったほうがいいよ。
바로 동물병원에서 진찰 받아 보는 편이 좋아.

A 子供(こども)にはあまり厳(きび)しく言(い)わないほうがいいです。
아이에게는 그다지 엄하게 말하지 않는 편이 좋습니다.

B 必要(ひつよう)な時(とき)には叱(しか)ることも大切(たいせつ)だと思(おも)うよ。
필요할 때에는 꾸짖는 것도 중요하다고 생각해요.

화자의 추측·판단 1

~と思(おも)う ~라고 생각하다

~かもしれない ~일지도 모른다

A 会議(かいぎ)は午前中(ごぜんちゅう)に終(お)わりますか。
회의는 오전 중에 끝납니까?

B たぶん昼過(ひるす)ぎまでかかると思(おも)うよ。
아마 오후까지 걸릴 거라고 생각해요.

A 週末(しゅうまつ)に山(やま)に登(のぼ)って今日(きょう)は筋肉痛(きんにくつう)で体(からだ)が痛(いた)いんだよ。
주말에 산에 올라서 오늘은 근육통으로 몸이 아파.

B 久(ひさ)しぶりに体(からだ)を動(うご)かしたからかもしれないね。
오랜만에 몸을 움직였기 때문일지도 몰라.

화자의 추측·판단 2

~そうだ	~것 같다
~ようだ	~것 같다
~みたいだ	~것 같다
~らしい	~것 같다

A　雨(あめ)が降(ふ)りそうですね。
비가 내릴 것 같네요.

B　ええ、だからちゃんと折(お)りたたみの傘(かさ)を持(も)ってきましたよ。
예, 그래서 확실히 접이식 우산을 가지고 왔습니다.

A　不景気(ふけいき)で就職難(しゅうしょくなん)が続(つづ)いているようだね。
불경기로 취직난이 계속되고 있는 것 같아.

B　今後(こんご)、回復(かいふく)の兆(きざ)しはなさそうだよ。
앞으로 회복의 조짐은 없을 것 같아.

A　水道(すいどう)が故障(こしょう)しているみたいですけど。
수도가 고장난 것 같은데요.

B　申(もう)し訳(わけ)ございません。すぐに直(なお)します。
죄송합니다. 바로 고치겠습니다.

A　最近(さいきん)の奥様方(おくさまかた)は食事(しょくじ)の支度(したく)に時間(じかん)をかけないらしいわね。
요즘 주부는 식사 준비에 시간을 들이지 않는 것 같아.

B　その分(ぶん)、外出(がいしゅつ)したり趣味(しゅみ)に時間(じかん)を使(つか)ってるんじゃない。
그 대신 외출하거나 취미에 시간을 사용하고 있지 않아?

전문

～そうだ	～라고 한다
～とか	～라던가
～って	～래

A　隣(となり)の家(いえ)に泥棒(どろぼう)が入(はい)ったそうだよ。
이웃집에 도둑이 들었대.

B　そうなの。ちょっと不安(ふあん)になるわね。
그래? 조금 불안해지네.

A　聞(き)きましたよ。足(あし)のお怪我(けが)はスキーで骨折(こっせつ)なさったとか。大丈夫(だいじょうぶ)ですか。
들었어요. 다리 부상은 스키로 골절했다면서요. 괜찮습니까?

B　大変(たいへん)でしたよ。スキーでジャンプなんてもう二度(にど)としませんよ。
큰일 날 뻔했어요. 스키에서 점프 따위 두 번 다시 하지 않을 거예요.

A　田中(たなか)さん、新(しん)プロジェクトのリーダーを任(まか)されたんですって。
다나카 씨, 신 프로젝트의 리더를 맡았대.

B　へえ、だからあんなに張(は)り切(き)ってたんだ。
와, 그래서 그렇게 힘이 넘쳤구나.

화자의 의지·결정

~つもりだ	~할 생각(작정)이다
~ことにする	~하기로 하다 (결정적 사실)
~ようにする	~하기로 하다 (일반적 경향)
~ことになる	~하게 되다 (결정된 상태)
~ようになる	~하게 되다 (능력·상황의 변화)

A　午後(ごご)から市内(しない)に行(い)くつもりなんだけど。
오후부터 시내에 갈 생각인데요.

B　僕(ぼく)もその近(ちか)くまで行(い)くから乗(の)せてあげるよ。
나도 그 근처까지 가니까 태워 줄게.

A　散々迷(さんざんまよ)ったあげく妹(いもうと)は大学院(だいがくいん)には行(い)かないことにしたんです。
여러 가지로 고민한 끝에 여동생은 대학원에는 가지 않기로 했습니다.

B　それでは大学卒業後(だいがくそつぎょうご)には就職(しゅうしょく)することにしたんですか。
그러면 대학 졸업 후에는 취직하기로 한 겁니까?

A　休(やす)みの時(とき)は連絡(れんらく)してくれないと困(こま)ります。
쉴 때에는 연락해 주지 않으면 곤란합니다.

B　すみません。次からは電話(でんわ)するようにします。
죄송합니다. 다음부터는 전화하도록 하겠습니다.

A　来年(らいねん)の春(はる)に結婚(けっこん)することになったんです。
내년 봄에 결혼하게 되었습니다.

B　そうですか。それはおめでとうございます。
그렇습니까? 그거 축하드립니다.

A　水泳教室(すいえいきょうしつ)に通(かよ)ってるんですよね。
수영 교실에 다니고 있는 거죠?

B　ええ、だいぶ泳(およ)げるようになりましたよ。
예, 꽤 수영할 수 있게 되었습니다.

사역 · 수동 · 사역수동

~(さ)せる	~시키다
~(ら)れる	~되다, ~당하다
~(さ)せられる	(억지로) ~하다

A　30分(ぶん)も待(ま)たせるなんてひどいよ。
30분이나 기다리게 하다니 너무해.

B　ごめん。降(お)りる駅(えき)を間違(まちが)えちゃったんだよ。
미안. 내릴 역을 착각했어.

A　経費(けいひ)の使(つか)いすぎで経理(けいり)から注意(ちゅうい)されたんだけど。
경비를 너무 많이 사용해서 경리에게 주의를 받았어.

B　必要経費(ひつようけいひ)なんだからどうにもならないのにね。
필요 경비이기 때문에 어쩔 도리가 없는데 말이지.

A　図書館(としょかん)から帰(かえ)る時(とき)、雨(あめ)に降(ふ)られませんでしたか。
도서관에서 돌아올 때 비를 맞지 않았나요?

B　家(いえ)に着(つ)いたときには頭(あたま)から足(あし)まで濡(ぬ)れていました。
집에 도착했을 때에는 머리부터 발끝까지 젖어 있었어요.

A　待(ま)たされますね。大(おお)きい病院(びょういん)は。
기다리게 되네요. 큰 병원은.

B　予約(よやく)していても3時間(じかん)待(ま)つこともありますよ。
예약해도 세 시간 기다리는 경우도 있어요.

unit 06 정보 전달

TRACK 2-06

★★☆
悪質(あくしつ)

악질, 악질적

悪質(あくしつ)な犯罪(はんざい)が増加(ぞうか)しています。

악질적인 범죄가 증가하고 있습니다.

★☆☆
域(いき)

범위, 경지

山田(やまだ)さんの絵(え)は趣味(しゅみ)の域(いき)を超(こ)えている。

야마다 씨의 그림은 취미의 경지를 넘어섰다.

★☆☆
従兄弟(いとこ)

사촌, 종형제

木村(きむら)さんと鈴木(すずき)さんは従兄弟(いとこ)同士(どうし)なんだそうだ。

기무라 씨와 스즈키 씨는 사촌간이라고 한다.

★☆☆
意欲(いよく)

의욕

意欲(いよく)のある人材(じんざい)をどの企業(きぎょう)も求(もと)めています。

의욕이 있는 인재를 어느 기업이나 요구하고 있습니다.

★☆☆
動き出す(うごきだす)

움직이기 시작하다

動(うご)き出(だ)すまで少(すこ)し時間(じかん)がかかりそうです。

움직이기 시작할 때까지 조금 시간이 걸릴 것 같습니다.

동사 ます형+出す ~하기 시작하다
書き出す 쓰기 시작하다
降り出す 내리기 시작하다

★☆☆

大安売り

염가 대매출

駅の向こうの酒屋で閉店前の大安売りをしています。
역 건너편 술 가게에서 폐점 전의 염가 대매출을 하고 있습니다.

★☆☆

おこぼれ

남아서 돌아오는 물건이나 이익

ぼくもそのおこぼれに与りたい。
나도 그 이익을 받고 싶다.

★★☆

お土産

선물 (여행을 다녀올 때 사오는 지역 특산물)

このお菓子は誰からのお土産ですか。
이 과자는 누가 준 선물입니까?

プレゼント 선물 = 贈り物
手土産 인사차 들고 가는 간단한 선물

★★☆

思いがけない

㊀予想外 예상외, 뜻밖임
殊の外 예상외로, 뜻밖에

뜻밖이다, 예상 밖이다

思いがけない人物がスパイだった。
뜻밖의 인물이 스파이였다.

思いもかけない 뜻밖이다, 예상 밖이다
思いもよらない 생각지도 못하다, 뜻밖이다

★★☆

買い集める

사 모으다

災害に備えて非常食を買い集めておいた。

재해에 대비해 비상식을 사서 모아 두었다.

★★★

貸す

반 借りる 빌리다

빌려 주다

僕の置き傘を貸してあげる。

내 예비 우산을 빌려 줄게.

★★☆

看護師

간호사

今年、娘が看護師の専門学校に入ったんです。

올해 딸이 간호사 전문학교에 들어갔습니다.

★★☆

企画書

기획서

先日か提出しました企画書はどうなりましたか。

일전에 제출한 기획서는 어떻게 되었습니까?

★★☆

機嫌が悪い

기분이 나쁘다

今日は部長のご機嫌が悪いから余計なことは言わない方がいい。

오늘은 부장님의 기분이 나쁘기 때문에 쓸데없는 것은 말하지 않는 편이 좋다.

★★☆

行列

행렬

先日も開店前からすごい行列ができていた。

일전에도 개점 전부터 굉장한 행렬이 만들어져 있었다.

長蛇の列 장사진

★★☆

許可証(きょかしょう)

허가증

彼(かれ)が許可証(きょかしょう)を持(も)っています。

그가 허가증을 가지고 있습니다.

★★★

近所(きんじょ)

근처, 이웃

この近所(きんじょ)に郵便局(ゆうびんきょく)がありますか。

이 근처에 우체국이 있습니까?

★★★

詳(くわ)しい

① 상세하다 ② 정통하다

申(もう)し訳(わけ)ありませんが、もう少(すこ)し詳(くわ)しく説明(せつめい)をお願(ねが)いします。

죄송합니다만, 좀 더 상세하게 설명을 부탁합니다.

彼(かれ)はヨーロッパの経済(けいざい)に詳(くわ)しいですか。

그는 유럽 경제에 정통합니까?

★★☆

警報(けいほう)

경보

気象庁(きしょうちょう)が熱帯低気圧(ねったいていきあつ)の接近(せっきん)で大雨警報(おおあめけいほう)を出(だ)したそうだ。

기상청이 열대 저기압의 접근으로 호우 경보를 낸 것 같다.

★★★

消(け)す

반 つける 켜다

자 消(き)える 꺼지다

끄다

その部屋(へや)は誰(だれ)も使(つか)っていません。電気(でんき)を消(け)してください。

그 방은 아무도 쓰고 있지 않습니다. 전기를 꺼 주세요.

★★☆

交番(こうばん)

파출소

ここから一番近(いちばんちか)い交番(こうばん)はどこですか。

여기서부터 가장 가까운 파출소는 어디입니까?

★★☆

こぎつける

노력하여 어떤 목표에 이르다

粘(ねば)った甲斐(かい)あって契約(けいやく)にこぎつけそうだ。

끈질기게 버틴 보람이 있어 계약에 이를 것 같다.

★★☆

故障(こしょう)する

고장 나다

エアコンが故障(こしょう)したみたいですが。

에어컨이 고장 난 것 같습니다만.

★★☆

こぼす

엎지르다

ごめん。水(みず)をこぼしちゃった。

미안. 물을 엎질렀어.

★★☆

暦(こよみ)

달력

暦(こよみ)の上(うえ)ではもう春(はる)なのね。

달력상으로는 벌써 봄이군.

★★☆

採用(さいよう)する

㊒ 採(と)る 채용하다

채용하다

今年(ことし)、どのぐらい新入社員(しんにゅうしゃいん)を採用(さいよう)するのかしら。

올해, 어느 정도 신입사원을 채용할까?

★★★

探(さが)す

찾다

何(なに)を探(さが)してるんですか。

무엇을 찾고 있습니까?

★★☆ 早急(さっきゅう)

조급, 매우 급함

㈜ 至急(しきゅう) 매우 급함
速急(そっきゅう) 시급

社長(しゃちょう)が来週(らいしゅう)の接待客(せったいきゃく)の報告(ほうこく)を早急(さっきゅう)にまとめるようにですって。
사장님이 다음 주 접대객의 보고를 급히 정리하라고 했대.

★★☆ 姿勢(しせい)

자세

そんな姿勢(しせい)で首(くび)が痛(いた)くならないの。
그런 자세로 목이 아프지 않니?

★☆☆ 下請(したう)け

하청

長年(ながねん)、業務(ぎょうむ)を委託(いたく)していた下請(したう)け会社(がいしゃ)が突然倒産(とつぜんとうさん)してしまったんです。
오랫동안 업무를 위탁해 온 하청 회사가 갑자기 파산해 버렸습니다.

★☆☆ 柔軟体操(じゅうなんたいそう)

유연체조

毎晩寝(まいばんね)る前(まえ)に柔軟体操(じゅうなんたいそう)をしている。
매일 밤 자기 전에 유연체조를 하고 있다.

★☆☆ 手芸(しゅげい)

수예

趣味(しゅみ)は手芸(しゅげい)で暇(ひま)さえあれば裁縫(さいほう)や刺繍(ししゅう)をしている。
취미는 수예여서 여유만 있으면 바느질이나 자수를 하고 있다.

> 編(あ)み物(もの) 뜨개질

★★☆

人事異動(じんじいどう)

인사이동

春の人事異動で主任が本社に栄転だって。

봄의 인사이동으로 주임이 본사로 영전한대.

★☆☆

ずきんずきん

유 ずきずき 욱신욱신

욱신욱신

歩くたびにずきんずきんするんです。

걸을 때마다 욱신욱신해요.

> しくしく 콕콕 찌르듯 아픈 모양

★★☆

済(す)ます・済(す)ませる

때우다, 끝내다

자 済(す)む 끝나다

朝食はいつもコーヒーで済ませます。

조식은 항상 커피로 때웁니다.

★★☆

精密検査(せいみつけんさ)

정밀 검사

部長が先週精密検査を受けたそうだ。

부장님이 지난주에 정밀 검사를 받았다고 한다.

★☆☆

折衷案(せっちゅうあん)

절충안

折衷案を取るのが手っ取り早いんじゃない。

절충안을 내는 것이 손쉽지 않니?

★★☆

捜索(そうさく)

수색

一時間ほど前に山岳救助隊が捜索に向かったそうだ。

한 시간 정도 전에 산악구조대가 수색하러 갔다고 한다.

★★☆

送別会(そうべつかい)

송별회

みんなの都合(つごう)が合(あ)わなくて送別会(そうべつかい)は中止(ちゅうし)になった。

모두의 사정이 맞지 않아서 송별회는 중지되었다.

★★☆

継(つ)ぐ

잇다, 계승하다

息子(むすこ)さんが会社(かいしゃ)を継(つ)ぐことになったそうです。

아들이 회사를 잇게 되었다고 합니다.

★★☆

徹夜(てつや)

유 夜明(よあ)かし 밤샘, 철야

철야

昨日(きのう)も徹夜(てつや)だったの。

어제도 밤을 샌 거야?

通夜(つや) 초상집에서의 밤샘
夜更(よふ)かし 밤늦게까지 잠을 안 잠

★★★

同僚(どうりょう)

유 仕事仲間(しごとなかま) 동료

동료

あの眼鏡(めがね)をかけた人(ひと)は山中(やまなか)さんの同僚(どうりょう)じゃありませんか。

저 안경을 쓴 사람은 야마나카 씨의 동료가 아닙니까?

★★☆

特急(とっきゅう)

특급

特急(とっきゅう)だと横浜(よこはま)までいくらですか。

특급이라면 요코하마까지 얼마입니까?

★★☆

とっくに

훨씬 전에

田中(たなか)さん、休憩時間(きゅうけいじかん)はとっくに過(す)ぎました。

다나카 씨, 휴식 시간은 훨씬 전에 지났습니다.

★★☆

突風(とっぷう)

돌풍

突風(とっぷう)で傘(かさ)が壊(こわ)れてしまったんだ。

돌풍 때문에 우산이 망가져 버렸어.

★☆☆

内緒(ないしょ)

유 秘密(ひみつ) 비밀

비밀

妻(つま)に内緒(ないしょ)でゴルフクラブを買(か)った。

아내에게 비밀로 하고 골프채를 샀다.

★☆☆

納豆(なっとう)

낫토 (푹 삶은 메주콩을 볏짚 꾸러미 등에 넣고 띄운 식품)

納豆(なっとう)が好(す)きですか。

낫토를 좋아합니까?

★★☆

虹(にじ)

무지개

さっき西(にし)の空(そら)に虹(にじ)が出(で)ていたんです。

조금 전 서쪽 하늘에 무지개가 떠 있었습니다.

★★☆

軒並(のきな)み

일제히

支店(してん)ごとの業績(ぎょうせき)が今年(ことし)に入(はい)って軒並(のきな)み落(お)ち込(こ)んできています。

지점마다의 업적이 올해 들어 일제히 떨어지고 있습니다.

★★☆

把握(はあく)する

파악하다

それでは顧客(こきゃく)の希望(きぼう)、要望(ようぼう)をどのように把握(はあく)するんですか。

그러면 고객의 희망, 요망을 어떻게 파악하나요?

★☆☆

番地(ばんち)

번지

この番地(ばんち)はどの辺(あた)りですか。

이 번지는 어느 부근입니까?

★☆☆

晩年(ばんねん)

만년

彼女(かのじょ)はとても幸(しあわ)せな晩年(ばんねん)を過(す)ごしたそうです。

그녀는 매우 행복한 만년을 보냈다고 합니다.

★★☆

ひっくり返(かえ)す

뒤엎다, 뒤집다

さいふがなくなってかばんの中(なか)をひっくり返(かえ)して探(さが)した。

지갑이 없어져서 가방 속을 뒤엎고 찾았다.

★★★

引(ひ)っ越(こ)し

이사

引(ひ)っ越(こ)しの後(あと)、ご近所(きんじょ)への挨拶(あいさつ)まわり、もう済(す)みましたか。

이사 후, 이웃에게 인사차 도는 것은 이미 끝났습니까?

★★★

不機嫌(ふきげん)

반 上機嫌(じょうきげん) 썩 기분이 좋음

유 ご機嫌斜(きげんなな)め 언짢음

기분이 언짢음, 심기가 좋지 않음

課長(かちょう)にしては珍(めずら)しく不機嫌(ふきげん)のようね。

과장님치고는 드물게 기분이 안 좋은 모양이에요.

★★★

ぶつかる

타 ぶつける 부딪치다

부딪치다, 충돌하다

さっき何(なに)かぶつかったような音(おと)がしたんだけど。

아까 뭔가 부딪친 것 같은 소리가 났는데.

★★★

ボーナス

보너스(bonus)

一年(いちねん)に何回(なんかい)ボーナスが出(で)るんですか。

1년에 몇 번 보너스가 나옵니까?

★★☆

巻(ま)き込(こ)む

말려들게 하다, 휩쓸리게 하다

実(じつ)は私(わたし)も雪崩(なだれ)に巻(ま)き込(こ)まれそうになったことがあるんです。

실은 나도 눈사태에 휩쓸릴 뻔 했던 적이 있어요.

★★☆

実(み)がなる

열매가 열리다

庭(にわ)の柿(かき)の木(き)に去年(きょねん)よりたくさん実(み)がなった。

정원의 감나무에 작년보다 열매가 많이 열렸다.

★☆☆

満(み)たす

충족시키다, 만족시키다

私(わたくし)どもは全(すべ)ての商品(しょうひん)について15年間(ねんかん)の保証(ほしょう)を満(み)たしております。

저희는 모든 상품에 관해서 15년간의 보증을 충족시키고 있습니다.

★★☆

模様替(もようが)え

실내의 가구 배치나 장식을 바꿈

模様替(もようが)えをして古(ふる)い物(もの)を捨(す)てました。

가구 배치를 바꾸고 낡은 물건을 버렸습니다.

★★☆

やっと

겨우, 간신히

やっと運転免許(うんてんめんきょ)を取(と)りました。

간신히 운전면허를 땄습니다.

★★★

やる気(き)

할 마음, 하고 싶은 기분

彼(かれ)、何(なに)かあったの？ やる気(き)満々(まんまん)じゃない？

그 사람, 무슨 일 있었니? 의욕이 가득 차 있지 않니?

★★★

夕方(ゆうがた)

저녁 때

夕方(ゆうがた)までには帰(かえ)ると聞(き)いたけど。

저녁 때까지는 돌아온다고 들었는데.

宵(よい)の口(くち) 초저녁

★★☆

譲(ゆず)り合(あ)う

서로 양보하다

お互(たが)い条件(じょうけん)を譲(ゆず)り合(あ)って何(なん)とか成立(せいりつ)しました。

서로 조건을 양보해서 그럭저럭 성립되었습니다.

★★☆

寄(よ)る

들르다

帰(かえ)りに郵便局(ゆうびんきょく)に寄(よ)って切手(きって)を10枚(まい)買(か)って来(き)てもらえませんか。

돌아오는 길에 우체국에 들러 우표를 열 장 사다 주지 않을래요?

★★☆

レポート

㊒ 報告書(ほうこくしょ) 보고서

리포트(report), 보고서

このレポートの提出期限(ていしゅつきげん)はいつですか。

이 리포트의 제출 기한은 언제입니까?

★★☆

連休(れんきゅう)

연휴

今年(ことし)のゴールデンウィークは何連休(なんれんきゅう)になるのかしら。

올해의 골든위크는 연휴가 며칠일까?

unit 07 자신의 의견·감동 전달

TRACK 2-07

★★☆

相性(あいしょう)

성격이 서로 맞음

血液型(けつえきがた)による相性(あいしょう)の良(よ)し悪(あ)しなんか信(しん)じられない。

혈액형에 의한 궁합이 좋고 나쁨 따위는 믿을 수 없다.

★★☆

曖昧(あいまい)

유 あやふや 애매함

애매, 모호

曖昧(あいまい)な文章(ぶんしょう)が多(おお)いです。

애매한 글이 많습니다.

★☆☆

甘やかす(あま)

응석을 받아 주다

一人息子(ひとりむすこ)だから甘(あま)やかされて育(そだ)ったのね。

외동아들이니까 응석받이로 자란 거구나.

★☆☆

うらやましい

부럽다

お向(む)かいのご主人(しゅじん)をご覧(らん)なさいよ。いつも奥(おく)さんのお供(とも)をしてうらやましいわ。

맞은편 집주인을 보세요. 항상 부인과 함께 있어서 부러워요.

★☆☆

うらやむ

부러워하다, 선망하다

彼(かれ)は誰(だれ)もがうらやむ偉才(いざい)だ。

그는 모두가 부러워하는 재주를 가진 사람이다.

★★☆

うんざり

지긋지긋하게, 진절머리나게

先生(せんせい)の声(こえ)を聞(き)いただけでうんざりする。

선생님의 목소리를 들은 것만으로 지긋지긋하다.

★☆☆

大(おお)みそか

한 해의 마지막 날 (12월 31일)

大(おお)みそかまでにやることがたくさんある。

12월 31일까지 해야 할 일이 많이 있다.

★☆☆

おごる

유 ごちそうする 한턱내다

한턱내다

今度(こんど)は僕(ぼく)がおごるよ。

이번에는 제가 한턱낼게요.

★★☆

お年(とし)より

노인

お年(とし)よりが立(た)っていても席(せき)を譲(ゆず)らない人(ひと)が多(おお)いようです。

노인이 서 있어도 자리를 양보하지 않는 사람이 많은 듯합니다.

★★☆

堅苦(かたくる)しい

딱딱하다

堅苦(かたくる)しい挨拶(あいさつ)は抜(ぬ)きにして、すぐに本題(ほんだい)に入(はい)りましょう。

딱딱한 인사는 빼고 바로 본제로 들어갑시다.

★★☆

絡(から)む

유 絡(から)まる 얽히다

얽히다

やはりお金(かね)の問題(もんだい)が絡(から)むと人間(にんげん)は変(か)わってしまうのかな。

역시 돈 문제가 얽히면 사람은 변해 버리는 것일까?

★★☆

傷付ける(きずつける)

상처를 입히다, 다치게 하다

자 傷付く(きずつく) 상처를 입다, 다치다

時(とき)にはストレートな言(い)い方(かた)が人(ひと)を傷付(きずつ)けることもある。

때로는 직접적인 말투가 사람에게 상처 주는 경우도 있다.

★★★

気になる(きになる)

걱정되다

最近(さいきん)の物価上昇(ぶっかじょうしょう)が気(き)になる。

최근 물가 상승이 걱정된다.

★★☆

窮屈(きゅうくつ)

답답함, 비좁아 갑갑함

こんなに大(おお)きい机(つくえ)を買(か)えば窮屈(きゅうくつ)な部屋(へや)になるんじゃない。

이렇게 큰 책상을 산다면 방이 답답해지지 않을까?

★★☆

求人(きゅうじん)

구인

最近求人広告(さいきんきゅうじんこうこく)が多(おお)いね。

최근 구인 광고가 많네.

★☆☆

悔い(くい)

후회

유 後悔(こうかい) 후회

悔(く)いの残(のこ)る試合(しあい)だった。

후회가 남은 시합이었다.

★★☆

経験を積む(けいけんをつむ)

경험을 쌓다

社会経験(しゃかいけいけん)を積(つ)んでから、大学院(だいがくいん)へ入(はい)るという方法(ほうほう)もあるのにね。

사회 경험을 쌓고 나서 대학원에 들어가는 방법도 있는데 말이지.

★★☆

健康維持(けんこういじ)

건강 유지

健康維持(けんこういじ)のため毎日(まいにち)歩(ある)いて会社(かいしゃ)まで通(かよ)っている。

건강 유지를 위해 매일 걸어서 회사까지 다니고 있다.

★☆☆

こだわる

구애되다

大手企業(おおてきぎょう)にばかりこだわっていると、なかなか就職(しゅうしょく)が決(き)まらない。

대기업에만 구애되어 있으면 좀처럼 취직이 결정되지 않는다.

★★☆

凝(こ)る

① 공을 들이다 ② 몰두하다

外装(がいそう)も内装(ないそう)も凝(こ)った建物(たてもの)です。

외장도 내장도 공을 들인 건물입니다.

母(はは)は最近流行(さいきんはや)りのヨガに凝(こ)っている。

엄마는 최근 유행하는 요가에 몰두하고 있다.

★★☆

才能(さいのう)

재능

彼女(かのじょ)は生物学(せいぶつがく)の才能(さいのう)があるのに、どうして文学(ぶんがく)を専攻(せんこう)したのかしら。

그녀는 생물학에 재능이 있는데 왜 문학을 전공한 것일까?

★★☆

仕方(しかた)ない

어쩔 수 없다

高(たか)くても仕方(しかた)ない。自然食品(しぜんしょくひん)を扱(あつか)っている店(みせ)だからね。

비싸도 어쩔 수 없다. 자연식품을 취급하는 가게이니까.

유 しようがない 어쩔 도리가 없다

ぜひもない 부득이하다

★☆☆

じゃんけん

가위바위보

じゃんけんで今度(こんど)の新年会(しんねんかい)の幹事(かんじ)を決(き)めよう。

가위바위보로 이번 신년회 간사를 정하자.

★★☆

週休二日制(しゅうきゅうふつかせい)

주 5일 근무제

義務教育(ぎむきょういく)での週休二日制(しゅうきゅうふつかせい)の導入(どうにゅう)で何(なに)か変化(へんか)がありましたか。

의무교육에서의 주 5일제 도입으로 뭔가 변화가 있었습니까?

★★★

趣味(しゅみ)

유 趣(おもむき) 멋, 풍취

멋, 정취, 취미

趣味(しゅみ)のいいインテリアがたくさんあります。

정취가 좋은 인테리어가 많이 있습니다.

★★★

上手(じょうず)

반 下手(へた) 서투름

능숙함, 잘함

田中(たなか)さんはサッカーが上手(じょうず)です。

다나카 씨는 축구를 잘합니다.

★★★

上達(じょうたつ)

숙달, 향상

英語(えいご)は一定期間集中(いっていきかんしゅうちゅう)してやると早(はや)く上達(じょうたつ)するみたい。

영어는 일정 기간 집중해서 하면 빨리 숙달될 것 같다.

★★☆

省略(しょうりゃく)

생략

その言葉(ことば)は省略(しょうりゃく)しても問題(もんだい)なさそうです。

그 말은 생략해도 문제가 없을 것 같습니다.

★☆☆

心理学(しんりがく)

심리학

心理学(しんりがく)を勉強(べんきょう)しようと思(おも)うんだけど、どんな参考書(さんこうしょ)がいいかしら。

심리학을 공부하려고 하는데 어떤 참고서가 좋을까?

★☆☆

滑(すべ)り納(おさ)め

스키를 타는 것이 마지막

そろそろ今年(ことし)のスキーも滑(すべ)り納(おさ)めかな。

슬슬 올해의 스키를 타는 것도 마지막인 건가?

> 동사 ます형＋納め ~하는 마지막
> 音楽(おんがく)を聞(き)き納(おさ)めの機会(きかい) 음악을 듣는 마지막 기회
> お酒(さけ)を飲(の)み納(おさ)めの日(ひ) 술을 마시는 마지막 날

★★☆

全然(ぜんぜん)

전혀

タクシーが全然(ぜんぜん)来(こ)ないです。

택시가 전혀 오지 않습니다.

★☆☆

そそっかしい

경솔하다, 덜렁대다

私(わたし)はいつもそそっかしくて怪我(けが)ばかりするんです。

나는 항상 덜렁대다가 다치기만 해요.

★☆☆

存分(ぞんぶん)

실컷, 마음껏, 뜻대로

バイキングなんだから、思(おも)う存分(ぞんぶん)食(た)べなさい。

뷔페니까 마음껏 먹어라.

★★☆

大丈夫(だいじょうぶ)

괜찮음

私(わたし)は何(なん)でも大丈夫(だいじょうぶ)です。

나는 무엇이든 괜찮습니다.

★★☆

だらしない

유 ルーズ 칠칠치 못함

야무지지 못하다

あの人(ひと)は営業成績(えいぎょうせいせき)はいつもトップだけど、時間(じかん)にだらしない。

저 사람은 영업 성적은 항상 선두이지만 시간관념이 없다.

★★☆

ついに

유 とうとう 결국

결국

ついに最終審査(さいしゅうしんさ)も通過(つうか)した。

결국 최종 심사도 통과했다.

★★☆

辛(つら)い

괴롭다

辛(つら)い時(とき)も笑(わら)わせてくれる人(ひと)っていいよね。

괴로울 때도 웃게 해 주는 사람은 좋지.

辛(から)い 맵다

★★☆

出来栄(できば)え

솜씨, 성과

これは見事(みごと)な出来栄(できば)えで、自分(じぶん)でもほれぼれします。

이것은 훌륭한 솜씨로 스스로도 홀딱 반합니다.

★★☆

てきぱき(と)

척척 (일을 재빨리 능숙하게 처리해 나가는 모양)

鈴木(すずき)さんは一人(ひとり)でてきぱきと仕事(しごと)をこなしています。

스즈키 씨는 혼자서 척척 일을 해내고 있습니다.

★★★

転職（てんしょく）

전직, 이직

私（わたし）、転職（てんしょく）しようと思（おも）っているんですが。

저, 이직하려고 생각하고 있는데요.

★★☆

共稼ぎ（ともかせぎ）

유 共働（ともばたら）き 맞벌이

맞벌이

共稼（ともかせ）ぎしたいのは山々（やまやま）なんだけど。

맞벌이하고 싶은 마음은 굴뚝 같은데.

★★☆

取り敢えず（とりあえず）

우선

取（と）り敢（あ）えず、ゴミの分別（ぶんべつ）からはじめよう。

우선 쓰레기 분류부터 시작하자.

★★☆

擦り合い（なすりあい）

(책임·죄 따위를) 서로 전가시킴

責任（せきにん）を擦（なす）り合（あ）いばかりしていては解決（かいけつ）できません。

책임을 서로 전가하기만 해서는 해결할 수 없습니다.

★★☆

悩み事（なやみごと）

고민거리

何（なに）か悩（なや）み事（ごと）があるんじゃないの。

뭔가 고민거리가 있는 게 아닐까?

★★★

似合う（にあう）

어울리다

その帽子（ぼうし）とてもよく似合（にあ）っていますよ。

그 모자 매우 잘 어울려요.

★★★

温い(ぬるい)

미지근하다

猫舌(ねこじた)なので温い(ぬるい)方(ほう)がいいんです。

뜨거운 것을 못 먹기 때문에 미지근한 편이 좋습니다.

★★★

伸びる(のびる)

타 伸ばす(のばす) 길게 기르다

자라다

一ヶ月前(いっかげつまえ)に美容室(びようしつ)に行(い)ったばかりなのに、もうこんなに前髪(まえがみ)が伸(の)びた。

한 달 전에 미용실에 갔었는데, 벌써 이렇게 앞머리가 자랐다.

★★☆

走りやすい(はしりやすい)

달리기 쉽다

加藤(かとう)さんの運動靴(うんどうぐつ)は走(はし)りやすそうですね。

가토 씨의 운동화는 달리기 쉬울 것 같네요.

★★☆

人手が足りない(ひとでがたりない)

일손이 모자라다

年末年始(ねんまつねんし)は人手(ひとで)が足(た)りなくて困(こま)っています。

연말연시는 일손이 모자라서 곤란합니다.

★★☆

ぶつぶつ

중얼중얼, 투덜투덜

そういえば、課長(かちょう)はさっきも何(なに)かぶつぶつ言(い)っていた。

그러고 보니 과장님은 조금 전에도 뭐라고 중얼중얼 말하고 있었다.

★★★

減らす(へらす)

자 減る(へる) 줄다

줄이다

最近(さいきん)、食事(しょくじ)を減(へ)らしているのに、全然(ぜんぜん)痩(や)せない。

최근 식사를 줄이고 있는데도 전혀 살이 빠지지 않는다.

★★☆

弁護士（べんごし）

변호사

ややこしい内容（ないよう）なら弁護士（べんごし）に依頼（いらい）したほうがいい。

까다로운 내용이라면 변호사에게 의뢰하는 편이 좋다.

★★☆

見（み）かけによらず

겉보기와는 달리

今度（こんど）の新人（しんじん）は見（み）かけによらず有能（ゆうのう）だ。

이번 신입은 겉보기와는 달리 유능하다.

★★☆

見直（みなお）し

재검토

この計画（けいかく）をこのまま遂行（すいこう）すれば必（かなら）ず見直（みなお）しが必要（ひつよう）になります。

이 계획을 이대로 수행하면 반드시 재검토가 필요해집니다.

★★★

無駄遣（むだづか）い

낭비, 허비

税金（ぜいきん）の無駄遣（むだづか）いをどうするかが課題（かだい）だと思（おも）う。

세금의 낭비를 어떻게 할지가 과제라고 생각한다.

★★★

無茶（むちゃ）

터무니없음, 무리함

あの人（ひと）は無茶（むちゃ）な要求（ようきゅう）ばかりする。

저 사람은 터무니없는 요구만 한다.

★★☆

めちゃくちゃ

엉망진창임, 뒤죽박죽임

最近（さいきん）の若者（わかもの）の言葉（ことば）は本当（ほんとう）にめちゃくちゃだ。

요즘 젊은이의 말은 정말 엉망진창이다.

PART 2

★★★

辞(や)める

㊒ 辞(じ)する 그만두다

그만두다, 사직하다

会社(かいしゃ)を辞(や)めたら英語(えいご)の勉強(べんきょう)はどうするんですか。

회사를 그만두면 영어 공부는 어떻게 할 건가요?

★☆☆

勇気(ゆうき)を出(だ)す

용기를 내다

勇気(ゆうき)を出(だ)して挑戦(ちょうせん)してみようかな。

용기를 내서 도전해 볼까?

★☆☆

指折(ゆびお)り数(かぞ)える

손꼽아 헤아리다

息子(むすこ)が留学(りゅうがく)から帰(かえ)る日(ひ)を指折(ゆびお)り数(かぞ)えて待(ま)っているんです。

아들이 유학에서 돌아오는 날을 손꼽아 기다리고 있습니다.

★★☆

要点(ようてん)

요점

要点(ようてん)だけをまとめて簡潔(かんけつ)に説明(せつめい)してください。

요점만을 정리해서 간결하게 설명해 주세요.

★★☆

横好(よこず)き

잘하지도 못하는데 무척 좋아함

下手(へた)の横好(よこず)きですけどね。

서투른 주제에 무척 좋아해요.

★☆☆

弁(わきま)える

변별하다, 분별하다

場(ば)を弁(わきま)えた行動(こうどう)ができない大人(おとな)が多(おお)い。

상황을 분별하는 행동이 불가능한 어른이 많다.

PART 2 연습문제

1 빈칸에 들어갈 알맞은 말을 보기에서 골라 쓰세요.

❶ 全ての条件を＿＿＿＿＿いる理想の相手を見つけるのは至難(しなん)の業(わざ)です。
모든 조건을 충족시키는 이상적인 상대를 찾는 것은 지극히 어려운 일입니다.

❷ あまり重要ではない部分は＿＿＿＿＿してもいいです。
그다지 중요하지 않은 부분은 생략해도 좋습니다.

❸ 法的な事は＿＿＿＿＿に任せた方がいい。
법적인 것은 변호사에게 맡기는 편이 좋다.

❹ ＿＿＿＿＿まま、解決に至っていない事件がたくさんあります。
애매한 채로 해결에 이르지 못한 사건이 많이 있습니다.

❺ テレビを＿＿＿＿＿いいですか。
텔레비전을 꺼도 됩니까?

❻ お互い＿＿＿＿＿、和解(わかい)が成立しました。
서로 양보해서 화해가 성립되었습니다.

❼ 部長と課長が＿＿＿＿＿同士だったなんて知りませんでした。
부장과 과장이 사촌 사이였다니 몰랐습니다.

❽ 公共料金(こうきょうりょうきん)が＿＿＿＿＿値上がりした。
공공요금이 일제히 올랐다.

❾ 娘が家業(かぎょう)を＿＿＿＿＿と言ってくれた。
딸이 가업을 잇는다고 말해 주었다.

보기

省略	消しても	譲り合って
軒並み	継ぐ	曖昧な
満たして	従兄弟	弁護士

2 다음 단어의 뜻을 찾아 연결하세요.

❶ 共稼ぎ ·	· A 맞벌이
❷ 堅苦しい ·	· B 실컷, 마음껏
❸ 存分 ·	· C 매우 급함
❹ めちゃくちゃ ·	· D 답답함
❺ 弁える ·	· E 엉망진창임
❻ 絡む ·	· F 딱딱하다
❼ 早急 ·	· G 부딪치다
❽ 窮屈 ·	· H 얽히다
❾ 引っ越し ·	· I 분별하다
❿ 把握 ·	· J 숙달
⓫ ぶつかる ·	· K 하청
⓬ そそっかしい ·	· L 이사
⓭ 上達 ·	· M 경솔하다
⓮ 下請け ·	· N 파악
⓯ こぼす ·	· O 파출소
⓰ 巻き込む ·	· P 빌려 주다
⓱ 貸す ·	· Q 엎지르다
⓲ 交番 ·	· R 말려들게 하다

PART3

회화문

두 사람이 주고 받는 짧은 대화를 듣고, 그 내용에 관한 질문에 답하는 형식으로 총 30문제가 출제된다. 대화를 들려주기 전에 질문과 선택지를 읽어 두고, 질문의 내용을 미리 파악하는 것이 중요하다.

III. 次の会話をよく聞いて、後の問いにもっとも適したものを(A)から(D)の中で一つ選びなさい。

女: 先月、友達に英語の本と日本語の本を借りました。

男: 全部読みましたか。

女: いいえ、英語の本だけ読みました。

男: そうですか。

例 女の人が読んだ本はどれですか。

(A) 英語の本です。

(B) 日本語の本です。

(C) 英語の本と日本語の本です。

(D) まだどれも読んでいません。

答 (A)

unit 01 경험·습관·행동

TRACK 3-01

★★☆

あくどい

악랄하다

あくどい商法(しょうほう)にひっかかっちゃった。

악랄한 상술에 걸렸다.

★★★

扱(あつか)う

취급하다

お客様(きゃくさま)から預(あず)かった物(もの)を扱(あつか)う際(さい)は、細心(さいしん)の注意(ちゅうい)を払(はら)っています。

손님에게 맡은 물건을 다룰 때는 세심한 주의를 기울이고 있습니다.

★★☆

いざという時(とき)

여차할 때, 만일의 경우

会社帰(かいしゃがえ)りの女性(じょせい)を狙(ねら)う悪質(あくしつ)な犯行(はんこう)が目立(めだ)つから、いざという時(とき)のために護身術(ごしんじゅつ)を習(なら)っている。

회사에서 돌아오는 여성을 노리는 악질적인 범행이 두드러지니까, 만일의 경우를 위해 호신술을 배우고 있다.

★★☆

田舎(いなか)

시골

脱(だつ)サラして田舎暮(いなかぐら)しを始(はじ)めた。

샐러리맨을 그만두고 시골 생활을 시작했다.

★★☆

教え方(おしかた)

가르치는 방법, 교수법

先生(せんせい)の教え方(おしかた)で、数学(すうがく)が一番苦手(いちばんにがて)だった私(わたし)でも簡単(かんたん)に理解(りかい)できた。

선생님의 교수법으로 수학을 가장 못했던 나도 간단하게 이해할 수 있었다.

> 동사 ます형+方(かた) ~(방)법
> 書き方(かきかた) 쓰는 방법
> 読み方(よみかた) 읽는 방법

★★★

覚える(おぼえる)

기억하다, 암기하다

最近(さいきん)、記憶力(きおくりょく)が低下(ていか)していて、一度(いちど)覚え(おぼえ)てもすぐに忘(わす)れちゃう。

최근 기억력이 떨어져서 한 번 외워도 바로 잊어 버린다.

★★☆

思い通り(おもいどおり)

생각대로

禁煙(きんえん)を始(はじ)めたんですが、思い通り(おもいどおり)にはいかないものですね。

금연을 시작했는데, 생각대로 되지 않네요.

★★☆

逆に(ぎゃくに)

거꾸로, 역으로

あの時(とき)の成功(せいこう)が逆(ぎゃく)に僕(ぼく)をだめにしてしまった。

그때의 성공이 거꾸로 나를 못쓰게 만들어 버렸다.

> あべこべ 반대임, 거꾸로임
> 逆様(さかさま) 거꾸로 됨, 역

★☆☆

勤務中(きんむちゅう)

근무 중

よく勤務中(きんむちゅう)に抜(ぬ)け出(だ)して同僚(どうりょう)と屋上(おくじょう)でタバコを吸(す)った。

곧잘 근무 중에 빠져나가 동료와 옥상에서 담배를 피웠다.

★★☆

具合が悪い

몸 상태(컨디션)가 나쁘다

昨日、電車の中で具合が悪くなった人がいて、救急車で運ばれた。

어제 전철 안에 컨디션이 나빠진 사람이 있어서 구급차로 이송되었다.

★☆☆

呼吸法

호흡법

私は毎日腹式呼吸という呼吸法でウエスト60センチを目指しています。

나는 매일 복식호흡이라는 호흡법으로 허리둘레 60cm를 목표로 하고 있습니다.

★☆☆

苛む

들볶다

会社の経営がうまくいかず、不安に苛まれて眠れない日々が続いている。

회사의 경영이 잘 되지 않아, 불안에 시달려서 못 자는 날들이 계속되고 있다.

★☆☆

さらさら

보송보송, 바슬바슬

このシャンプーを使ってから髪がさらさらになった気がする。

이 샴푸를 사용하고 나서 머리카락이 보송보송해진 느낌이 든다.

★☆☆

残業

잔업, 야근

週に3,4回残業をしています。

일주일에 서너 번 야근을 합니다.

★★☆

素人(しろうと)

반 玄人(くろうと) 전문가

비전문가, 아마추어

素人(しろうと)だった時(とき)は本当(ほんとう)に大変(たいへん)だったけど、学(まな)んだ事(こと)は多(おお)かった。

아마추어였을 때는 정말 힘들었지만, 배운 것은 많았다.

狩人(かりゅうど) 사냥꾼
仲人(なこうど) 중매인
若人(わこうど) 젊은이, 청년

★★☆

素晴(すば)らしい

멋지다

彼女(かのじょ)の素晴(すば)らしい演奏(えんそう)を聞(き)いて心(こころ)が洗(あら)われた。

그녀의 멋진 연주를 듣고 마음이 정화되었다.

★★☆

住(す)み慣(な)れる

오래 살아 정들다

住(す)み慣(な)れた故郷(こきょう)を離(はな)れ、一人(ひとり)で東京(とうきょう)へやって来(き)た。

오래 살아 정든 고향을 떠나 혼자 도쿄에 왔다.

★★☆

精神的(せいしんてき)

반 肉体的(にくたいてき) 육체적
物質的(ぶっしつてき) 물질적

정신적

新人(しんじん)の時(とき)は体力(たいりょく)よりも精神的(せいしんてき)に辛(つら)かったのを覚(おぼ)えている。

신인 때는 체력보다도 정신적으로 괴로웠던 것을 기억하고 있다.

★☆☆

先入観(せんにゅうかん)

선입관

外国(がいこく)に対(たい)する悪(わる)い先入観(せんにゅうかん)は、実際(じっさい)にその国(くに)の人(ひと)に会(あ)えば、すぐにそれが間違(まちが)いだったと気付(きづ)く。

외국에 대한 나쁜 선입관은 실제로 그 나라의 사람을 만나면 바로 그것이 잘못되었다고 깨닫게 된다.

★★☆

たん ちょう
単調

단조로움

とうじ へんか たんちょう せいかつ あ あ
当時は変化のない単調な生活に飽き飽きしていました。

당시는 변화가 없는 단조로운 생활에 진절머리가 났었습니다.

★☆☆

ちゅう い たい まん
注意怠慢

주의태만

うんてんしゅ ちゅう い たいまん あぶ め あ
運転手の注意怠慢で危ない目に遭った。

운전사의 주의태만으로 위험한 일을 당했다.

★★☆

ちゅう と はん ぱ
中途半端

なまはんか
㊠生半可 어중간함

중동무이, 어중간함

ちゅう と はん ぱ さい ご つづ
ダイエットはいつも中途半端で最後まで続いたことはないです。

다이어트는 항상 중간에 흐지부지되서 마지막까지 계속된 적이 없습니다.

★★☆

てい ねん たい しょく
定年退職

정년퇴직

わたし ていねんたいしょく ひ き
ついに私の定年退職の日がやって来た。

마침내 내 정년퇴직의 날이 찾아왔다.

★★★

て つづ
手続き

수속, 절차

しゅとく て つづ むずか
ビザ取得の手続きはとても難しかったです。

비자 취득의 절차는 매우 어려웠습니다.

★★☆

て あせ にぎ
手に汗を握る

손에 땀을 쥐다

きのう しあい て あせ にぎ はくねつ たたか
昨日の試合は手に汗を握る白熱した戦いだった。

어제의 시합은 손에 땀을 쥐는 격렬한 싸움이었다.

★★★

番組(ばんぐみ)

(방송·경기 등의) 프로그램

この番組(ばんぐみ)に出演(しゅつえん)したことがある。

이 프로그램에 출연한 적이 있다.

★★☆

一人暮(ひとりぐ)らし

독신 생활

一人暮(ひとりぐ)らしが不便(ふべん)なこともあります。

독신 생활이 불편한 점도 있습니다.

★★★

見(み)かける

눈에 띄다, (언뜻) 보다

この近(ちか)くでよく大型犬(おおがたけん)を連(つ)れている人(ひと)を見(み)かける。

이 근처에서 자주 큰 개를 데리고 있는 사람을 본다.

★★★

珍(めずら)しい

신기하다

あの部長(ぶちょう)が人(ひと)を誉(ほ)めるなんて珍(めずら)しい事(こと)もあるもんだ。

그 부장님이 사람을 칭찬하다니 신기한 일도 있다.

★☆☆

ゆでる

삶다

半熟卵(はんじゅくたまご)を上手(じょうず)に作(つく)るコツは、ゆでる時間(じかん)を3分(ぷん)30秒(びょう)にすることです。

반숙 달걀을 능숙하게 만드는 비결은 삶는 시간을 3분 30초로 하는 것입니다.

unit 02 규칙·안내·정보·주의

TRACK 3-02

★★☆

予め(あらかじ)

미리

野菜を予め電子レンジで加熱すれば、いろんな料理が簡単にできます。

채소를 미리 전자레인지로 가열하면 여러 요리를 간단하게 만들 수 있습니다.

★☆☆

受取証(うけとりしょう)

영수증, 인수증

外国人登録証は2週間後に出来ますので、この受取証を持って来週また来てください。

외국인등록증은 2주 후에 가능하기 때문에 이 인수증을 가지고 다음 주에 다시 오세요.

★★☆

右折(うせつ)

반 左折(させつ) 좌회전

우회전

次の信号で右折してまっすぐ行ったところに銀行があります。

다음 신호에서 우회전해서 직진한 곳에 은행이 있습니다.

★★★

行う(おこな)

실시하다, 실행하다

今月の会議は、12日日曜日の午後3時より体育館で行います。

이번 달 회의는 12일 일요일 오후 세 시부터 체육관에서 행해집니다.

★★☆

駆け込み乗車(かけこみじょうしゃ)

무리하게 승차하는 일

無理な駆け込み乗車は大変危険ですのでお止めください。

무리한 승차는 매우 위험하므로 삼가해 주세요.

★☆☆

肩代わり

(부담·부채·계약 등을) 남을 대신해서 떠맡음

一ヶ月以上入院した場合、返済を最高２年間肩代わりするという保険です。

한 달 이상 입원한 경우, 상환을 최고 2년간 떠맡는 보험입니다.

★★☆

込み

~포함

この価格は航空券代込みのお値段で、とても安くなっております。

이 가격은 항공권 요금을 포함한 가격으로 매우 쌉니다.

★★☆

これから

지금부터

これから明日の旅行の説明をします。

지금부터 내일 여행에 대한 설명을 하겠습니다.

★★☆

下がる

뒤로 물러서다

危ないですから黄色い線までお下がりください。

위험하니까 노란 선까지 물러나 주세요.

★☆☆

晒す

채소 등의 쓴맛, 냄새 등을 빼기 위해 물에 담그다

じゃがいもは薄く切って水に晒しておいてください。

감자는 얇게 잘라서 물에 담궈 두세요.

★☆☆

若干

약간

３時到着予定の列車は、事故のため若干到着が遅れる模様です。

세 시 도착 예정인 열차는 사고 때문에 약간 도착이 늦어질 모양입니다.

★★☆

賞味期限(しょうみきげん)

유통기한

賞味期限(しょうみきげん)があるので見間違(みまちが)いがないように注意(ちゅうい)してください。

유통기한이 있으니까 잘못 보는 일이 없도록 주의해 주세요.

★★☆

只今(ただいま)

지금, 현재

只今(ただいま)の時間先頭(じかんせんとう)の2号車(ごうしゃ)は女性専用(じょせいせんよう)となっておりますので、ご協力(きょうりょく)お願(ねが)いいたします。

현재 시간 선두 2호차는 여성 전용이므로 협력 부탁합니다.

★☆☆

小(ちい)さめ

조금 작은 듯함

こちらの商品(しょうひん)は小(ちい)さめのサイズしか取(と)り扱(あつか)っておりません。

이쪽의 상품은 조금 작은 사이즈밖에 취급하고 있지 않습니다.

★☆☆

地殻変動(ちかくへんどう)

지각 변동

インターネットで現在(げんざい)の地殻変動(ちかくへんどう)の進行具合(しんこうぐあい)を公開(こうかい)している。

인터넷에서 현재 지각 변동의 진행 상태를 공개하고 있다.

★☆☆

通話料(つうわりょう)

통화료

携帯電話(けいたいでんわ)の通話料(つうわりょう)はご契約(けいやく)された料金(りょうきん)プランによって異(こと)なります。

휴대전화의 통화료는 계약하신 요금 계획에 따라 다릅니다.

★☆☆

詰め替える

다시 채워 넣다

本日は詰め替え用シャンプーが半額でございます。

오늘은 리필용 샴푸가 반값입니다.

★★☆

低血圧

반 高血圧 고혈압

저혈압

低血圧の人は頭痛や目眩を起こしやすいです。

저혈압인 사람은 두통이나 현기증을 일으키기 쉽습니다.

★☆☆

天然素材

천연소재

天然素材の商品はあちらのコーナーにございます。

천연소재의 상품은 저쪽 코너에 있습니다.

★★★

取り次ぐ

손님의 내방이나 전화의 호출 등을 본인에게 전하다

少々お待ちください。ただいま、お取り次ぎいたします。

잠시 기다려 주세요. 지금 바꾸어 드리겠습니다.

★☆☆

妊娠

유 身重 임신함

임신

最近は妊娠中でも仕事を続ける方が多いので、いろんな型の服をそろえております。

최근은 임신 중이라도 일을 계속하는 분이 많아서, 여러 형태의 옷을 갖추고 있습니다.

身二つになる 해산하다, 아이를 낳다

★★☆
番号札(ばんごうふだ)

번호표

診察(しんさつ)を受(う)ける方(かた)は番号札(ばんごうふだ)を持(も)って順番(じゅんばん)にお待(ま)ち下(くだ)さい。

진찰을 받을 분은 번호표를 가지고 순번대로 기다려 주세요.

★☆☆
筆記用具(ひっきようぐ)

필기도구

会社説明会(かいしゃせつめいかい)へ行(い)く時(とき)は、必(かなら)ず筆記用具(ひっきようぐ)をご持参(じさん)ください。

회사 설명회에 갈 때는 반드시 필기도구를 지참해 주세요.

★★★
変更(へんこう)

변경

日時(にちじ)の変更(へんこう)がある場合(ばあい)は必(かなら)ず私(わたし)に報告(ほうこく)してください。

일시의 변경이 있는 경우는 반드시 제게 보고해 주세요.

★☆☆
ホームレス

홈리스(homeless), 살 집을 가지지 못한 사람, 부랑자

市(し)がホームレスの自立(じりつ)を支援(しえん)する計画(けいかく)を立(た)てているらしい。

시가 홈리스의 자립을 지원하는 계획을 세우고 있는 듯하다.

★☆☆
保健室(ほけんしつ)

보건실

午前中(ごぜんちゅう)に気分(きぶん)が悪(わる)くなって保健室(ほけんしつ)に来(く)る生徒(せいと)が増(ふ)えている。

오전 중에 몸이 안 좋아서 보건실에 오는 학생이 늘고 있다.

★★☆
間(ま)もなく

곧, 머지않아

間(ま)もなく一番線(いちばんせん)に各駅停車(かくえきていしゃ)、東京(とうきょう)行(ゆ)きの電車(でんしゃ)が到着(とうちゃく)いたします。

곧 1번 선에 각역에 정차하는 도쿄행 전철이 도착합니다.

★★★

燃(も)える

타 燃(も)やす 태우다

타다

燃(も)えるごみは月(げつ)・水(すい)・金曜日(きんようび)で、燃(も)えないごみは火曜日(かようび)です。

타는 쓰레기는 월·수·금요일이고, 타지 않는 쓰레기는 화요일입니다.

★★☆

求(もと)める

사다, 구입하다

今(いま)、こちらの商品(しょうひん)をお求(もと)めいただくともう一(ひと)つ差(さ)し上(あ)げます。

지금 이쪽의 상품을 구입하시면 하나 더 드립니다.

★★☆

録音(ろくおん)

녹음

こちらのMP３は録音(ろくおん)も可能(かのう)です。

이쪽의 MP3는 녹음도 가능합니다.

★★☆

話題(わだい)

화제

今(いま)、韓国(かんこく)で「花(はな)より男子(だんご)」というドラマが話題(わだい)になっている。

지금 한국에서 '꽃보다 남자'라는 드라마가 화제이다.

★★★

割引(わりびき)

유 値引(ねび)き 할인

할인

会員様(かいいんさま)に限(かぎ)り人気(にんき)の商品(しょうひん)が10パーセント割引(わりびき)でございます。

회원분에 한해서 인기 상품이 10% 할인입니다.

unit 03 부탁·예약·주문

TRACK 3-03

★★☆

後払い(あとばらい)

반 先払い(さきばらい) 선불
前払い(まえばらい) 선불

후불

残金(ざんきん)は後払い(あとばらい)でお願(ねが)いします。

잔금은 후불로 부탁합니다.

> 一時払い(いちじばらい) 일시납
> 分割払い(ぶんかつばらい) 분할납

★☆☆

一泊朝食つき(いっぱくちょうしょくつき)

일박에 조식 포함

一泊朝食つき(いっぱくちょうしょくつき)のプランなら、おいくらですか。

일박에 조식이 포함된 계획이라면 얼마입니까?

★★★

受付(うけつけ)

접수

受付(うけつけ)を済(す)ませた後(あと)、ロビーでお待(ま)ちください。

접수를 끝낸 후 로비에서 기다려 주세요.

★☆☆

受取人(うけとりにん)

반 差出人(さしだしにん) 발송인

수취인

受取人(うけとりにん)の部署(ぶしょ)と名前(なまえ)もフルネームでご記入(きにゅう)お願(ねが)いします。

수취인의 부서와 이름도 풀 네임으로 기입 부탁합니다.

★★☆

おかわり

같은 음식을 더 먹음, 추가

みそ汁(しる)のおかわりをお願(ねが)いします。

된장국을 한 그릇 더 주세요.

★★☆

お歳暮(せいぼ)

연말 선물

お中元(ちゅうげん)もお歳暮(せいぼ)もインターネットで注文(ちゅうもん)して済(す)ませる人(ひと)が多(おお)いらしい。

백중 선물도 연말 선물도 인터넷으로 주문해서 끝내는 사람이 많은 듯하다

> お中元(ちゅうげん) 음력 7월 보름에 평소 신세를 진 친척에게 하는 선물

★★☆

献立(こんだて)

식단, 메뉴

今日(きょう)の給食(きゅうしょく)の献立(こんだて)は何(なに)かな。

오늘 급식의 메뉴는 뭘까?

★★☆

在庫(ざいこ)

재고

ただ今(いま)、在庫(ざいこ)の確認(かくにん)をして参(まい)ります。

지금 재고 확인을 하고 오겠습니다.

★★☆

殺到(さっとう)

쇄도

スキーツアーの予約(よやく)が殺到(さっとう)しています。

스키 관광 여행의 예약이 쇄도하고 있어요.

> 押(お)し寄(よ)せる 밀려오다, 쇄도하다

★★☆

品切れ（しなぎれ）

품절

この商品（しょうひん）は現在（げんざい）品切れ（しなぎれ）のため入荷（にゅうか）待（ま）ちとなっております。

이 상품은 현재 품절인 관계로 입하를 기다리고 있습니다.

★★★

締め切り（しめきり）

마감

先生（せんせい）、締め切り（しめきり）に間（ま）に合（あ）いますか。

선생님 마감에 맞출 수 있습니까?

★★☆

出荷（しゅっか）

반 入荷（にゅうか） 입하

출하

出荷前（しゅっかまえ）の商品（しょうひん）が倉庫（そうこ）にあります。

출하 전의 상품이 창고에 있습니다.

★★☆

消費税込み（しょうひぜいこみ）

소비세 포함

値札（ねふだ）は全（すべ）て消費税込み（しょうひぜいこみ）の値段（ねだん）になっております。

가격표는 전부 소비세 포함의 가격으로 되어 있습니다.

★★☆

出納（すいとう）

출납

現金出納帳（げんきんすいとうちょう）の記入（きにゅう）を忘（わす）れないでください。

현금출납장부의 기입을 잊지 마세요.

★☆☆

セットメニュー

세트 메뉴(set menu)

昼（ひる）のセットメニューはこれだけですか。

점심 세트 메뉴는 이것뿐입니까?

★★☆

そう りょう
送料

우송·운송 요금

5,000円以上のお買い上げで送料無料にさせていただきます。

5천 엔 이상 사셔서 운송 요금은 무료입니다.

★★☆

たな おろし
棚卸

재고 조사

明日は棚卸のため休業致します。

내일은 재고 조사 때문에 휴업하겠습니다.

★☆☆

チェックイン

반 チェックアウト 체크아웃

체크인(check-in)

予約している上田ですが、チェックインしたいのですが。

예약한 우에다입니다만, 체크인을 하고 싶은데요.

★★☆

で まえ
出前

주문에 의한 요리 배달

今日は作るのが面倒だから出前でも取ろう。

오늘은 만들기 귀찮으니까 배달시켜 먹자.

★★☆

と よ
取り寄せ

주문해서 가져오게 함

只今、在庫を切らしておりまして、他店より取り寄せになりますが、よろしいでしょうか。

지금 재고가 없는 상태이므로 다른 가게에서 주문해야 되는데 괜찮습니까?

★★☆

のう き
納期

납기, 납입 기한

納期までに商品を揃えなければオープンに間に合わない。

납입 기한까지 상품을 갖추지 않으면 오픈 시간에 맞출 수 없다.

★☆☆

パッケージツアー　패키지 투어

現地(げんち)ガイド付(つ)きパッケージツアーを予約(よやく)したいのですが。

현지 가이드가 동행하는 패키지 투어를 예약하고 싶은데요.

★★☆

発注(はっちゅう)

반 受注(じゅちゅう) 수주

발주

材料(ざいりょう)は昨日(きのう)発注(はっちゅう)したので、今日中(きょうじゅう)には届(とど)くはずです。

재료는 어제 발주했기 때문에 오늘 중으로는 도착할 겁니다.

★★☆

返品(へんぴん)

반품

サービス品(ひん)のため返品(へんぴん)は受(う)け付(つ)けておりません。

서비스 물건이므로 반품은 받지 않습니다.

★★☆

包装(ほうそう)

포장

これを別々(べつべつ)に包装(ほうそう)してください。

이것을 개별로 포장해 주세요.

★★☆

翻訳(ほんやく)

번역

今度(こんど)の会議(かいぎ)に海外(かいがい)からのお客様(きゃくさま)が参加(さんか)されるから、至急資料(しきゅうしりょう)を翻訳(ほんやく)してほしいんだけど。

이번 회의에 해외에서 오는 손님이 참가하니까, 급히 자료를 번역해 주었으면 하는데.

★☆☆

間近(まぢか)

얼마 남지 않음, 임박함

納期(のうき)も間近(まぢか)だから早(はや)めに作業(さぎょう)しないとね。

납입 기한도 얼마 남지 않았으니까 빨리 작업해야 해.

★★☆

見積(みつ)もる

어림잡다, 견적하다

大体概算(だいたいがいさん)で見積(みつ)もっていくらぐらいですか。

대강 어림셈으로 견적해서 얼마 정도입니까?

★★☆

面接(めんせつ)

면접

5月(がつ)15日(にち)の二次(にじ)面接(めんせつ)の会場(かいじょう)を駅前(えきまえ)のホテルにするから、手配(てはい)しておいてくれ。

5월 15일의 2차 면접 회장을 역 앞 호텔로 할 테니까, 준비를 해 줘.

★★☆

持(も)ち帰(かえ)り

가지고 돌아감

こちらでお召(め)し上(あ)がりでしょうか。それともお持(も)ち帰(かえ)りでしょうか。

여기에서 드세요? 아니면 가지고 가세요?

★★☆

予約(よやく)を取(と)る

예약을 하다

この旅館(りょかん)、人気(にんき)があるから早(はや)めに予約(よやく)を取(と)らないとだめだ。

이 여관은 인기가 있어서 빨리 예약을 하지 않으면 안 된다.

★★☆

両替(りょうがえ)

환전

すみませんが、1万円(まんえん)をドルに両替(りょうがえ)していただけませんか。

죄송한데요, 만 엔을 달러로 환전해 주시지 않겠습니까?

unit 04 비즈니스·업무

TRACK 3-04

★★☆ いい加減(かげん)

무책임함, 엉터리임

⊞ でたらめ 엉터리, 무책임함

会社(かいしゃ)の顔(かお)である受付(うけつけ)がそんないい加減(かげん)な対応(たいおう)をしてどうするんだ。
회사의 얼굴인 접수처가 그런 무책임한 대응을 해서 어떡할 거야?

★★☆ 生(い)き残(のこ)る

살아남다

うちの会社(かいしゃ)で生(い)き残(のこ)るためには一生懸命(いっしょうけんめい)に働(はたら)くよりも上司(じょうし)にこびを売(う)ることが先決(せんけつ)なんだ。
우리 회사에서 살아남기 위해서는 열심히 일하는 것보다도 상사에게 아첨하는 것이 선결과제다.

★★☆ 居心地(いごこち)

어떤 장소에 있을 때의 느낌, 기분

居心地(いごこち)は良(よ)いかもしれないが、この会社(かいしゃ)での出世(しゅっせ)はまずないと思(おも)ってもいいだろう。
지내기에는 편안할지 모르지만, 이 회사에서의 출세는 우선 없다고 생각해도 좋을 것이다.

★☆☆ かけらも無(な)い

손톱만큼도 없다

この会社(かいしゃ)には窓(まど)が少(すく)ないせいか開放感(かいほうかん)のかけらも無(な)い。
이 회사에는 창문이 적은 탓인지 개방감이 손톱만큼도 없다.

PART 3 회화문 **165**

★★☆

紙袋(かみぶくろ)

종이 봉투

新(あたら)しい紙袋(かみぶくろ)のデザインは会社(かいしゃ)や店(みせ)のイメージを左右(さゆう)します。

새로운 종이 봉투의 디자인은 회사나 가게의 이미지를 좌우합니다.

★★★

企画書(きかくしょ)

기획서

この企画書(きかくしょ)のせいで最近毎日残業続(さいきんまいにちざんぎょうつづ)きだ。

이 기획서 탓에 최근 매일 야근이다.

★★☆

起伏(きふく)

기복

君(きみ)の経営成績(けいえいせいせき)は、かなり起伏(きふく)が激(はげ)しい。

너의 경영 성적은 꽤 기복이 심하다.

★★☆

キャッチフレーズ

선전 문구(catchphrase)

「お客様(きゃくさま)と共(とも)に」、これが我(わ)が社(しゃ)のキャッチフレーズだ。

'손님과 함께', 이것이 우리 회사의 선전 문구다.

★★☆

敬語(けいご)

경어

来月(らいげつ)から日本(にほん)の会社(かいしゃ)と取引(とりひき)をすることになったから、敬語(けいご)の勉強(べんきょう)をしっかりしておいてね。

다음 달부터 일본 회사와 거래를 하게 되었으니까 경어 공부를 확실히 해 둬.

★★☆

経常利益(けいじょうりえき)

경상이익

経常利益(けいじょうりえき)を見(み)れば、その会社(かいしゃ)の実力(じつりょく)がわかる。

경상이익을 보면 그 회사의 실력을 알 수 있다.

★★☆

決断(けつだん)

결단

こんな会社(かいしゃ)にいたって何(なん)のやりがいも感(かん)じない。君(きみ)も早(はや)めに決断(けつだん)した方(ほう)がいい。

이런 회사에 있어 봤자 아무런 보람도 느끼지 않아. 너도 빨리 결단하는 편이 좋아.

★☆☆

貢献活動(こうけんかつどう)

공헌 활동

今(いま)やどんな会社(かいしゃ)も非営利団体(ひえいりだんたい)と協力(きょうりょく)して環境保護(かんきょうほご)のための社会貢献活動(しゃかいこうけんかつどう)をすべきだと思(おも)う。

지금이야말로 어떤 회사든 비영리 단체와 협력해서 환경보호를 위한 사회 공헌 활동을 해야 한다고 생각한다.

★☆☆

好(この)みに合(あ)わせる

기호에 맞추다

私(わたし)は常(つね)に視聴者(しちょうしゃ)の好(この)みに合(あ)わせた番組(ばんぐみ)を作(つく)るように心掛(こころが)けています。

저는 항상 시청자의 기호에 맞춘 프로그램을 만들려고 유념하고 있습니다.

★★☆

コマーシャル

커머셜(commercial), 방송 광고

コマーシャルの効果(こうか)は絶大(ぜつだい)です。

방송 광고의 효과는 지대합니다.

★★☆

催促(さいそく)

재촉

いちゃもんをつけたり、催促(さいそく)したりする顧客(こきゃく)が増(ふ)えているみたい。

트집을 잡거나 재촉을 하는 고객이 늘고 있는 것 같다.

PART 3

★★☆

さき

先ほど

유 さっき 아까, 조금 전

조금 전

先ほど取引先の田中さんからお電話がありました。

조금 전 거래처의 다나카 씨로부터 전화가 있었습니다.

★★☆

しゅうせい

修正

수정

税法については閣僚の合意があれば法案修正に持ち込むそうだ。

세법에 관해서는 각료의 합의가 있으면 법안 수정으로 넘겨진다고 한다.

★★★

しゅっちょう

出張

출장

出張をすればするほど顔が広くなるという利点がある。

출장을 하면 할수록 발이 넓어진다는 이점이 있다.

★☆☆

しゅりょくしょうひん

主力商品

주력상품

ラーメンは主力商品だけあって、常にレベルアップが求められます。

라면은 주력상품인 만큼, 항상 레벨 업이 요구됩니다.

★★★

じゅんちょう

順調

순조

順調に進んでいたプロジェクトが一人の裏切り者のせいで水の泡になっちゃった。

순조롭게 나아가고 있던 프로젝트가 배신자 한 명 탓에 물거품이 되었다.

★★☆

雀(すずめ)の涙(なみだ)

유 かの涙(なみだ) 모기 눈물, 새발의 피

새발의 피, 벼룩의 간

雀(すずめ)の涙(なみだ)ほどの給料(きゅうりょう)では家族水入(かぞくみずい)らずの旅行(りょこう)は夢(ゆめ)のまた夢(ゆめ)だ。

새발의 피만큼의 급료로 가족끼리의 여행은 꿈 같은 이야기다.

★★☆

滑(すべ)り出(だ)し

유 出(で)だし 시작, 개시

시작, 개시, 출발

とりあえず滑(すべ)り出(だ)しは好調(こうちょう)のようです。

우선 출발은 호조인 것 같습니다.

★★☆

席(せき)を外(はず)す

자리를 비우다

申(もう)し訳(わけ)ございません。田中(たなか)は会議中(かいぎちゅう)でただいま席(せき)を外(はず)しております。

죄송합니다. 다나카는 회의 중이어서 지금 자리를 비웠습니다.

★★★

添(そ)う

부응하다

皆様(みなさま)のご期待(きたい)に添(そ)えるよう頑張(がんば)ります。

여러분의 기대에 부응할 수 있도록 분발하겠습니다.

★★☆

手当(てあ)たり次第(しだい)

닥치는 대로

新人社員(しんにゅうしゃいん)の時(とき)、分(わ)からないことがあったら手当(てあ)たり次第(しだい)、印(しるし)を付(つ)けてました。

신입사원 때 모르는 것이 있으면 닥치는 대로 표시를 했습니다.

★★★

転勤(てんきん)

전근

課長(かちょう)は最近転勤続(さいきんてんきんつづ)きでちょっとうつ状態(じょうたい)らしい。

과장님은 최근 계속되는 전근으로 약간 우울한 상태인 것 같다.

★★☆

動向（どうこう）

동향

工場立地の動向について調査が行われました。

공장 입지의 동향에 대해서 조사가 행해졌습니다.

★★★

長引く（ながびく）

오래가다, 길어지다

長引く不況のせいか最近よく変な夢を見る。

길어지는 불황 탓인지 최근 자주 이상한 꿈을 꾼다.

★☆☆

燃料費（ねんりょうひ）

연료비

燃料費が上がったせいで旅行客たちはあたふたしているだろう。

연료비가 오른 탓에 여행객들은 허둥지둥하고 있을 것이다.

★★☆

伸び悩む（のびなやむ）

제대로 진전·향상·성장하지 않다

業績の伸び悩んでる人が真っ先にリストラの対象にされるから気をつけろ。

실적이 향상되지 않은 사람이 제일 먼저 구조 조정의 대상이 되니까 조심해.

★★☆

派手（はで）

반 地味（じみ） 수수함

화려함

最近女子社員たちのファッションやメイクアップは派手すぎるんじゃない。

최근 여자 사원들의 패션이나 메이크업이 너무 화려하지 않아?

★★☆

秘訣(ひけつ)

비결

取引先(とりひきさき)に気(き)に入(い)られる秘訣(ひけつ)は一体何(いったいなん)でしょうか。

거래처의 마음을 얻는 비결은 도대체 무엇일까요?

★★★

引(ひ)っ切(き)り無(な)し

끊임없음

クレームの電話(でんわ)が引(ひ)っ切(き)り無(な)しにかかってくる。

클레임 전화가 끊임없이 걸려 오다.

★★☆

ぶり

모습, 모양, 방식 (동사에 접속할 때는 っぷり라고도 함)

課長(かちょう)の酒(さけ)の飲(の)みっぷりには部長(ぶちょう)も大喜(おおよろこ)びだった。

과장의 술 마시는 모습에 부장도 매우 기뻐했다.

★★☆

プレッシャー

압력(pressure)

課長(かちょう)が毎日仕事(まいにちしごと)のプレッシャーを与(あた)えてくるから、ストレスがたまる。

과장님이 매일 일의 압력을 가해 와서 스트레스가 쌓인다.

★★★

任(まか)せる

맡기다

今年(ことし)の忘年会(ぼうねんかい)の幹事(かんじ)は木村(きむら)さんに任(まか)せた。

올해 송년회의 간사는 기무라 씨에게 맡겼다.

★★★

窓口(まどぐち)

창구

韓国銀行(かんこくぎんこう)の窓口(まどぐち)は非常(ひじょう)に対応(たいおう)が良(よ)いです。

한국은행의 창구는 상당히 대응이 좋습니다.

★☆☆

名簿作り(めいぼづくり)

명부 만들기

名簿作り(めいぼづくり)は時間(じかん)がかかってもいいから、名前(なまえ)に間違(まちが)いがないようにしてください。

명부를 만드는 데 시간이 걸려도 괜찮으니까, 이름에 실수가 없도록 해주세요.

★★★

持ち帰る(もちかえる)

가지고 돌아가다

仕事(しごと)は会社(かいしゃ)でするものであって、家(いえ)に持ち帰(もちかえ)ってまでするものではない。

일은 회사에서 하는 것이지 집에 가지고 가서까지 하는 것이 아니다.

★★☆

やり手(やりて)

유 切れ者(きれもの) 수완가

수완가

彼(かれ)はなかなかのやり手(て)だから、出世(しゅっせ)も夢(ゆめ)じゃないかもな。

그는 상당한 수완가이기 때문에 출세도 꿈이 아닐지도 모르겠군.

★★☆

了承(りょうしょう)

양해, 납득

最終的(さいしゅうてき)には社長(しゃちょう)の了承(りょうしょう)を得(え)ないと分(わ)かりません。

최종적으로는 사장님의 양해를 얻지 않으면 알 수 없습니다.

unit 05 일상생활

TRACK 3-05

★★☆

愛想(あいそう)

반 無愛想(ぶあいそう) 붙임성이 없음, 무뚝뚝함

붙임성, 상냥함

彼女(かのじょ)は気(き)が利(き)くし、愛想(あいそう)もいいです。

그녀는 자상하고, 붙임성도 좋습니다.

★★★

飽(あ)きる

유 嫌気(いやけ)が差(さ)す 싫증이 나다

閉口(へいこう)する 질리다

싫증 나다, 질리다

個性的(こせいてき)な服(ふく)は飽(あ)きるのが早(はや)いから、シンプルなデザインが無難(ぶなん)です。

개성적인 옷은 빨리 질리니까 심플한 디자인이 무난합니다.

★★★

朝飯前(あさめしまえ)

식은 죽 먹기, 누워서 떡 먹기

A　こんな難(むずか)しい問題(もんだい)が解(と)けるなんて、すごいね。

이런 어려운 문제를 풀었다니 굉장해.

B　これぐらいは朝飯前(あさめしまえ)だよ。

이 정도는 식은 죽 먹기야.

お茶(ちゃ)の子(こ)さいさい 누워서 떡 먹기

屁(へ)のかっぱ 식은 죽 먹기, 아무것도 아님

★★☆

足(あし)を伸(の)ばす

발길을 뻗치다

実(じつ)はちょっと足(あし)を伸(の)ばして先輩(せんぱい)のところへ寄(よ)ってきたいんです。

실은 조금 발길을 뻗쳐서 선배가 있는 곳에 들렀다 오고 싶어요.

★★★

預かる

타 預ける 맡기다, 보관시키다

맡다, 보관하다

出発まで荷物を預かってもらいたいんですが。

출발까지 짐을 맡기고 싶은데요.

★★☆

あっという間に

유 瞬く間に 순식간에

순식간에

あっという間に今年も終わり、なんだか寂しい。

순식간에 올해도 끝나고 왠지 쓸쓸하다.

★★☆

圧倒

압도

彼女の歌唱力には圧倒されました。

그녀의 가창력에 압도되었습니다.

★★★

集まる

유 集う 모이다

타 集める 모으다

모이다

明日集まる時間は何時がいいですか。

내일 모일 시간은 몇 시가 좋습니까?

★★☆

操る

조종하다, 다루다

田中さんは機械ならなんでも操れるんですって。

다나카 씨는 기계라면 뭐든지 다룰 수 있대.

★★☆

危ぶむ

걱정하다

怪我のせいで大会に出られるかどうか危ぶまれていたけど、この調子だと大丈夫そうだ。

상처 때문에 대회에 나갈 수 있을지 없을지 걱정되었지만, 이 상태라면 괜찮을 것 같다.

★★☆

生きがい

사는 보람, 삶의 목표

退職後は孫が唯一の生きがいだった。

퇴직 후는 손자가 유일한 사는 보람이었다.

★★☆

いざこざ

유 ごたごた 말썽, 분규

もめごと 다툼, 분규

옥신각신, 분쟁

ご近所とのいざこざは避けたい。

이웃과의 분쟁은 피하고 싶다.

揉める 옥신각신하다

★★☆

いずれにしろ

어차피, 결국

いずれにしろ、災害に対しては万全の備えが必要です。

어차피 재해에 대해서는 만전의 준비가 필요합니다.

★★☆

産まれる

태어나다

同期の石田さんに子供が産まれたんだけど、お祝い何がいいかな。

동기인 이시다 씨의 아이가 태어났는데, 축하 선물은 뭐가 좋을까?

★☆☆

奪い取る

빼앗다

兄がいつも弟のおもちゃを奪い取って毎日兄弟喧嘩が絶えない。

형이 항상 동생의 장난감을 빼앗아 날마다 형제 싸움이 끊이지 않는다.

★☆☆

うやむや

유야무야, 애매함, 모호함

僕は彼女のうやむやな態度が気に食わない。

나는 그녀의 애매한 태도가 마음에 들지 않는다.

★★☆

裏付(うらづ)ける

뒷받침하다, 입증하다

何(なに)かアリバイを裏付(うらづ)けるものはないですか。

뭔가 알리바이를 입증할 것은 없습니까?

★★☆

縁起(えんぎ)

운수, 재수

道(みち)で1000円(えん)を拾(ひろ)うなんて、今日(きょう)は縁起(えんぎ)がいいな。

길에서 천 엔을 줍다니 오늘은 운수가 좋네.

> 縁起(えんぎ)を担(かつ)ぐ 걸핏하면 길흉을 따지다, 미신적인 데가 있다.
> ついてる 재수가 좋다, 운이 따르다
> もっけの幸(さいわ)い 뜻밖의 행운

★★☆

応接室(おうせつしつ)

응접실

お客様(きゃくさま)が一階(いっかい)の応接室(おうせつしつ)でお待(ま)ちです。

손님이 1층 응접실에서 기다리십니다.

★☆☆

大売(おおう)り出(だ)し

대매출, 특별 판매

母(はは)はスーパーの大売(おおう)り出(だ)しのチラシを見(み)ると、居(い)ても立(た)ってもいられなくなる。

엄마는 슈퍼의 대매출의 전단지를 보면 안절부절못하게 된다.

★★☆

大型(おおがた)

반 小型(こがた) 소형

대형

大型(おおがた)トラックを運転(うんてん)している女性(じょせい)って、なんかかっこいい。

대형 트럭을 운전하고 있는 여성은 왠지 멋있다.

★☆☆

大まか

유 大雑把 대략적임, 엉성함

대충, 엉성함

父のやり方は大まかな所はあるが、理に適っている。

아버지의 방식은 엉성한 점은 있지만, 이치에 맞다.

★★☆

お金を下ろす

유 引き出す 인출하다

돈을 인출하다

あそこのATMでお金を下ろすからちょっと待ってて。

저기 ATM에서 돈을 인출할 테니까, 잠시 기다려 줘.

★☆☆

臆病

겁이 많음, 겁쟁이

何でも尻込みしてしまうあの臆病な性格、どうにかならないか。

무엇이든 꽁무니를 빼 버리는 그 겁 많은 성격은 어떻게 안 될까?

弱虫 겁쟁이

★★★

お世話になる

신세를 지다

田中さんには何から何までお世話になりっ放しでいつも感謝しているんです。

다나카 씨에게는 하나에서 열까지 신세만 져서 항상 감사하고 있어요.

★☆☆

おじ

반 おば 백모, 숙모

백부, 숙부

私の隣に座っている人がおじです。

제 옆에 앉아 있는 사람이 백부(숙부)입니다.

부모의 손위는 伯父·伯母, 손아래는 叔父·叔母

★★☆

おしゃれ

(모양·분위기가) 멋짐, 멋부림, 치장

機能的(きのうてき)でおしゃれな服(ふく)はないかしら。

기능적이고 멋진 옷은 없을까?

★★☆

恐(おそ)れ入(い)ります

죄송합니다

恐(おそ)れ入(い)りますが、こちらにお名前(なまえ)とご連絡先(れんらくさき)をご記入(きにゅう)ください。

죄송합니다만, 여기에 이름과 연락처를 기입해 주세요.

★★☆

お手上(てあ)げ

손듦, 항복, 속수무책

彼(かれ)のいい加減(かげん)さにはお手上(てあ)げだ。

그의 무책임함에는 두 손 들었어.

★★★

お年寄(としよ)り

노인

お年寄(としよ)りや体(からだ)の不自由(ふじゆう)な方(かた)に座席(ざせき)を譲(ゆず)りましょう。

노인이나 몸이 불편한 분에게 자리를 양보합시다.

★★☆

帯(おび)

띠

着物(きもの)の帯(おび)も一人(ひとり)で結(むす)べますか。

기모노의 띠도 혼자서 맬 수 있습니까?

★★★

お招(まね)き

초대

今日(きょう)はお招(まね)き頂(いただ)き、ありがとうございます。

오늘 초대해 주셔서 감사합니다.

★★★
お見合い(みあい)

맞선

お見合い(みあ)は学歴(がくれき)や収入(しゅうにゅう)などの条件(じょうけん)に左右(さゆう)される気(き)がする。

맞선은 학력이나 수입 등의 조건에 좌우되는 느낌이 든다.

★★☆
趣(おもむき)

유 趣味(しゅみ) 멋, 정취, 취미

멋, 풍취

中庭(なかにわ)に池(いけ)もあって趣(おもむき)があります。

안뜰에 연못도 있어서 풍취가 있습니다.

★★☆
折り紙付(おりがみつき)

정평이 있음

うちの子(こ)は折り紙付(おりがみつき)の面倒臭(めんどうくさ)がり屋(や)なんだ。

우리 집 아이는 이름난 귀찮음쟁이다.

★★☆
外貨(がいか)

외화

外貨(がいか)で定期預金(ていきよきん)しようかな。

외화로 정기예금할까?

★★☆
買い被る(かいかぶる)

과대평가하다

ダイエット商品(しょうひん)なら何(なん)でも買い被(かいかぶ)って買(か)っちゃうから、お金(かね)がいくらあっても足(た)りない。

다이어트 상품이라면 무엇이든 과대평가해서 사 버리니까, 돈이 아무리 있어도 부족하다.

★☆☆
垣間見る(かいまみる)

살짝 엿보다

民謡(みんよう)の歌詞(かし)を見(み)ると、当時(とうじ)の文化(ぶんか)を垣間見(かいまみ)ることができる。

민요의 가사를 보면 당시의 문화를 살짝 엿볼 수 있다.

★★★
顔色が悪い

안색이 나쁘다

顔色が悪いですね。どうしたんですか。
안색이 좋지 않네요. 무슨 일이에요?

★★☆
鍵

열쇠

いくら探しても部屋の鍵が見つからないんです。
아무리 찾아도 방의 열쇠가 보이지 않아요.

★★☆
賢い

현명하다

それは賢い選択だと思う。
그것은 현명한 선택이라고 생각한다.

★★☆
形

모양, 형세

形はとても気に入ったんだけど、色がいまいちなのよね。
모양은 매우 마음에 들었는데, 색이 조금 그러네요.

★★☆
勝手

제멋대로 굶, 자기 좋을 대로 함

この人形は触ってないのに音だけで勝手に動くんだって。
이 인형은 만지지 않았는데 소리만으로 제멋대로 움직인대.

★★☆
叶う

이루어지다

君の後押しなくしては叶わなかった。
너의 후원이 없이는 이룰 수 없었어.

★☆☆
痒(かゆ)い

가렵다

痒(かゆ)いからといって掻(か)きすぎたら跡(あと)が残(のこ)る。
가렵다고 해서 너무 긁으면 자국이 남는다.

★☆☆
漢方薬(かんぽうやく)

한방약

漢方薬(かんぽうやく)に詳(くわ)しい人(ひと)に聞(き)いてみるのも一(ひと)つの手(て)だ。
한방약에 정통한 사람에게 물어보는 것도 하나의 방법이다.

★★☆
気合(きあ)い

기합, 기세

決勝戦(けっしょうせん)だから選手(せんしゅ)も応援団(おうえんだん)も気合(きあ)いが入(はい)っている。
결승전이라서 선수도 응원단도 기합이 들어 있다.

★★★
気兼(きが)ね

유 遠慮(えんりょ) 거리낌

스스럼, 마음을 씀, 어렵게 여김

いつでも気兼(きが)ねなく遊(あそ)びに来(き)てください。
언제나 스스럼없이 놀러 오세요.

★★★
効(き)き目(め)

유 効果(こうか) 효과

효과, 효능

効(き)き目(め)があるかどうかは個人差(こじんさ)があります。
효과가 있는지 없는지는 개인차가 있습니다.

★★☆
ぎくしゃく

사물의 진행이나 관계가 순조롭지 못함

30年来(ねんらい)の友人(ゆうじん)と関係(かんけい)がぎくしゃくしています。
30년 된 친구와 관계가 서먹서먹합니다.

PART 3

★★★

気配り(きくば)

㊌思(おも)いやり 배려

배려

周(まわ)りへの気配(きくば)りが出来(でき)てこそ、品格(ひんかく)ある女性(じょせい)と言(い)えるんだと思(おも)う。

주위에의 배려가 가능하고야 비로소, 품격 있는 여성이라고 할 수 있다고 생각한다.

★★☆

築(きず)く

쌓다, 구축하다

結婚(けっこん)して新(あたら)しい家庭(かてい)を築(きず)くことは親孝行(おやこうこう)にもなるんだ。

결혼해서 새로운 가정을 이루는 것은 부모님께 효도하는 것도 된다.

★★★

鍛(きた)える

단련하다

もっと足腰(あしこし)を鍛(きた)えたほうがいい。

좀 더 다리와 허리를 단련하는 편이 좋아.

★☆☆

北向(きたむ)き

반 南向(みなみむ)き 남향

북향

頭(あたま)を北向(きたむ)きにして寝(ね)るのは良(よ)くないです。

머리를 북향으로 하고 자는 것은 좋지 않습니다.

★★☆

気(き)まぐれ

㊌移(うつ)り気(ぎ) 변덕스러움

변덕스러움

彼女(かのじょ)は気(き)まぐれでよく突拍子(とっぴょうし)のないことをする。

그녀는 변덕스럽고 자주 얼토당토 않은 짓을 한다.

お天気屋(てんきや) 변덕쟁이

★★★

切り詰める

유 節約する 절약하다

절약하다

家計簿を見直したんだけど、もう少し光熱費を切り詰めるべきだ。

가계부를 재검토했는데, 광열비를 조금 더 절약해야만 한다.

けち 구두쇠, 인색함

★★☆

勤続

근속

うちの父は来年で勤続25年だ。

우리 아빠는 내년이면 근속 25년이다.

★★☆

筋肉

근육

年をとって筋肉が少し衰えてきたから、ジムに通ってトレーニングを始めようか。

나이를 먹어 근육이 조금 쇠퇴해졌으니까, 체육관에 다녀서 트레이닝을 시작할까?

★★☆

苦情

유 クレーム 클레임, 불평
文句 불만, 트집

불평, 불만

お客様の苦情はサービス向上につながります。

손님의 불만은 서비스 향상으로 이어집니다.

★★☆

くたびれる

유 疲れる 피곤하다

지치다, 피로하다

一日中子供の遊び相手をしていたからくたびれた。

하루 종일 아이와 놀이 상대를 해서 지쳤다.

ぐったり 녹초가 됨
へとへと 몹시 피곤해서 맥 빠진 모양

PART 3

覆す
くつがえす

자 覆る 뒤집히다
くつがえ

뒤집어엎다

彼の発言は常識を覆すことばかりです。
かれ　はつげん　じょうしき　くつがえ

그의 발언은 상식을 뒤엎는 것뿐입니다.

★☆☆

ケアハウス

케어 하우스(care + house), 실버 타운

80歳になる父は役場に出向き、ケアハウスへの入居を一人で決めてきた。
さい　　　　ちち　やくば　でむ　　　　　　　　　　　にゅうきょ　ひとり　き

80살이 된 아버지는 관청에 가서, 케어 하우스 입주를 혼자서 정하고 왔다.

★☆☆

潔白
けっぱく

결백

自身の潔白を証明できるまで、私は戦い続けるつもりだ。
じしん　けっぱく　しょうめい　　　　　わたし　たたか　つづ

자신의 결백을 증명할 수 있을 때까지 나는 계속 싸울 작정이다.

★★☆

骨董品
こっとうひん

골동품

祖父は骨董品を集めるのが趣味だ。
そふ　こっとうひん　あつ　　　　しゅみ

할아버지는 골동품을 모으는 것이 취미다.

★★☆

この頃
ごろ

요즘

この頃は、ただ漢字を見ただけじゃ読めない名前が多くなった。
ごろ　　　　　かんじ　み　　　　　よ　　　　なまえ　おお

요즘은 단지 한자를 보는 것만으로 읽을 수 없는 이름이 많아졌다.

★★☆

細かい
こまかい

세심하다, 상세하다

使わない時は消すという細かい努力が節約につながる。
つか　　　とき　け　　　　　こま　　どりょく　せつやく

사용하지 않을 때는 끄는 세심한 노력이 절약으로 이어진다.

★☆☆

細やか

자상함, 세밀함

日本の伝統旅館だけあってサービスに細やかな心遣いが徹底されている。

일본의 전통여관인 만큼 서비스에 자상한 배려가 철저하다.

> 細やか 가느다란 모양, 가냘픈 모양

★★★

壊れる

타 壊す 부수다

부서지다

カメラが壊れたけど、保証期間内だから無料で修理できる。

카메라가 부서졌는데, 보증기간 이내니까 무료로 수리할 수 있다.

★★☆

最先端

최첨단

東京は日本の流行の最先端だ。

도쿄는 일본 유행의 최첨단이다.

★☆☆

先駆ける

앞지르다, 앞서다

来年からの就職活動に先駆けて、昨日先輩たちに混じって会社説明に参加した。

내년부터의 취직 활동에 앞서서, 어제 선배들에게 섞여 회사 설명에 참가했다.

★★☆

先立つ

앞서다

地上デジタル放送に先立って、どこの店でもデジタルチューナー搭載のテレビが売られている。

지상 디지털 방송에 앞서서 어느 가게에도 디지털 튜너를 탑재한 텔레비전이 팔리고 있다.

★★☆

先延ばし (さきのばし)

연기

유 延期(えんき) 연기

先延ばしにしていた問題をようやく議論しはじめたみたいだ。

연기했던 문제를 드디어 토론하기 시작한 것 같다.

★★☆

サボる

게으름 피우다, 빼먹다

유 骨惜しみ(ほねおしみ) 게으름을 피움

今日はテニスの練習をサボって家でゆっくりしようよ。

오늘은 테니스 연습을 빼먹고 집에서 느긋하게 쉬자.

★★☆

さみしい

쓸쓸하다

유 寂しい(さびしい) 쓸쓸하다, 외롭다

私はさみしい時はこの写真を見て家族を思い出している。

나는 쓸쓸할 때는 이 사진을 보며 가족을 떠올리고 있다.

★★☆

斬新 (ざんしん)

참신

新人とは思えない彼の斬新な演技は見る人を魅了させた。

신인이라고는 생각할 수 없는 그의 참신한 연기는 보는 사람을 매료시켰다.

★☆☆

残量 (ざんりょう)

잔량

このプリンター、インクの残量の表示がおかしいのよ。

이 프린터, 잉크의 잔량 표시가 이상해요.

★★☆

仕上げる (しあげる)

완성하다

자 仕上がる(しあがる) 완성되다

この資料、夕方までに仕上げなくちゃ明日の会議に間に合わない。

이 자료 저녁 때까지 완성하지 않으면 내일 회의에 쓸 수 없다.

★★☆

強いる(しいる)

㊌ 強要する(きょうよう) 강요하다

강요하다

世界(せかい)には貧(まず)しい生活(せいかつ)を強(し)いられている子供(こども)たちが大勢(おおぜい)います。

세계에는 가난한 생활을 강요받고 있는 아이들이 많이 있습니다.

★★☆

至急(しきゅう)

㊌ 大急ぎ(おおいそ) 아주 급함

지급, 급히

至急(しきゅう)予備(よび)のプリントを用意(ようい)するようにします。

급히 예비 프린트를 준비하도록 하겠습니다.

★★☆

試行錯誤(しこうさくご)

시행착오

試行錯誤(しこうさくご)を重(かさ)ね、やっとの思(おも)いで完成(かんせい)した。

시행착오를 거듭해 겨우 완성했다.

★☆☆

品定め(しなさだ)

㊌ 品評(ひんぴょう) 품평

(물건·인물의) 우열 등을 비평하고 판정하는 일

彼(かれ)は茶(ちゃ)わんや湯飲(ゆの)みをじっくりと品定(しなさだ)めしている。

그는 찻종과 찻잔을 곰곰이 판정하고 있다.

★☆☆

自分勝手(じぶんかって)

제멋대로임

自分勝手(じぶんかって)なことばかりしているといつか自分(じぶん)に返(かえ)ってくる。

제멋대로만 하고 있으면 언젠가 자신에게 되돌아온다.

★★☆

地味(じみ)

㊗ 派手(はで) 화려함

수수함

吉田(よしだ)さんは地味(じみ)で目立(めだ)たない人(ひと)ですが、実(じつ)は活動的(かつどうてき)な人(ひと)です。

요시다 씨는 수수하고 눈에 띄지 않는 사람이지만, 실은 활동적인 사람입니다.

★★☆

塾(じゅく)

학원, 사설 학교

塾(じゅく)は高校生(こうこうせい)からでいいから子供(こども)の時(とき)は外(そと)で元気(げんき)に遊(あそ)んだ方(ほう)がいい。

학원은 고등학생 때부터 다녀도 되니까, 아이 때에는 밖에서 건강하게 노는 편이 좋다.

★★★

出費(しゅっぴ)

지출

予定外(よていがい)の出費(しゅっぴ)が重(かさ)なって、今月(こんげつ)は家計(かけい)が苦(くる)しい。

예상외의 지출이 거듭되서 이번 달은 가계가 어렵다.

★★☆

正直(しょうじき)

정직함

正直(しょうじき)に言(い)った方(ほう)が身(み)のためだ。

정직하게 말하는 편이 자신을 위해 이롭다.

★★☆

上々(じょうじょう)

상상, 최상임

新商品(しんしょうひん)の売(う)れ行(ゆ)きは上々(じょうじょう)です。

신상품의 팔림새는 최상입니다.

★★☆

尻込み(しりごみ)

망설임, 꽁무니를 뺌, 머뭇거림

ここまで来(き)て尻込(しりご)みする気(き)かい。

여기까지 와서 꽁무니를 뺄 작정이야?

いざよう 망설이다
躊躇(ちゅうちょ) 주저
躊躇(ためら)う 주저하다
戸惑(とまど)う 망설이다
二(に)の足(あし)を踏(ふ)む 주저하다, 망설이다

★★☆

しん せき
親戚

친척

さいきん しょうがつ しんせき あつ
最近は、正月ぐらいしか親戚が集まらない。

최근은 설날 정도밖에 친척이 모이지 않는다.

★★☆

しん ちょう
慎重

신중함

ゆきみち しんちょう すす あぶ
雪道だから慎重に進まなきゃ危ない。

눈길이니까 신중히 나아가지 않으면 위험하다.

★★☆

す
過ぎる

지나다

さいきん よる じ す ねむ
最近、夜 9 時過ぎるとすぐ眠くなっちゃうんです。

최근 밤 9시가 지나면 금방 졸립니다.

★☆☆

すい みん
睡眠

수면

へ すいみん じゅうぶん
ストレスを減らすために睡眠を十分にとります。

스트레스를 줄이기 위해서 충분한 수면을 취합니다.

★★☆

せい ぞろ
勢揃い

많은 사람이 한곳에 모임

やくいん せいぞろ なん もんだい
役員たちが勢揃いするなんて何か問題でもあったのかな。

임원들이 한곳에 모이다니 뭔가 문제라도 있었던 걸까?

うでぞろ
腕揃い 솜씨가 뛰어난 사람만이 모여 있음

かおぞろ
顔揃い 쟁쟁한 사람들이 다 모임

しゅうけつ
集結 집결

PART 3

★★☆

責(せ)める

비난하다, 꾸짖다

失敗(しっぱい)したからといって、自分(じぶん)を責(せ)めないで、その失敗(しっぱい)を次(つぎ)につなげればいい。

실패했다고 해서 자신을 비난하지 말고, 그 실패를 다음 번에 연결시키면 된다.

★☆☆

想像(そうぞう)を絶(ぜっ)する

상상을 초월하다

世界(せかい)には想像(そうぞう)を絶(ぜっ)する重労働(じゅうろうどう)により亡(な)くなってしまう人(ひと)たちがいることを忘(わす)れてはならない。

세계에는 상상을 초월하는 중노동으로 인해 죽는 사람들이 있다는 것을 잊어서는 안 된다.

★★★

退職(たいしょく)

퇴직

退職後(たいしょくご)も関連会社(かんれんがいしゃ)に再就職(さいしゅうしょく)する人(ひと)が多(おお)いらしい。

퇴직 후에도 관련회사에 재취직하는 사람이 많은 것 같다.

★★☆

打撃(だげき)

타격

この町(まち)は地震(じしん)で大打撃(だいだげき)を受(う)けた。

이 마을은 지진으로 큰 타격을 입었다.

★★☆

達成(たっせい)

달성

営業(えいぎょう)は毎月(まいつき)のノルマを達成(たっせい)しなければならない。

영업은 매월의 할당량을 달성하지 않으면 안 된다.

★★☆

立(た)て込(こ)む

붐비다, 일이 한꺼번에 겹치다

今(いま)、ちょっと立(た)て込(こ)んでいるから後(あと)で連絡(れんらく)する。

지금 조금 일이 겹치니까 나중에 연락할게.

★☆☆
卵(たまご)

달걀

今日(きょう)は卵(たまご)の特売日(とくばいび)だから早(はや)くスーパーに行(い)かなきゃ。

오늘은 달걀 특매일이니까 빨리 슈퍼마켓에 가야 해.

★★☆
黙(だま)る

침묵하다, 가만히 있다

黙(だま)っていないで何(なに)か言(い)いなさい。

가만히 있지 말고 뭔가 말하세요.

★★☆
試(ため)す

시험해 보다

わざと彼(かれ)を困(こま)らせてどうするか試(ため)した。

일부러 그를 곤란하게 만들어서 어떻게 할지 시험해 봤다.

★★☆
足(た)りない

모자라다

10枚(まい)コピーしたはずなのに1枚(まい)足(た)りない。

열 장 복사했을 텐데, 한 장이 모자라다.

★★☆
段取(だんど)り

일을 해 나가는 순서·방법

引(ひ)っ越(こ)しの段取(だんど)りはプロに任(まか)せた方(ほう)がいい。

이사의 순서는 프로에게 맡기는 것이 좋다.

★☆☆
断念(だんねん)

단념

家族(かぞく)の事情(じじょう)で大学進学(だいがくしんがく)を断念(だんねん)せざるを得(え)なかった。

가족의 사정으로 대학 진학을 단념해야만 했다.

★★☆

ちゃんと

착실하게, 틀림없이

まさかあの人が盗(ぬす)みを働(はたら)くとは。もっとちゃんとした人(ひと)だと思(おも)ってたのに。

설마 저 사람이 도둑질을 하다니. 조금 더 착실한 사람이라고 생각했는데.

★★☆

中毒(ちゅうどく)

중독

友達(ともだち)が急性(きゅうせい)アルコール中毒(ちゅうどく)になって救急車(きゅうきゅうしゃ)で運(はこ)ばれた。

친구가 급성 알코올 중독이 되어 구급차로 실려 갔다.

★★☆

調子(ちょうし)が悪(わる)い

컨디션이 나쁘다

体(からだ)の調子(ちょうし)が悪(わる)いので、今日(きょう)は休(やす)ませていただけませんか。

몸 상태가 좋지 않으니까, 오늘은 쉬어도 될까요?

> 体(からだ)がだるい 몸이 나른하다
> 具合(ぐあい)が悪(わる)い 몸 상태가 나쁘다
> 体調(たいちょう)が悪(わる)い 몸 상태가 나쁘다

★★☆

通貨(つうか)

통화

ヨーロッパの通貨(つうか)は弱(よわ)くなる一方(いっぽう)だ。

유럽의 통화는 가치가 떨어지기만 한다.

★★☆

束(つか)の間(ま)

잠깐 사이, 순간

束(つか)の間(ま)の休(やす)みだったけど、ゆっくりすることができた。

잠깐의 휴식이었지만, 느긋하게 쉴 수 있었다.

★★☆

付(つ)き合(あ)い

교제, 사귐

社会人(しゃかいじん)になってから、付(つ)き合(あ)いでゴルフをはじめました。

사회인이 되고 나서 교제상 골프를 시작했습니다.

★★☆

付(つ)け加(くわ)える

덧붙이다, 첨가하다

このせりふにアドリブを付(つ)け加(くわ)えてみようか。

이 대사에 애드리브를 곁들여 볼까?

★☆☆

勤(つと)め上(あ)げる

임기를 마치다

最近(さいきん)の女性(じょせい)は出産後(しゅっさんご)も仕事(しごと)を続(つづ)け、定年(ていねん)まで勤(つと)め上(あ)げる人(ひと)が多(おお)いらしい。

최근의 여성은 출산 후에도 일을 계속해서 정년까지 근무하는 사람이 많은 것 같다.

★★☆

冷(つめ)たい

반 熱(あつ)い 뜨겁다

차갑다

なんか冷(つめ)たいものが飲(の)みたいです。

뭔가 차가운 것을 마시고 싶습니다.

★★★

出会(であ)う

우연히 만나다

山岳地帯(さんがくちたい)で出会(であ)うのは珍(めずら)しいです。

산악지대에서 우연히 만나는 것은 드문 일입니다.

★☆☆

てきめん

(효과나 반응이) 즉각 나타남

山中(やまなか)さんのアイディアは効果(こうか)がてきめんだ。

야마나카 씨의 아이디어는 효과가 즉시 나타난다.

★★☆

撤去(てっきょ)

철거

軒下(のきした)の巣(す)を撤去(てっきょ)した方(ほう)がいいかもしれない。

처마 밑의 둥지를 철거하는 편이 좋을지도 모른다.

★★☆

手抜(てぬ)かり

유 手落(てお)ち 실수
間違(まちが)い 실수, 잘못
ミス 실수, 실패

실수

管理(かんり)に手抜(てぬ)かりがあったなんて、マスコミにばれたら大変(たいへん)なことになる。

관리에 실수가 있었다니, 매스컴에 들키면 큰일이 난다.

★★☆

手配(てはい)

유 支度(したく) 준비
準備(じゅんび) 준비
用意(ようい) 준비

수배, 준비

急(きゅう)に大阪(おおさか)へ出張(しゅっちょう)になったので飛行機(ひこうき)のチケットを今(いま)すぐ手配(てはい)してください。

갑작스럽게 오사카에 출장을 가게 되었으니 비행기 티켓을 지금 바로 준비해 주세요.

★★☆

手早(てばや)い

재빠르다

手早(てばや)く準備(じゅんび)して出掛(でか)けよう。

재빨리 준비해서 외출하자.

★★☆

手(て)を打(う)つ

손을 쓰다, 조치를 취하다

この件(けん)は先(さき)に手(て)を打(う)っておいたから大丈夫(だいじょうぶ)だ。

이 건은 미리 손을 써 두었으니까 괜찮다.

★☆☆
同居（どうきょ）

동거

そろそろ2世帯住宅（せたいじゅうたく）に建（た）て替（か）えて両親（りょうしん）と同居（どうきょ）することも考（かんが）えなきゃ。

슬슬 2세대 주택으로 새로 지어 부모님과 동거하는 것도 생각해야 해.

★☆☆
道理で（どうりで）

어쩐지

そうだったんだ。道理（どうり）で変（へん）に優（やさ）しいと思（おも）った。

그랬구나. 어쩐지 이상하게 상냥하다고 생각했어.

★★☆
遠回り（とおまわり）

멀리 돎, 먼 길을 돌아 감, 우회적임

遠回（とおまわ）りだけど、こっちの道（みち）の方（ほう）が明（あか）るいし安全（あんぜん）だ。

멀리 돌지만, 이쪽 길이 밝고 안전하다.

★★☆
滞る（とどこおる）

밀리다, 정체되다

田村（たむら）さん、年末（ねんまつ）からずっと家賃（やちん）が滞（とどこお）っているんですけど。

다무라 씨 연말부터 쭉 집세가 밀려 있는데요.

渋滞（じゅうたい） 정체

★★☆
取り戻す（とりもどす）

유 取（と）り返（かえ）す 회복하다, 되찾다

회복하다

スランプだったが、ようやく調子（ちょうし）を取（と）り戻（もど）したようだ。

슬럼프였지만, 겨우 컨디션을 회복한 것 같다.

★☆☆

名残惜(なごりお)しい

헤어지기 섭섭하다

しばらく家(いえ)を留守(るす)にするから犬(いぬ)を隣(となり)に預(あず)けたんだけど、名残惜(なごりお)しかった。

잠시 집을 비우기 때문에 개를 이웃에게 맡겼는데, 헤어지기 섭섭했다.

★★☆

情(なさ)けない

한심하다

あんな簡単(かんたん)なことも出来(でき)なかった自分(じぶん)が情(なさ)けない。

그런 간단한 것도 할 수 없었던 자신이 한심하다.

★★☆

成(な)し遂(と)げる

완수하다, 성취하다

彼(かれ)は大会初出場(たいかいはつしゅつじょう)で優勝(ゆうしょう)するという快挙(かいきょ)を成(な)し遂(と)げた。

그는 대회 첫 출장으로 우승이라는 쾌거를 이뤘다.

★☆☆

滑(なめ)らか

거침없음, 순조로움

英語(えいご)を滑(なめ)らかに話(はな)せるようになるには相当(そうとう)の努力(どりょく)が必要(ひつよう)だ。

영어를 거침없이 말할 수 있게 되기 위해서는 상당한 노력이 필요하다.

★★☆

似顔絵(にがおえ)

초상화

彼(かれ)は容疑者(ようぎしゃ)の似顔絵(にがおえ)と似(に)ています。

그는 용의자의 초상화와 닮았어요.

★★☆

苦手(にがて)

유 不得手(ふえて) 서투름

서투름

鈴木(すずき)さんは人前(ひとまえ)で自分(じぶん)の意見(いけん)を話(はな)すのが苦手(にがて)なようです。

스즈키 씨는 남 앞에서 자신의 의견을 말하는 것을 잘 못하는 듯합니다.

★☆☆
熱帯植物(ねったいしょくぶつ)

열대 식물

熱帯植物(ねったいしょくぶつ)って育(そだ)てにくいのかな。
열대 식물은 기르기 힘들까?

★★★
値札(ねふだ)

가격표

値札(ねふだ)とレシートの値段(ねだん)が違(ちが)うんですが確認(かくにん)してもらえますか。
가격표와 영수증의 가격이 다른데, 확인해 주실래요?

★☆☆
根掘り葉掘り(ねほりはほり)

철저히, 꼬치꼬치

人(ひと)のプライベートな事(こと)を根掘り葉掘り(ねほりはほり)聞(き)くものじゃない。
사람의 개인적인 일을 꼬치꼬치 묻는 게 아니다.

★☆☆
蚤の市(のみのいち)

벼룩시장

彼(かれ)は蚤の市(のみのいち)に出(で)かけて掘(ほ)り出(だ)し物(もの)を探(さが)しているんだって。
그는 벼룩시장에 가서 진귀한 물건을 찾고 있대.

★★☆
乗り心地(のりごこち)

승차감

やっぱりファーストクラスは乗り心地(のりごこち)が違(ちが)う。
역시 일등석은 승차감이 다르다.

★★★
載る(のる)

타 載(の)せる 싣다

(신문 등에) 실리다, 게재되다

例(れい)の事件(じけん)、今朝(けさ)の新聞(しんぶん)に載(の)ってた。
예의 사건이 오늘 아침 신문에 실렸다.

★★☆
漠然 (ばくぜん)

막연함

あまりにも漠然(ばくぜん)としていて意図(いと)がつかめない。
너무나도 막연해서 의도를 파악할 수 없다.

★☆☆
走り抜ける (はしぬける)

달려서 빠져나가다

スポーツカーがすごいスピードで商店街(しょうてんがい)を走(はし)り抜(ぬ)けた。
스포츠카가 굉장한 속도로 상점가를 빠져나갔다.

★★★
働く (はたらく)

일하다

隔週(かくしゅう)で土曜日(どようび)も働(はたら)けますか。
격주로 토요일도 일할 수 있습니까?

★★☆
流行り (はやり)
同 流行(りゅうこう) 유행

유행

近頃(ちかごろ)の流行(はや)りにはなかなかついて行けない。
최근 유행에는 좀처럼 따라갈 수 없다.

★★☆
張り切る (はりきる)

힘이 넘치다, 의욕이 넘치다

今日(きょう)息子(むすこ)が遠足(えんそく)だと言(い)って張(は)り切(き)って出掛(でか)けたのよ。
오늘 아들이 소풍이라고 말하고, 활기차게 외출했다.

★☆☆
控え室 (ひかえしつ)

대기실

荷物(にもつ)は全(すべ)て控(ひか)え室(しつ)に移動(いどう)させました。
짐은 모두 대기실에 이동시켰습니다.

★★☆
控(ひか)え目(め)

적은 듯이 함, 약간 줄여서 함

アルコールは当分(とうぶん)控(ひか)え目(め)にします。
알코올은 당분간 줄이겠습니다.

★★★
引(ひ)き受(う)ける

책임지고 떠맡다

この仕事(しごと)を引(ひ)き受(う)けたからには、最後(さいご)まで責任(せきにん)を持(も)ってやり遂(と)げなさい。
이 일을 떠맡은 이상은 마지막까지 책임을 지고 완수하세요.

★★☆
久(ひさ)しぶり

오래간만

会(あ)うのは久(ひさ)しぶりだから話(はな)したい事(こと)が山(やま)ほどある。
오래간만 만났기 때문에 이야기하고 싶은 것이 산더미처럼 있다.

★☆☆
びしびし

엄하게, 호되게

悪(わる)いことをしたら、びしびし叱(しか)ってやって下(くだ)さい。
나쁜 짓을 하면 호되게 꾸짖어 주세요.

★★☆
びっくりする

놀라다

田中(たなか)さん、急(きゅう)に会社(かいしゃ)をやめるなんて言(い)うから本当(ほんとう)にびっくりした。
다나카 씨, 갑자기 회사를 그만둔다고 해서 정말 놀랐다.

★☆☆
ひとしきり

한차례, 한바탕

ひとしきり笑(わら)った後(あと)に涙(なみだ)が出(で)ました。
한바탕 웃은 뒤에 눈물이 나왔습니다.

★☆☆

一捻り(ひとひねり)

조금 더 궁리를 함

今日(きょう)の映画(えいが)は面白(おもしろ)かったけど、もう一捻り(ひとひねり)ほしかった。

오늘 영화는 재미있었지만, 조금 더 궁리를 했으면 좋았겠다.

★★☆

一役買う(ひとやくかう)

한몫을 하다

事件解決(じけんかいけつ)に一役買(ひとやくか)っている。

사건 해결에 한몫을 하고 있다.

★★☆

皮肉(ひにく)

빈정거림

皮肉(ひにく)っぽい性格(せいかく)はいくつになっても変(か)わらない。

빈정거리는 성격은 몇 살이 되어도 변하지 않는다.

★★☆

ひびが入(はい)る

금이 가다, (대인 관계 등에) 이상이 생기다

きっと二人(ふたり)の仲(なか)はもうひびが入(はい)っているんだ。

틀림없이 두 사람 사이는 삐걱거리고 있다.

★★☆

日増(ひま)しに

나날이

日増(ひま)しに衰(おとろ)えてくる体力(たいりょく)に危機(きき)を感(かん)じる。

나날이 약해지는 체력에 위기를 느낀다.

★★☆

披露宴(ひろうえん)

피로연

友達(ともだち)の結婚式(けっこんしき)の披露宴(ひろうえん)でスピーチを頼(たの)まれちゃった。

친구의 결혼식 피로연에서 연설을 부탁 받았다.

★☆☆

風変(ふうが)わり

보통과 다름, 색다름

世(よ)の中(なか)には本当(ほんとう)に風変(ふうが)わりな名前(なまえ)が多(おお)い。

세상에는 정말 색다른 이름이 많다.

★☆☆

風鈴(ふうりん)

풍령, 풍경

風鈴(ふうりん)の音色(ねいろ)に魅(み)せられました。

풍령의 음색에 매료되었습니다.

★☆☆

不老長寿(ふろうちょうじゅ)

불로장수

いつまでも長生(ながい)きできる不老長寿(ふろうちょうじゅ)の薬(くすり)がほしい。

언제까지나 오래 살 수 있는 불로장수의 약을 갖고 싶다.

★★☆

平凡(へいぼん)

평범

金持(かねも)ちもいいけど、平凡(へいぼん)に暮(くら)すのが一番(いちばん)いいと思(おも)う。

부자도 좋지만 평범하게 사는 것이 가장 좋다고 생각한다.

★★☆

下手(へた)くそ

몹시 서투름

私(わたし)は絵(え)が下手(へた)くそだ。

나는 그림을 잘 못 그린다.

★★☆

望遠鏡(ぼうえんきょう)

망원경

彼(かれ)は望遠鏡(ぼうえんきょう)で天体(てんたい)を観察(かんさつ)するのが趣味(しゅみ)なんですって。

그는 망원경으로 천체를 관찰하는 것이 취미라고 해.

★☆☆

冒頭

서두, 첫머리

この会の趣旨については冒頭で述べた通りです。

이 모임의 취지에 관해서는 서두에서 말한 대로입니다.

★★☆

細い

반 太い 굵다

가늘다

もっと先が細いペンで書きたいんだけど。

좀 더 끝이 가는 펜으로 쓰고 싶은데.

★☆☆

ほんの

그저, 단지

ほんのささいな一言が人を傷付けることがあるんだ。

단지 사소한 말 한마디가 사람을 상처 주는 경우가 있다.

★★☆

前もって

미리

訪問日を前もってお知らせ致します。

방문일을 미리 알려 드리겠습니다.

★★☆

紛らわしい

헷갈리기 쉽다

この二つの単語は発音が似ていて紛らわしい。

이 두 개의 단어는 발음이 비슷해서 헷갈리기 쉽다.

★★☆

待ち合わせ

(미리 장소와 시간을 정해 놓고) 기다림

何時にどこで待ち合わせしようか。

몇 시에 어디서 기다릴까?

★★☆

真(ま)っ赤(か)

새빨감

外(そと)が本当(ほんとう)に寒(さむ)かったんですね。顔(かお)が真(ま)っ赤(か)です。

밖이 정말 추웠나 보네요. 얼굴이 새빨갛습니다.

> 真(ま)っ黒(くろ) 새까맘
> 真(ま)っ青(さお) 새파람
> 真(ま)っ白(しろ) 새하얌

★★☆

免(まぬか)れる

피하다, 벗어나다

犯人(はんにん)は検挙(けんきょ)を免(まぬか)れるためには手段(しゅだん)を選(えら)ばないはずだ。

범인은 검거를 피하기 위해서는 수단을 가리지 않을 것이다.

★☆☆

マラソン大会(たいかい)

마라톤 대회

今日(きょう)はマラソン大会(たいかい)だからこの区域(くいき)は車両通行禁止(しゃりょうつうこうきんし)です。

오늘은 마라톤 대회여서 이 구역은 차량 통행 금지입니다.

★☆☆

満更(まんざら)

꼭 ~이라고만 할 수 없다

彼(かれ)の判断(はんだん)も満更(まんざら)間違(まちが)ってはいなかったでしょう。

그의 판단도 꼭 틀리지는 않았지요.

★☆☆

見栄(みえ)を張(は)る

허세를 부리다

体中(からだじゅう)をブランド物(もの)で着飾(きかざ)って、見栄(みえ)を張(は)っても運命(うんめい)の相手(あいて)は現(あらわ)れない。

온 몸을 명품으로 치장하고 허세를 부려도 운명의 상대는 나타나지 않는다.

★★☆

見方（みかた）

견해

人によって見方は違うから一概には言えない。

사람에 따라서 견해는 다르니까, 한마디로는 말할 수 없다.

★★☆

三日月（みかづき）

초승달

今夜はきれいな三日月だね。

오늘 밤은 예쁜 초승달이 떴네.

★★☆

身だしなみ（みだしなみ）

언행·복장 등을 가다듬는 것, 또는 그 마음가짐

韓国を代表する人として身だしなみに気を配ってください。

한국을 대표하는 사람으로서 몸가짐에 신경 써 주세요.

★★☆

見張る（みはる）

망보다, 지키다

逃げないようにちゃんと見張っている。

도망치지 않게 확실하게 지키고 있다.

★★☆

身元調査（みもとちょうさ）

신원 조사

身元調査が手間取り、捜査が難航しているようだ。

신원 조사가 시간이 많이 걸려, 수사가 난항을 겪고 있는 모양이다

★☆☆

無理やり（むりやり）

억지로

無理やり働かされるのは好きじゃない。

억지로 일하게 되는 것은 좋아하지 않아.

> 無理強(むりじ)い 억지로 하게 함
> 横車(よこぐるま) 억지

★☆☆
迷路(めいろ)
미로

通路(つうろ)が迷路(めいろ)のような造(つく)りの店(みせ)が多(おお)い。
통로가 미로와 같은 구조의 가게가 많다.

★★☆
目眩(めまい)がする
현기증이 나다

貧血気味(ひんけつぎみ)で、急(きゅう)に立(た)ち上(あ)がったりすると目眩(めまい)がする。
빈혈기미로 갑자기 일어서거나 하면 현기증이 난다.

★★☆
面倒臭(めんどうくさ)い
귀찮다

面倒臭(めんどうくさ)がらないで毎日(まいにち)5分(ふん)だけでいいから掃除(そうじ)しなさい。
귀찮아하지 말고 매일 5분만이라도 좋으니까 청소해라.

★☆☆
持(も)ち回(まわ)り
관계자들이 차례로 일을 맡음

今度(こんど)の会議(かいぎ)の幹事(かんじ)は持(も)ち回(まわ)りとする。
앞으로 회의 간사는 차례로 맡기로 하다.

★☆☆
物好(ものず)き
색다른 것을 좋아함

あんな性格(せいかく)の悪(わる)い人(ひと)が好(す)きだなんて、彼女(かのじょ)も物好(ものず)きだ。
그런 성격이 나쁜 사람을 좋아하다니 그녀도 참 유별나다.

PART 3 회화문 **205**

★★☆
矢先（やさき）

무엇이 시작되려는 마침 그때

それは寝入（ねい）った矢先（やさき）の出来事（できごと）でした。
그것은 막 잠들려던 차에 생긴 일이었어요.

★☆☆
家賃（やちん）

집세

このマンションは駅（えき）と近（ちか）いので家賃（やちん）が高（たか）いです。
이 아파트는 역과 가까워서 집세가 비쌉니다.

★★☆
厄介（やっかい）

성가심

役員（やくいん）の誰（だれ）かが会社（かいしゃ）の金（かね）に手（て）をつけたらしい。厄介（やっかい）なことになったな。
임원의 누군가가 회사의 돈에 손을 댄 것 같다. 성가셔졌어.

★★★
雇（やと）う

반 解雇（かいこ）する 해고하다
首（くび）にする 해고하다

고용하다

人手不足（ひとでぶそく）だから学生（がくせい）を雇（やと）うことにした。
일손이 부족해서 학생을 고용하기로 했다.

★☆☆
有酸素運動（ゆうさんそうんどう）

유산소 운동

減量（げんりょう）に良（よ）いという有酸素運動（ゆうさんそうんどう）ってどんな運動（うんどう）ですか。
감량에 좋다는 유산소 운동이란 건 어떤 운동입니까?

★☆☆
有料化（ゆうりょうか）

유료화

ここの駐車場（ちゅうしゃじょう）を有料化（ゆうりょうか）させる声（こえ）があるんだって。
이곳 주차장을 유료화시키자는 의견이 있대.

★★☆ 行方不明(ゆくえふめい)

행방불명

行方不明(ゆくえふめい)になっていた男性(だんせい)が橋(はし)の下(した)で発見(はっけん)されました。
행방불명인 남성이 다리 밑에서 발견되었습니다.

★★★ 酔(よ)う

술에 취하다, 멀미하다

彼(かれ)は普段(ふだん)はいい人(ひと)なのに、酔(よ)ったら人(ひと)が変(か)わったように乱暴(らんぼう)になる。
그는 평소에는 좋은 사람인데, 술에 취하면 사람이 바뀐 것처럼 난폭해진다.

> 二日酔(ふつかよ)い 숙취
> 酔(よ)いどれ 주정뱅이
> 酔(よ)っ払(ばら)い 술주정꾼

★★☆ 幼稚園(ようちえん)

유치원

このごろ幼稚園(ようちえん)に男(おとこ)の先生(せんせい)が増(ふ)えているみたいだ。
요즘 유치원에 남자 선생님이 늘어나고 있는 것 같다.

★★☆ 落胆(らくたん)

낙담

万(まん)が一(いち)希望通(きぼうどお)り行(い)かなくても落胆(らくたん)しないでください。
만일 희망대로 되지 않아도 낙담하지 마세요.

★☆☆ 理屈(りくつ)

이치, 도리

なかなか理屈通(りくつどお)りにはいかない。
좀처럼 이치대로는 되지 않는다.

★★☆

冷蔵庫(れいぞうこ)

냉장고

節約(せつやく)のために、冷蔵庫(れいぞうこ)を開(あ)けたら10秒以内(びょういない)に閉(し)めなさい。

절약을 위해 냉장고를 열면 10초 이내에 닫아라.

★★☆

老化(ろうか)

노화

水道管(すいどうかん)が老化(ろうか)のため水漏(みずも)れして、午前中(ごぜんちゅう)は断水(だんすい)らしい。

수도관이 노화 때문에 물이 새서, 오전 중에는 단수가 될 것 같다.

★☆☆

悪口(わるぐち)

험담, 욕

他人(たにん)の悪口(わるぐち)を言(い)うのはあまり良(よ)くない。

타인의 험담을 하는 것은 그다지 좋지 않다.

PART 3 연습문제

1 빈칸에 들어갈 알맞은 말을 보기에서 골라 쓰세요.

❶ 明日の______、人手が足りないので手伝っていただけませんか。
내일 재고 조사, 일손이 부족하기니 도와주지 않겠습니까?

❷ 犯人の犯行を______証拠(しょうこ)をつかみました。
범인의 범행을 뒷받침할 증거를 잡았습니다.

❸ 人には______良くしなさいとよく母に言われました。
남에게는 붙임성 좋게 하라고 자주 엄마에게 말을 들었습니다.

❹ 授業を______先生にこっぴどく叱(しか)られました。
수업을 빼먹고 선생님에게 호되게 꾸중 들었습니다.

❺ うまくいくかどうか心配していた企画も、______好調(こうちょう)で安心しました。
잘 될지 안 될지 걱정했던 기획도 출발 호조로 안심했습니다.

❻ この料理は美容(びよう)に______があると言われています。
이 요리는 미용에 효능이 있다고 말해지고 있습니다.

❼ 卵(たまご)を______食べるとおいしいです。
달걀을 삶아서 먹으면 맛있습니다.

❽ 漫画家(まんがか)である私は、最近、______に追われる毎日です。
만화가인 나는 최근 마감에 쫓기는 매일입니다.

❾ 最近は、少し______な服装(ふくそう)が個性的で 良いと言う人が増えています。
최근에는 조금 색다른 복장이 개성적이고 좋다고 말하는 사람이 늘어나고 있습니다.

보기

締め切り	効き目	風変わり
滑り出し	ゆでて	裏付ける
棚卸	愛想	サボって

2 다음 단어의 뜻을 찾아 연결하세요.

❶ 築く ·	· A 품절
❷ 素人 ·	· B 이치
❸ 理屈 ·	· C 쌓다
❹ 品切れ ·	· D 비전문가, 아마추어
❺ 小さめ ·	· E 철저히
❻ 気配り ·	· F 엉성함, 대충
❼ 根掘り葉掘り ·	· G 조금 작은 듯함
❽ 苛む ·	· H 배려
❾ 大まか ·	· I 임기를 마치다
❿ 引っ切り無し ·	· J 들볶다
⓫ 殺到 ·	· K 끊임없음
⓬ 勤め上げる ·	· L 쇄도
⓭ 情けない ·	· M 한심하다
⓮ 切り詰める ·	· N 절약하다
⓯ 生きがい ·	· O 빈정거림
⓰ 了承 ·	· P 양해
⓱ 名残惜しい ·	· Q 사는 보람
⓲ 皮肉 ·	· R 헤어지기 섭섭하다

PART 4

01 광고

02 날씨

03 사건·사고

설명문

여러 상황에 관련된 긴 설명문을 듣고 그 내용에 관한 3, 4개의 질문에 답하는 문제로 총 20문제가 출제된다. 파트 3과 마찬가지로 설명문을 들려주기 전에 질문을 미리 읽어 두어야 하며, 설명문을 들으면서 메모를 하는 것이 좋다. 숫자, 장소, 기간 등 혼동을 유도하는 문제가 나오므로 문제의 의도를 파악하여 정확한 답을 찾도록 한다.

Ⅳ. 次の文章をよく聞いて、後の問いにもっとも適したものを(A)から(D)の中で一つ選びなさい。

> 鈴木さんは毎朝、7時に起きます。顔を洗ってから朝食をとります。それからコーヒーを飲みながら、のんびり本を読みます。他の人なら出勤する時間ですが、鈴木さんは午後2時から仕事をするからです。会社には1時半に着きます。オフィスには机と椅子と大きな掲示板があります。掲示板にはいろいろなことが書かれています。一緒に働いている社員はたったの二人なので寂しいですが、家族のような雰囲気なので、これからもずっと仕事を続けるつもりです。

例1　鈴木さんは朝食をとる前に何をしますか。

(A) コーヒーを飲む　　(B) 本を読む
(C) 顔を洗う　　(D) 散歩をする

例2　鈴木さんは会社にいつ着きましたか。

(A) 1時半　　(B) 2時
(C) 7時　　(D) 9時半

答　1 (C)　2 (A)

unit **01** 광고

TRACK 4-01

★★☆

後(あと)押(お)し

후원, 후원자

この規制(きせい)は1996年(ねん)に初(はじ)めて導入(どうにゅう)され、韓国(かんこく)の映画(えいが)産業(さんぎょう)の成(せい)長(ちょう)を大(おお)きく後押(あとお)ししてきました。

이 규제는 1996년에 처음 도입되어 한국 영화 산업의 성장을 크게 후원해 왔습니다.

★★☆

売(う)り手(て)

반 買(か)い手(て) 사는 사람

파는 사람, 판매자

韓国(かんこく)は売(う)り手(て)有利(ゆうり)の市場(しじょう)構造(こうぞう)になっている。

한국은 판매자에게 유리한 시장 구조이다.

★★☆

応募(おうぼ)

응모

応募(おうぼ)の資格(しかく)は、大学(だいがく)を卒業(そつぎょう)し宣伝(せんでん)関係(かんけい)の仕事(しごと)を3年(ねん)以上(いじょう)経験(けいけん)した方(かた)です。

응모 자격은 대학을 졸업하고 선전 관련 일을 3년 이상 경험한 분입니다.

★★☆

貸(か)し出(だ)す

대출하다

図書館(としょかん)のアルバイトは本(ほん)を貸(か)し出(だ)したり、返却(へんきゃく)された本(ほん)を片付(かたづ)けたりすることです。

도서관 아르바이트는 책을 대출해 주거나, 반납한 책을 정리하는 것입니다.

PART 4

★☆☆

混雑(こんざつ)

혼잡

当日(とうじつ)は混雑(こんざつ)が予想(よそう)されますので、お早(はや)めにご来店(らいてん)ください。

당일은 혼잡이 예상되므로, 서둘러서 내점해 주십시오.

★★☆

新型(しんがた)

신형

今回発売(こんかいはつばい)する新型携帯電話(しんがたけいたいでんわ)は画面(がめん)が大(おお)きく、しかも軽(かる)くて薄(うす)いということです。

이번에 발매하는 신형 휴대 전화는 화면이 크고 게다가 가볍고 얇습니다.

★★☆

ターゲット

타깃(target), 목표

この新(あたら)しい高級(こうきゅう)ブランドは30歳以上(さいいじょう)の女性(じょせい)をターゲットにしている。

이 새로운 고급 브랜드는 30세 이상의 여성을 목표로 하고 있다.

★★☆

待遇(たいぐう)

대우

この企業(きぎょう)は男性(だんせい)によい待遇(たいぐう)を保証(ほしょう)する代(か)わりに残業(ざんぎょう)が多(おお)いです。

이 기업은 남성에게 좋은 대우를 보증하는 대신 야근이 많습니다.

★★☆

単身赴任(たんしんふにん)

단신 부임

単身赴任(たんしんふにん)のサラリーマン向(む)けにインスタント食品(しょくひん)が発売(はつばい)されました。

단신 부임 샐러리맨용으로 인스턴트 식품이 발매되었습니다.

★★☆

弾(はず)みを付(つ)ける

힘을 붙이다, 탄력을 붙이다

これから10年間(ねんかん)を乗(の)り切(き)れるだけの弾(はず)みを付(つ)けなければならない。

앞으로 10년을 극복할 수 있는 만큼의 힘을 붙여야 한다.

★☆☆

肌着(はだぎ)

속옷, 내의

高機能(こうきのう)の肌着(はだぎ)シリーズや女性向(じょせいむ)けキャミソールなどの売(う)れ行(ゆ)きが好調(こうちょう)です。

고기능성 속옷 시리즈나 여성용 속옷 등의 팔림새가 호조입니다.

★★☆

発売(はつばい)

발매

食品(しょくひん)が新鮮(しんせん)かどうか判断(はんだん)できる紙(かみ)が今年(ことし)の夏(なつ)に発売(はつばい)されました。

식품이 신선한지 아닌지 판단할 수 있는 종이가 올 여름에 발매되었습니다.

★★☆

弊社(へいしゃ)

반 貴社(きしゃ) 귀사

폐사 (자기 회사에 대한 겸사말)

弊社(へいしゃ)では立(た)って会議(かいぎ)をする方法(ほうほう)を導入(どうにゅう)し大幅(おおはば)な時間短縮(じかんたんしゅく)に成功(せいこう)しました。

폐사에서는 서서 회의를 하는 방법을 도입해 대폭적인 시간 단축에 성공했습니다.

★★☆

持(も)ち運(はこ)び

유 運搬(うんぱん) 운반

운반

携帯電話(けいたいでんわ)の番号(ばんごう)持(も)ち運(はこ)び制度(せいど)が導入(どうにゅう)された。

휴대 전화의 번호 이동 제도가 도입되었다.

★☆☆

類(るい)

유례

日本(にほん)の原子力発電所(げんしりょくはつでんしょ)は先進国(せんしんこく)で類(るい)のないほど稼働率(かどうりつ)が低(ひく)い。

일본의 원자력 발전소는 선진국에서 유례가 없을 정도로 가동률이 낮다.

類(るい)を見(み)ない 유래를 볼 수 없다

いまだかつて~ない 지금까지 한번도 ~없다

unit 02 날씨

TRACK 4-02

★★☆

雨足(あまあし)

빗발

さっきより雨足(あまあし)が激(はげ)しくなりました。

조금 전보다 빗발이 거세졌습니다.

★☆☆

雨雲(あまぐも)

비구름

台風(たいふう)の中心(ちゅうしん)に活発(かっぱつ)な雨雲(あまぐも)があります。

태풍의 중심에 활발한 비구름이 있습니다.

★☆☆

雨台風(あめたいふう)

큰비가 따르는 태풍

今回(こんかい)の台風(たいふう)の特徴(とくちょう)は、風(かぜ)というよりも雨台風(あめたいふう)です。

이번 태풍의 특징은 바람이라기보다도 큰비를 동반하는 태풍입니다.

★★★

荒い(あらい)

거칠다, 파도가 거세다

暴風(ぼうふう)のため波(なみ)が荒(あら)い。

폭풍 때문에 파도가 거칠다.

★★☆

嵐(あらし)

폭풍우

嵐(あらし)にツアー客(きゃく)が巻(ま)き込(こ)まれました。

폭풍우에 여행객이 휩쓸렸습니다.

★☆☆

一時的（いちじてき）

일시적

一時的に雨が降る恐れがあります。

일시적으로 비가 내릴 우려가 있습니다.

★★☆

一滴（いってき）

한 방울

雨が一滴でも降れば、すぐに工事を中止する。

비가 한 방울이라도 내리면 바로 공사를 중지한다.

★★☆

押し寄せる（おしよせる）

밀려오다, 밀어닥치다

海岸には高波が押し寄せました。

해안에는 높은 파도가 밀려왔습니다.

★☆☆

快晴（かいせい）

쾌청

天気予報とは異なり、朝から快晴でした。

일기예보와는 달리 아침부터 쾌청했습니다.

★☆☆

雷（かみなり）

천둥

午後3時すぎ、雷を伴う強い雨が降り始めました。

오후 세 시를 지나 천둥을 동반한 강한 비가 내리기 시작했습니다.

稲妻（いなずま） 번개

★☆☆

変わりやすい（かわりやすい）

변하기 쉽다

季節の変わり目には天候も変わりやすい。

환절기에는 날씨도 변하기 쉽다.

동사 ます형＋やすい ~하기 쉽다
書きやすい 쓰기 쉽다
読みやすい 읽기 쉽다

★☆☆

寒冷前線

한랭전선

寒冷前線が本州を通過します。

한랭전선이 혼슈를 통과합니다.

温暖前線 온난전선
梅雨前線 장마전선

★★☆

気温

기온

平年より最低気温が低いようです。

평년보다 최저 기온이 낮을 것 같습니다.

零下 영하
氷点下 영하

★★☆

霧

안개

山奥に入るにつれ、霧が深くなっていきます。

깊은 산속에 들어감에 따라 안개가 깊어져 갑니다.

★★☆

曇りがち

자주 흐림

明日は曇りがちで、ところによっては雨が降るでしょう。

내일은 자주 흐리고 곳에 따라서는 비가 내릴 것입니다.

★★☆

曇(くも)りのち雨(あめ)

흐린 뒤 비

明日(あす)は曇(くも)りのち雨(あめ)の予報(よほう)です。

내일은 흐린 뒤 비가 내린다는 예보입니다.

★★☆

欠航(けっこう)

결항

離島(りとう)を結(むす)ぶ船便(ふなびん)に欠航(けっこう)が相次(あいつ)いでいる。

외딴섬을 연결하는 배편에 결항이 잇따르고 있다.

★☆☆

豪雨(ごうう)

호우

８月(がつ)はいわゆるゲリラ豪雨(ごうう)など大雨(おおあめ)が続(つづ)く。

8월은 이른바 게릴라 호우 등 큰비가 이어진다.

★★☆

高気圧(こうきあつ)

반 低気圧(ていきあつ) 저기압

고기압

九州付近(きゅうしゅうふきん)は西(にし)から高気圧(こうきあつ)に覆(おお)われてきます。

규슈 부근은 서쪽부터 고기압에 덮여 옵니다.

★☆☆

洪水(こうずい)

홍수

この辺(あた)りは昔(むかし)、何(なに)もかもが洪水(こうずい)で流(なが)された。

이 주변은 옛날에 전부 홍수로 떠내려갔다.

★★☆

木枯(こが)らし

늦가을부터 초겨울에 걸쳐 부는 건조하고 찬 바람

太平洋側(たいへいようがわ)では木枯(こが)らしの吹(ふ)く日(ひ)が多(おお)くなります。

태평양 쪽에서는 건조하고 찬 바람이 부는 날이 많아집니다.

★★☆

爽(さわ)やか

상쾌함, 산뜻함

爽(さわ)やかな天気(てんき)が続(つづ)いているけど、週末(しゅうまつ)には雨(あめ)が降(ふ)るそうだ。

상쾌한 날씨가 계속되고 있지만, 주말에는 비가 내린다고 한다.

★☆☆

三寒四温(さんかんしおん)

삼한사온

12月(がつ)になると三寒四温(さんかんしおん)で天気(てんき)がよく変(か)わる。

12월이 되면 삼한사온으로 날씨가 자주 바뀐다.

★☆☆

湿度(しつど)

습도

湿度(しつど)が高(たか)く、じめじめした日(ひ)が続(つづ)いている。

습도가 높고 눅눅한 날이 계속되고 있다.

★★☆

晴天(せいてん)

청천, 맑은 하늘

晴天(せいてん)に恵(めぐ)まれ、各地(かくち)でスポーツイベントが開(ひら)かれます。

맑은 날씨 속에 각지에서 스포츠 이벤트가 개최됩니다.

★★☆

台風(たいふう)

태풍

台風(たいふう)が接近(せっきん)するに伴(ともな)い、雨(あめ)や風(かぜ)が強(つよ)くなってきます。

태풍이 접근함에 따라 비와 바람이 거세집니다.

★☆☆

叩(たた)き付(つ)ける

세차게 내리치다

現在(げんざい)、叩(たた)き付(つ)けるような激(はげ)しい雨(あめ)が降(ふ)っている。

현재 내리치는 듯한 세찬 비가 내리고 있다.

★☆☆

竜巻(たつまき)

회오리바람

竜巻(たつまき)や突風(とっぷう)にも注意(ちゅうい)が必要(ひつよう)だ。

회오리바람과 돌풍에도 주의가 필요하다.

★★☆

便(たよ)り

소식

富士山(ふじさん)から一足早(ひとあしはや)く冬(ふゆ)の便(たよ)りが届(とど)きました。

후지산에서 한 걸음 일찍 겨울 소식이 도착했습니다.

★★☆

梅雨(つゆ)

장마

梅雨(つゆ)の時期(じき)は空気(くうき)もじめじめして気分(きぶん)まで落(お)ち込(こ)むから好(す)きじゃない。

장마철은 공기도 눅눅해서 기분까지 침울해지니까 좋아하지 않는다.

梅雨明(つゆあ)け 장마가 끝남　梅雨入(つゆい)り 장마가 시작됨

★★★

天気(てんき)が崩(くず)れる

날씨가 흐려지다

週末(しゅうまつ)には天気(てんき)が崩(くず)れる模様(もよう)です。

주말에는 날씨가 흐려질 상황입니다.

ぐずついた天気(てんき) 흐린 날씨
天気(てんき)が優(すぐ)れない 날씨가 흐리다
どんよりした空模様(そらもよう) 흐린 날씨
はっきりしない天気(てんき) 흐린 날씨

★★☆

天気図(てんきず)

일기도

パソコンで明日(あした)の予報(よほう)天気図(てんきず)を見(み)る。

컴퓨터로 내일 예보 일기도를 본다.

★★☆

天気予報(てんきよほう)

일기예보

天気予報(てんきよほう)によると、明日(あした)は雪(ゆき)が降(ふ)るそうだ。

일기예보에 의하면 내일은 눈이 내린다고 한다.

★★☆

土砂崩れ(どしゃくずれ)

산사태

大雨(おおあめ)の影響(えいきょう)で土砂崩(どしゃくず)れが発生(はっせい)した。

큰비의 영향으로 산사태가 발생했다.

★★☆

肌寒い(はださむい)

쌀쌀하다

肌寒(はださむ)い季節(きせつ)になった。

쌀쌀한 계절이 되었다.

★☆☆

春雨(はるさめ)

봄비

春雨(はるさめ)が一日中(いちにちじゅう)降(ふ)っています。

봄비가 하루 종일 내리고 있습니다.

秋雨(あきさめ) 가을비
小雨(こさめ) 가랑비
にわか雨(あめ) 소나기

★★★
晴(は)れる

맑다

明日(あす)は全国的(ぜんこくてき)に晴(は)れるでしょう。
내일은 전국적으로 맑겠습니다.

★★☆
冷(ひ)え込(こ)み

기온이 몹시 내려 가는 것

低気圧(ていきあつ)の影響(えいきょう)で今夜(こんや)から明朝(みょうちょう)にかけて厳(きび)しい冷(ひ)え込(こ)みが予想(よそう)されます。
저기압의 영향으로 오늘 밤부터 내일 아침에 걸쳐 급격한 기온 하락이 예상됩니다.

★☆☆
雹(ひょう)

우박

ゴルフボールほどの雹(ひょう)が降(ふ)る大荒(おおあ)れの天気(てんき)だ。
골프공 정도의 우박이 내리는 매우 거친 날씨다.

★★☆
北上(ほくじょう)

북상

今回(こんかい)の台風(たいふう)11号(ごう)は強(つよ)い雨(あめ)を降(ふ)らせながら北上(ほくじょう)している。
이번 태풍 11호는 강한 비를 뿌리면서 북상하고 있다.

★★☆
蒸(む)し暑(あつ)い

무덥다

まだまだ真夏日(まなつび)の蒸(む)し暑(あつ)い日(ひ)が続(つづ)きそうです。
아직 한여름 대낮의 무더운 날이 이어질 것 같습니다.

★★☆
猛威(もうい)

맹위

今回(こんかい)の台風(たいふう)は各地(かくち)で猛威(もうい)を振(ふ)るっている。
이번 태풍은 각 지역에서 맹위를 떨치고 있다.

★☆☆

横殴り（よこなぐり）

비바람이 옆에서 세차게 내리침

波（なみ）はうねりを上（あ）げ、横殴り（よこなぐり）の雨（あめ）が降（ふ）っています。

파도는 높게 너울거리고, 비는 옆으로 세차게 나리치고 있습니다.

★☆☆

雷雨（らいう）

뇌우

にわか雨（あめ）や雷雨（らいう）など、天気（てんき）の急変（きゅうへん）にご注意（ちゅうい）ください。

소나기나 뇌우 등 날씨의 갑작스런 변화에 주의하세요.

unit 03 사건·사고

TRACK 4-03

★★★

相次ぐ (あいつぐ)

잇달다

今年(ことし)も耳目(じもく)を疑(うたが)う事件事故(じけんじこ)が相次(あいつ)いだ。

올해도 귀와 눈을 의심하는 사건 사고가 잇달았다.

★★☆

当たり (あたり)

~당

1キロ当(あ)たり最大(さいだい)で37ミリグラムのメラミンが検出(けんしゅつ)された。

1kg 당 최대 37mg의 멜라민이 검출되었다.

★☆☆

当たり屋 (あたりや)

일부러 달리는 차에 부딪쳐서 돈을 뜯는 사람

車(くるま)にわざとぶつかって事故(じこ)を起(お)こし、相手(あいて)の運転手(うんてんしゅ)から賠償(ばいしょう)金(きん)などをだまし取(と)る、いわゆる「当(あ)たり屋(や)」の男(おとこ)が逮捕(たいほ)された。

차에 일부러 부딪쳐 사고를 일으켜 상대 운전수로부터 배상금 등을 뜯어내는, 이른바 자해 공갈을 일삼는 남자가 체포되었다.

★★☆

当て逃げ (あてにげ)

뺑소니

警察(けいさつ)は当(あ)て逃(に)げ事件(じけん)として捜索(そうさく)をしている。

경찰은 뺑소니 사건으로 수색을 하고 있다.

★☆☆

一貫(いっかん)

일관

男性(だんせい)は一貫(いっかん)して無実(むじつ)を訴(うった)えた。

남자는 일관되게 무고함을 호소했다.

★★☆

一途(いっと)をたどる

일로를 걷다

状況(じょうきょう)は悪化(あっか)の一途(いっと)をたどる。

상황은 악화의 일로를 걷는다.

★☆☆

色合(いろあ)いを帯(お)びる

성격을 띠다

事件(じけん)の結果(けっか)は複雑(ふくざつ)な色合(いろあ)いを帯(お)びてきた。

사건의 결과는 복잡한 성격을 띠기 시작했다.

★★☆

裏切(うらぎ)る

파 裏切(うらぎ)り者(もの) 배신자

배반하다

それは安全(あんぜん)への信頼(しんらい)を裏切(うらぎ)る行為(こうい)だ。

그것은 안전으로의 신뢰를 배반하는 행위다.

★★☆

炎上(えんじょう)

타오름, (특히 큰 건물·선박 등이) 불탐

下(くだ)り車線(しゃせん)を走(はし)っていたダンプカーが料金所(りょうきんじょ)の分離帯(ぶんりたい)にぶつかり、横転(おうてん)、炎上(えんじょう)しました。

하행차선을 달리고 있던 덤프트럭이 요금소의 분리대에 부딪쳐, 옆으로 넘어지고 불탔습니다.

★☆☆

大詰(おおづ)めを迎(むか)える

최종 단계에 접어들다

捜査(そうさ)が大詰(おおづ)めを迎(むか)えている。

수사가 최종 단계에 접어들고 있다.

★★☆

おおて
大手

큰 규모의 회사

最近では、大手スーパーも続々と米国産牛肉の販売を再開している。

최근에는 대형 슈퍼마켓도 계속해서 미국산 소고기 판매를 재개하고 있다.

★★★

かさい
火災

화재

乗務員が無断喫煙したタバコの火で火災が起きた。

승무원이 무단 흡연한 담뱃불로 화재가 일어났다.

★★☆

から
絡まる

유 絡む 휘감기다, 얽히다

휘감기다, 얽히다

ヘビが電線に絡まって停電が発生した。

뱀이 전선에 휘감겨 정전이 발생했다.

★☆☆

かんすい
冠水

(홍수로 인하여) 물에 잠김

各地で道路が冠水し、浸水被害が相次いでいます。

각지에서 도로가 물에 잠기고 침수 피해가 잇따르고 있습니다.

★☆☆

きぶつはかい
器物破壊

기물 파괴, 기물 파손

彼は器物破壊の疑いで逮捕された。

그는 기물 파손 혐의로 체포되었다.

★☆☆

きょうい
脅威

위협

アメリカはより深刻な脅威にさらされる。

미국은 보다 심각한 위협에 처해 있다.

★★☆

ぐるみ

그것을 포함하여 모두, 전부

組織ぐるみの悪質な不正が長年にわたって続けられてきた可能性が高い。

조직 전체의 악질적인 부정이 오랜 세월에 걸쳐 계속되어 왔을 가능성이 높다.

★★★

原因

원인

警察が事故の原因を調べています。

경찰이 사고 원인을 조사하고 있습니다.

★☆☆

強盗事件

강도 사건

警察は強盗事件として、逃げた４人組の行方を追っている。

경찰은 강도 사건으로 도망친 4인조의 행방을 뒤쫓고 있다.

★★☆

漕ぎ着ける

노력하여 어떤 목표에 이르다

ぎりぎり合意に漕ぎ着けた。

간신히 합의에 이르렀다.

★★☆

差し掛かる

접어들다, 이르다

バスは交差点に差し掛かったところで道路左側の電柱に衝突した。

버스는 교차로에 접어들었을 때 도로 왼쪽의 전봇대에 충돌했다.

★☆☆

失墜

실추

中国産商品の安全性に関する信頼が世界規模で失墜した。

중국산 상품의 안전성에 관한 신뢰가 세계 규모로 실추됐다.

★☆☆

使途（しと）

(돈의) 용도

裏金（うらがね）の使途（しと）の徹底的（てっていてき）な解明（かいめい）が必要（ひつよう）だ。

뒷돈 용도의 철저한 해명이 필요하다.

★★★

終止符を打つ（しゅうしふをうつ）

종지부를 찍다

惨劇（さんげき）に直ち（ただち）に終止符を打つ（しゅうしふをうつ）時（とき）だ。

참극에 즉시 종지부를 찍을 때다.

> 終わりを告げる（おわりをつげる） 종말을 고하다, 끝내다
> ピリオドを打つ（うつ） 종지부를 찍다

★☆☆

真剣勝負（しんけんしょうぶ）

진검 승부

真剣勝負（しんけんしょうぶ）と偽って（いつわって）、客（きゃく）から金（かね）を取る（とる）のは詐欺（さぎ）だ。

진검 승부라고 속이고 손님에게 돈을 빼앗는 것은 사기다.

★★☆

進捗（しんちょく）

진척

調査（ちょうさ）の進捗状況（しんちょくじょうきょう）を点検（てんけん）することが重要（じゅうよう）である。

조사의 진척 상황을 점검하는 것이 중요하다.

★☆☆

信憑性（しんぴょうせい）

신빙성

調査（ちょうさ）の信憑性（しんぴょうせい）に疑問（ぎもん）がある。

조사의 신빙성에 의문이 있다.

★★☆

擦り抜ける

빠져나가다

テロ組織に関係する男が入国審査を何度も擦り抜けた。

테러 조직에 관계하는 남자가 입국 심사를 몇 번이나 빠져나갔다.

★★☆

全容

전모

事件の全容を明らかにする。

사건의 전모를 밝히다.

★☆☆

操縦

조종

エンジントラブルが原因で操縦不能に陥ったそうだ。

엔진 트러블이 원인으로 조종 불능에 빠졌다고 한다.

★★☆

助け合い

서로 도움

災害時には、近隣の助け合いが大きな力になる。

재해시에는 이웃의 도움이 큰 힘이 된다.

★☆☆

玉突き追突

연쇄 추돌

5台の車が次々と玉突き追突した。

자동차 다섯 대가 차례차례로 연쇄 추돌했다.

★☆☆

着手

착수

実際に検証作業に着手することが重要だ。

실제로 검증 작업에 착수하는 것이 중요하다.

★☆☆

沈没(ちんぼつ)

침몰

今日、釣り客10人が乗った遊漁船が沈没した。

오늘 낚시객 열 명이 탄 고기잡이 배가 침몰했다.

★★☆

つけ込(こ)む

헛점을 이용하다

警察はこの事件を家族の心情につけ込んだ悪質な犯行と見て追及しています。

경찰은 이 사건을 가족의 심정을 이용한 악질적인 범행으로 보고 추적하고 있습니다.

★★☆

吊(つ)り上(あ)げる

매달아 올리다

作業員が鉄筋をクレーンで吊り上げようとしたところバランスを崩し、落下してしまった。

작업원이 철근을 크레인으로 매달아 올리려고 한 순간, 균형을 잃고 낙하해 버렸다.

★☆☆

鉄塔(てっとう)

철탑

高さ50メートル以上の鉄塔の上部が突然折れて崩れた。

높이 50m 이상의 철탑 상부가 갑자기 부러져 무너졌다.

★★☆

手抜(てぬ)かり

유 手落(てお)ち 실수

실수, 결함

放火事件の捜査に手抜かりがなかったか、警察は徹底解明すべきだ。

방화 사건의 수사에 결함이 없었는지, 경찰은 철저히 해명해야 한다.

★☆☆

手始め(てはじめ)

시작

彼は詐欺事件を手始めに数々の事件を解決した。

그는 사기 사건을 시작으로 숱한 사건을 해결했다.

★☆☆

手間取る(てまどる)

시간이 걸리다

システムが故障して、入国審査に手間取った。

시스템이 고장 나서 입국 심사에 시간이 걸렸다.

★★☆

電柱(でんちゅう)

전신주, 전봇대

乗客を乗せたバスが道路脇の電柱に衝突しました。

승객을 태운 버스가 도로 옆 전봇대에 충돌했습니다.

★★☆

整える(ととのえる)

자 整う(ととのう) 정비되다, 갖추어지다

정비하다, 갖추다

万一の時に、被害者を迅速に救済できる体制も整えておくべきだ。

만일의 때에 피해자를 신속히 구제할 수 있는 체제도 정비해 두어야만 한다.

★★☆

度を越す(どをこす)

도를 넘다

検察は企業と政治家の度を越した癒着を徹底的に解明する。

검찰은 기업과 정치가의 도를 넘은 유착을 철저하게 해명한다.

★☆☆

抜き打ち(ぬきうち)

예고 없이 갑자기 실시함

この工場に、抜き打ちで立ち入り検査が入った。

이 공장에 불시에 현장검사가 들어갔다.

★☆☆

寝泊まり

숙박함

宿屋で火災があり、寝泊まりしていた客が犠牲になった。

여관에서 화재가 일어나 숙박하고 있었던 손님이 희생되었다.

★★☆

乗っ取る

납치하다

テロ犯は旅客機を乗っ取って原子力発電所へ突っ込んだ。

테러범은 여객기를 납치하여 원자력 발전소로 돌진했다.

> ハイジャック 항공기의 공중 납치, 하이잭

★★☆

野放図

유 傍若無人 방약무인

がむしゃら 무턱대고 함

제멋대로 임, 방약무인

ネットにあふれる虚偽や偏った情報を野放図にしたままでいいのか。

인터넷에 넘치는 허위나 한쪽에 치우친 정보를 제멋대로 놓아 둔 채로 좋은 것인가?

★★☆

場当たり

유 お座成り 임시변통

즉흥적, 임시변통

警察はこの男の犯行は場当たりだった可能性が高いと見て調べている。

경찰은 이 남자의 범행은 즉흥적이었을 가능성이 높다고 보고 조사하고 있다.

★★☆

万全を期する

만전을 기하다

小子化の対策に万全を期してほしい。

저출산 대책에 만전을 기해 주었으면 한다.

★★★

はん らん
氾濫

범람

か せん　はんらん　はし　お
河川が氾濫して橋が落ちました。

하천이 범람해서 다리가 무너졌습니다.

★☆☆

ふ しょう じ
不祥事

불상사

ふ しょう じ　ぼう し　じ みち　と　く
不祥事の防止に地道に取り組んだ。

불상사 방지에 착실히 몰두했다.

★☆☆

ふっ きゅう さ ぎょう
復旧作業

복구 작업

かれ　ふっきゅう さ ぎょう　へい し　げん ち　は けん
彼は復旧作業のため兵士を現地に派遣した。

그는 복구 작업을 위해 병사를 현지에 파견했다.

★★☆

ふ　こ　さ ぎ
振り込み詐欺

송금 사기

けいたいでん わ　ふ　こ　さ ぎ　あくよう
携帯電話は振り込み詐欺に悪用されている。

휴대 전화는 송금 사기에 악용되고 있다.

★☆☆

ふ　はら
振り払う

(손이나 몸을) 흔들어 떼다, 뿌리치다

かのじょ　かれ　て　ふ　はら
彼女は彼の手を振り払った。

그녀는 그의 손을 뿌리쳤다.

★☆☆

ほう しゃ せい ぶっ しつ
放射性物質

방사성 물질

けんきゅうよう　つか　ほうしゃせいぶっしつ　しょざい ふ めい
研究用に使われる放射性物質が所在不明になった。

연구용으로 사용되는 방사성 물질이 소재 불명이 되었다.

★☆☆

防虫剤（ぼうちゅうざい）

방충제

カップめんから防虫剤(ぼうちゅうざい)の成分(せいぶん)が検出(けんしゅつ)された。

컵라면에서 방충제 성분이 검출되었다.

★★☆

魔が差す（まがさす）

마가 들다, 문득 나쁜 마음을 일으키다

魔(ま)が差(さ)したのか盗(ぬす)み心(ごころ)が生(う)まれた。

마가 들었는지 도둑질할 마음이 생겼다.

★★☆

見せかける（みせかける）

겉으로만 그럴싸하게 꾸며 보이다

田中社長(たなかしゃちょう)は、格下(かくした)の肉(にく)を最上級(さいじょうきゅう)に見(み)せかけて販売(はんばい)した。

다나카 사장은 격이 낮은 고기를 최상급으로 꾸며 판매했다.

★★☆

見逃し（みのがし）

유 見落(みお)とし 간과

간과

現場(げんば)での規則逸脱(きそくいつだつ)や検査(けんさ)の見逃(みのが)しが大(おお)きな問題(もんだい)となった。

현장에서의 규칙 일탈이나 검사의 간과가 큰 문제가 되었다.

★☆☆

無理心中（むりしんじゅう）

강제 동반 자살

警察(けいさつ)は夫(おっと)が無理心中(むりしんじゅう)を図(はか)ったものとみている。

경찰은 남편이 강제 동반 자살을 꾀한 것으로 보고 있다.

★★☆

申し立て（もうしたて）

신청

申(もう)し立(た)ての増加(ぞうか)に審査(しんさ)が追(お)いつかない状況(じょうきょう)に陥(おちい)っている。

신청의 증가에 심사가 따라가지 못하는 상황에 빠져 있다.

★☆☆

横流し（よこなが）

부정 유출

横流し（よこなが）を立証（りっしょう）できる特段（とくだん）の事実（じじつ）は発見（はっけん）できなかった。

부정 유출을 입증할 수 있는 특별한 사실은 발견할 수 없었다.

★★☆

読み取る（よ・と）

(컴퓨터 등의 기계가 문자나 기호를) 인식하다

指紋情報（しもんじょうほう）を読み取り（よ・と）、顔写真（かおじゃしん）を撮影（さつえい）する。

지문 정보를 인식해 얼굴 사진을 촬영한다.

PART 4 연습문제

1 빈칸에 들어갈 알맞은 말을 보기에서 골라 쓰세요.

❶ ＿＿＿＿＿が激しくなってきたので、今日の外出は控(ひか)えましょう。
빗발이 거세졌기 때문에 오늘 외출은 삼갑시다.

❷ ＿＿＿＿＿の被害者(ひがいしゃ)は、ほとんどがお年寄りの方です。
송금 사기 피해자는 대부분 노인분입니다.

❸ 今のこの＿＿＿＿＿市場に新しく起業する者がいる。
지금 이 판매자 시장에 새롭게 창업하는 사람이 있다.

❹ 密入国者(みつにゅうこくしゃ)が入国審査(にゅうこくしんさ)を＿＿＿＿＿例は珍しくない。
밀입국자가 입국심사를 빠져나간 예는 드물지 않다.

❺ 森に吹く＿＿＿＿＿風に当たると心が安らぎます。
숲에 부는 상쾌한 바람을 쐬면 마음이 편안해집니다.

❻ 人気のゲームソフトは＿＿＿＿＿から間もなく完売となりました。
인기 게임 소프트는 발매해서 얼마 되지 않아 완매되었습니다.

❼ 門の前に＿＿＿＿＿時、家の中から男性が飛び出してきた。
문 앞에 이르렀을 때 집 안에서 남성이 뛰쳐나왔다.

❽ ウイルスに感染(かんせん)したパソコンを修復するのに＿＿＿＿＿。
바이러스에 감염된 컴퓨터를 복원하는데 시간이 걸렸다.

❾ ＿＿＿＿＿が降って車のボンネットがぼこぼこになってしまった。
우박이 내려서 차 보닛이 울퉁불퉁하게 되어 버렸다.

보기

手間取った	発売	振り込み詐欺
擦り抜けた	雹	差し掛かった
爽やかな	雨足	売り手

2 다음 단어의 뜻을 찾아 연결하세요.

❶ 雷 ·	· A 연쇄 추돌
❷ 裏切る ·	· B 폐사
❸ 弊社 ·	· C 천둥
❹ 玉突き追突 ·	· D 배반하다
❺ 大手 ·	· E 인식하다
❻ 読み取る ·	· F 큰 규모의 회사
❼ 欠航 ·	· G 쌀쌀하다
❽ 電柱 ·	· H 대출하다
❾ 肌寒い ·	· I 결항
❿ 貸し出す ·	· J 신청
⓫ 失墜 ·	· K 전신주
⓬ 不祥事 ·	· L 실추
⓭ 申し立て ·	· M 불상사
⓮ 便り ·	· N 납치하다
⓯ 豪雨 ·	· O 호우
⓰ 乗っ取る ·	· P 소식
⓱ 手抜かり ·	· Q 무덥다
⓲ 蒸し暑い ·	· R 실수

PART5

정답 찾기

한자와 어휘력을 평가하는 파트로 총 20문제가 출제된다. 한자는 밑줄 친 부분만 보고도 답을 고를 수 있는 간단한 문제이지만, 음독·훈독을 파악해야 하며, 비슷한 한자에 주의하도록 한다. 같은 의미 찾기, 같은 용법 찾기는 문장을 하나하나 읽어야 할 때도 있지만, 접속 형태만으로도 바로 정답을 고를 수 있다. 정답찾기의 문제는 한 문제당 10초를 넘기지 않도록 시간 체크 훈련을 해 두는 것이 좋다.

V. 下の________線の言葉の正しい表現、または同じ意味のはたらきをしている言葉を(A)から(D)の中で一つ選びなさい。

例1　品物を大切にせよ。。

(A) しなもの　　(B) ひんもの
(C) しなぶつ　　(D) ひんぶつ

例2　電車の音がとおくから聞こえてくる。

(A) 違く　　(B) 通く
(C) 遠く　　(D) 還く

答 1 (A)　2 (C)

unit 01 1자 한자어

TRACK 5-01

間(あいだ) 사이	垢(あか) 때	証(あかし) 증거
暁(あかつき) 새벽	秋(あき) 가을	顎(あご) 턱
汗(あせ) 땀	値(あたい) 값, 가치	後(あと) 뒤, 후
跡(あと) 자국, 흔적	穴(あな) 구멍	姉(あね) 언니, 누나
脂(あぶら) 지방	網(あみ) 그물	過(あやま)ち 실수, 잘못
霰(あられ) 싸라기눈	泡(あわ) 거품	息(いき) 숨
勢(いきお)い 기세	池(いけ) 연못	礎(いしずえ) 초석
泉(いずみ) 샘	板(いた) 판자	糸(いと) 실
古(いにしえ) 옛날	命(いのち) 생명	妹(いもうと) 여동생
色(いろ) 색깔	岩(いわ) 바위	牛(うし) 소
後(うし)ろ 뒤, 뒤쪽	歌(うた) 노래	器(うつわ) 그릇
腕(うで) 팔	浦(うら) 포구	裏(うら) 뒷면
噂(うわさ) 소문	絵(え) 그림	餌(えさ) 먹이
枝(えだ) 가지	襟(えり) 옷깃	尾(お) 꼬리
甥(おい) 남자 조카	公(おおやけ) 관청, 국가	丘(おか) 언덕
沖(おき) 앞바다	奥(おく) 안	虞(おそれ) 우려

夫(おっと) 남편	音(おと) 소리	表(おもて) 앞면
親(おや) 부모	貝(かい) 조개	香(かお)り 향기
踵(かかと) 발뒤꿈치	垣(かき) 울타리	陰(かげ) 그늘
影(かげ) 그림자	崖(がけ) 벼랑	数(かず) 수
肩(かた) 어깨	潟(かた) 개펄	形(かたち) 형태
塊(かたまり) 덩어리	糧(かて) 양식	角(かど) 모퉁이
鐘(かね) 종	株(かぶ) 주식	壁(かべ) 벽
構(かま)え 구조	神(かみ) 신	紙(かみ) 종이
髪(かみ) 머리카락	殻(から) 껍질	烏(からす) 까마귀
仮(かり) 임시	川(かわ) 시내	皮(かわ) 가죽
革(かわ) (무두질한) 가죽	河(かわ) (큰) 강	岸(きし) 물가
傷(きず) 상처	北(きた) 북쪽	絹(きぬ) 비단
肝(きも) 간	茎(くき) 줄기	草(くさ) 풀
鎖(くさり) 쇠사슬	癖(くせ) 버릇	管(くだ) 관, 대롱
唇(くちびる) 입술	靴(くつ) 구두	首(くび) 목
倉(くら) 창고	煙(けむり) 연기	獣(けもの) 짐승
恋(こい) 사랑	声(こえ) 목소리	試(こころ)み 시도
腰(こし) 허리	骨(こつ) 요령	粉(こな) 가루
拳(こぶし) 주먹	米(こめ) 쌀	竿(さお) 장대

境(さかい) 경계	逆さ(さか) 거꾸로임	杯(さかずき) 술잔
魚(さかな) 생선	先(さき) 먼저	桜(さくら) 벚꽃
酒(さけ) 술	侍(さむらい) 사무라이(일본 무사)	皿(さら) 접시
幸せ(しあわ) 행복	塩(しお) 소금	潮(しお) 조수
滴(しずく) 물방울	舌(した) 혀	躾(しつけ) 예절
品(しな) 물건	島(しま) 섬	霜(しも) 서리
尻(しり) 엉덩이	汁(しる) 즙	印(しるし) 표시
城(しろ) 성	末(すえ) 끝	姿(すがた) 모습
救い(すく) 도움	筋(すじ) 힘줄, 근육	裾(すそ) 옷자락
砂(すな) 모래	術(すべ) 방법	炭(すみ) 숯
隅(すみ) 구석	背(せ) 키	底(そこ) 바닥
揃い(そろ) 갖추어짐	滝(たき) 폭포	類(たぐい) 유례
丈(たけ) 키	竹(たけ) 대나무	岳(たけ) 높은 산
戦い(たたか) 싸움	祟り(たた) 재앙	盾(たて) 방패
掌(たなごころ) 손바닥	谷(たに) 계곡	種(たね) 씨앗
束(たば) 다발	度(たび) 때	旅(たび) 여행
玉(たま) 구슬	球(たま) 구슬, 공	卵(たまご) 알
魂(たましい) 혼	血(ち) 피	杖(つえ) 지팡이
塚(つか) 무덤	机(つくえ) 책상	鼓(つづみ) 북

角(つの) 뿔	唾(つば) 침	翼(つばさ) 날개
粒(つぶ) 낱알	蕾(つぼみ) 꽃봉오리	妻(つま) 아내
罪(つみ) 죄	爪(つめ) 손톱	露(つゆ) 이슬
剣(つるぎ) 검	寺(てら) 절	戸(と) 문
峠(とうげ) 고개	届(とど)け 신고	隣(となり) 옆
扉(とびら) 문짝	富(とみ) 부, 재산	泥(どろ) 진흙
苗(なえ) 모종	仲(なか) 사이, 관계	半(なか)ば 절반
渚(なぎさ) 물가	夏(なつ) 여름	鍋(なべ) 냄비
鉛(なまり) 납	波(なみ) 파도	涙(なみだ) 눈물
西(にし) 서쪽	庭(にわ) 정원	主(ぬし) 주인
沼(ぬま) 늪	根(ね) 뿌리	猫(ねこ) 고양이
軒(のき) 처마	喉(のど) 목구멍	葉(は) 잎
歯(は) 이, 치아	灰(はい) 재	肺(はい) 폐
墓(はか) 무덤	箱(はこ) 상자	橋(はし) 다리
恥(はじ) 수치	旗(はた) 깃발	肌(はだ) 피부
裸(はだか) 알몸	畑(はたけ) 밭	果(は)て 끝
鼻(はな) 코	羽(はね) 날개	幅(はば) 폭
浜(はま) 바닷가	林(はやし) 숲	針(はり) 바늘, 침
春(はる) 봄	東(ひがし) 동쪽	光(ひかり) 빛

膝(ひざ) 무릎	肘(ひじ) 팔꿈치	棺(ひつぎ) 관
瞳(ひとみ) 눈동자	暇(ひま) 짬	昼(ひる) 점심
節(ふし) 마디	札(ふだ) 팻말	縁(ふち) 테두리
筆(ふで) 붓	懐(ふところ) 품	船(ふね) 배
冬(ふゆ) 겨울	穂(ほ) 이삭	星(ほし) 별
骨(ほね) 뼈	炎(ほのお) 불길	枕(まくら) 베개
股(また) 가랑이	町(まち) 시내, 읍내	街(まち) 거리
祭り(まつ) 축제	的(まと) 과녁, 표적	窓(まど) 창문
幻(まぼろし) 환상	眉(まゆ) 눈썹	幹(みき) 줄기
岬(みさき) 갑, 곶	湖(みずうみ) 호수	自ら(みずか) 스스로
店(みせ) 가게	溝(みぞ) 도랑	緑(みどり) 녹색
皆(みな) 모두	港(みなと) 항구	南(みなみ) 남쪽
源(みなもと) 원천	峰(みね) 산봉우리	宮(みや) 궁
都(みやこ) 수도	昔(むかし) 옛날	婿(むこ) 사위
虫(むし) 벌레	娘(むすめ) 딸	旨(むね) 취지
胸(むね) 가슴	棟(むね) 용마루	村(むら) 마을
群れ(む) 무리	姪(めい) 여자 조카	恵み(めぐ) 은혜
股(もも) 허벅다리	森(もり) 삼림	矢(や) 화살
宿(やど) 숙소	病(やまい) 병	闇(やみ) 어둠

湯(ゆ) 뜨거운 물	夕べ(ゆうべ) 저녁(때)	故(ゆえ) 이유
床(ゆか) 마루	指(ゆび) 손(발)가락	弓(ゆみ) 활
夢(ゆめ) 꿈	宵(よい) 저녁	横(よこ) 옆
嫁(よめ) 신부	齢(よわい) 연령, 나이	輪(わ) 원형
脇(わき) 겨드랑이	枠(わく) 테	技(わざ) 기술
業(わざ) 일, 직업	災い(わざわい) 재앙	綿(わた) 솜
童(わらべ) 아동	我(われ) 나	

unit 02 2자 한자어

TRACK 5-02

2자 한자 – 음독

斡旋(あっせん) 알선	衣装(いしょう) 의상	遺跡(いせき) 유적
依然(いぜん) 의연	依存(いそん) 의존	一見(いっけん) 언뜻 봄
一切(いっさい) 일체	意図(いと) 의도	隠居(いんきょ) 은거
運賃(うんちん) 운임	運搬(うんぱん) 운반	運命(うんめい) 운명
円滑(えんかつ) 원활	婉曲(えんきょく) 완곡	応募(おうぼ) 응모
解除(かいじょ) 해제	開拓(かいたく) 개척	街道(かいどう) 가도, 큰길
合併(がっぺい) 합병	貨幣(かへい) 화폐	干渉(かんしょう) 간섭
勘弁(かんべん) 용서함	危害(きがい) 위해	犠牲(ぎせい) 희생
規範(きはん) 규범	規模(きぼ) 규모	境遇(きょうぐう) 경우, 처지, 환경
享受(きょうじゅ) 향수	行政(ぎょうせい) 행정	境地(きょうち) 처지
疑惑(ぎわく) 의혹	公募(こうぼ) 공모	巧妙(こうみょう) 교묘
誤差(ごさ) 오차	誇張(こちょう) 과장	孤独(こどく) 고독
災害(さいがい) 재해	細菌(さいきん) 세균	採算(さいさん) 채산
栽培(さいばい) 재배	錯覚(さっかく) 착각	残酷(ざんこく) 잔혹
歯科(しか) 치과	磁器(じき) 자기	色彩(しきさい) 색채

PART 5

脂肪(しぼう) 지방	砂利(じゃり) 자갈	修士(しゅうし) 석사
従事(じゅうじ) 종사	終日(しゅうじつ) 종일	充実(じゅうじつ) 충실
修飾(しゅうしょく) 수식	修行(しゅぎょう) 수행	証言(しょうげん) 증언
証拠(しょうこ) 증거	照合(しょうごう) 조합	詳細(しょうさい) 상세
上昇(じょうしょう) 상승	正体(しょうたい) 정체	承諾(しょうだく) 승낙
象徴(しょうちょう) 상징	神秘(しんぴ) 신비	辛抱(しんぼう) 참음
精算(せいさん) 정산	盛大(せいだい) 성대	世論(せろん) 여론
繊維(せんい) 섬유	捜査(そうさ) 수사	装飾(そうしょく) 장식
阻止(そし) 저지	措置(そち) 조치	素朴(そぼく) 소박
妥協(だきょう) 타협	探検(たんけん) 탐험	断言(だんげん) 단언
蓄積(ちくせき) 축적	秩序(ちつじょ) 질서	着目(ちゃくもく) 착목, 착안
中継(ちゅうけい) 중계	徴収(ちょうしゅう) 징수	挑戦(ちょうせん) 도전
賃金(ちんぎん) 임금	提携(ていけい) 제휴	体裁(ていさい) 외관
転居(てんきょ) 전거, 이사	念願(ねんがん) 염원	納入(のうにゅう) 납입
廃棄(はいき) 폐기	拝借(はいしゃく) 삼가 빌려 씀	発掘(はっくつ) 발굴
必修(ひっしゅう) 필수	敏感(びんかん) 민감	貧困(ひんこん) 빈곤
頻繁(ひんぱん) 빈번	貧乏(びんぼう) 빈핍, 가난	沸騰(ふっとう) 비등
便宜(べんぎ) 편의	返却(へんきゃく) 반환	妨害(ぼうがい) 방해
募金(ぼきん) 모금	保護(ほご) 보호	発作(ほっさ) 발작

麻酔(ますい) 마취	麻痺(まひ) 마비	密集(みっしゅう) 밀집
無言(むごん) 무언	名誉(めいよ) 명예	模範(もはん) 모범
模倣(もほう) 모방	野心(やしん) 야심	融資(ゆうし) 융자
和風(わふう) 일본풍		

PART 5

2자 한자 – 훈독

間柄(あいだがら) 관계	合図(あいず) 신호	相手(あいて) 상대
合間(あいま) 틈, 짬	跡継ぎ(あとつぎ) 상속자	後回し(あとまわし) 뒤로 미룸
雨具(あまぐ) 우비	雨戸(あまど) 덧문	甘党(あまとう) (술보다) 단것을 좋아하는 사람
有様(ありさま) 모양, 상태	言い訳(いいわけ) 변명	家出(いえで) 가출
行き違い(いきちがい) 엇갈림	居間(いま) 거실	受け持ち(うけもち) 담당자
団扇(うちわ) 부채	内訳(うちわけ) 내역	腕前(うでまえ) 솜씨
裏返し(うらがえし) 뒤집기	浮気(うわき) 바람기, 변덕	上着(うわぎ) 겉옷
笑顔(えがお) 웃는 얼굴	得体(えたい) 정체	会得(えとく) 터득
獲物(えもの) 사냥감	縁側(えんがわ) 마루	大方(おおかた) 대부분
大通り(おおどおり) 큰길	大幅(おおはば) 대폭	贈り物(おくりもの) 선물
押し入れ(おしいれ) 벽장	お世辞(おせじ) 발림말	落ち葉(おちば) 낙엽
大人(おとな) 어른	同い年(おないどし) 동갑	思い付き(おもいつき) 생각, 착상
思い出(おもいで) 추억	面影(おもかげ) 모습	織物(おりもの) 직물
顔付き(かおつき) 용모	書留(かきとめ) 등기 우편	片想い(かたおもい) 짝사랑
片言(かたこと) 서투른 말씨	片付け(かたづけ) 정리	金持ち(かねもち) 부자
体付き(からだつき) 몸매	為替(かわせ) 환	気障り(きざわり) 비위에 거슬림
生地(きじ) 직물, 본성	気立て(きだて) 마음씨	切れ目(きれめ) 틈
区切り(くぎり) 단락	愚痴(ぐち) 푸념	口紅(くちべに) 립스틱

今朝(けさ) 오늘 아침	景色(けしき) 경치	恋人(こいびと) 애인, 연인
小売(こうり) 소매	心地(ここち) 기분	小銭(こぜに) 잔돈
事柄(ことがら) 사항	逆立ち(さかだち) 물구나무서기	指図(さしず) 지시
差し引き(さしひき) 차감	残高(ざんだか) 잔고	仕上げ(しあげ) 마무리
仕掛け(しかけ) 장치	支度(したく) 준비	下心(したごころ) 속마음
下地(したじ) 소질	下調べ(したしらべ) 예비 조사	下火(したび) 불기운이 약해짐
品物(しなもの) 물건, 물품	地主(じぬし) 지주	地元(じもと) 지방
仕業(しわざ) 소행	末っ子(すえっこ) 막내	好き嫌い(すききらい) 좋아함과 싫어함
隙間(すきま) 틈, 짬	素手(すで) 맨손	擦れ違い(すれちがい) 엇갈림
背中(せなか) 등	雑木(ぞうき) 잡목	相場(そうば) 시세
台無し(だいなし) 쓸모없음	立場(たちば) 입장	建前(たてまえ) (표면상의) 방침
茶の間(ちゃのま) 다실	茶の湯(ちゃのゆ) 다도	宙返り(ちゅうがえり) 공중제비
使い道(つかいみち) 용도	継ぎ目(つぎめ) 이음매	都合(つごう) 형편
辻褄(つじつま) 조리, 이치	勤め先(つとめさき) 근무처	津波(つなみ) 해일
釣り鐘(つりがね) 조종, 범종	手当て(てあて) 준비	手入れ(ていれ) 손질
手遅れ(ておくれ) 때늦음	手掛かり(てがかり) 실마리, 단서	手際(てぎわ) 솜씨
手順(てじゅん) 수순, 순서	手錠(てじょう) 수갑	手数(てすう) 수고
手近(てぢか) 가까움	手直し(てなおし) 고쳐 만듦	手筈(てはず) 일의 순서, 계획
手引き(てびき) 길잡이	手本(てほん) 글씨본	手間(てま) 수고

手回し (てまわ) 손으로 돌림	手元 (てもと) 바로 옆	手分け (てわ) 분담
年頃 (としごろ) 적령기	戸締まり (とじ) 문단속	共働き (ともばたら) 맞벌이
取り替え (とか) 바꿈	取り締まり (とし) 단속	取引 (とりひき) 거래
泥棒 (どろぼう) 도둑	度忘れ (どわす) 깜빡함	中程 (なかほど) 중간
中身 (なかみ) 알맹이	仲人 (なこうど) 중매인	名残 (なごり) 흔적, 여운
名札 (なふだ) 명패	名前 (なまえ) 이름	生身 (なまみ) 산 몸, 날고기
西日 (にしび) 석양	偽物 (にせもの) 위조품	荷造り (にづく) 포장, 짐꾸리기
音色 (ねいろ) 음색	値打ち (ねう) 값	値段 (ねだん) 가격
値引き (ねび) 값을 깎음	根回し (ねまわ) 사전 공작	軒並 (のきなみ) 집집마다
場合 (ばあい) 경우	橋渡し (はしわた) 중개함	裸足 (はだし) 맨발
蜂蜜 (はちみつ) 벌꿀	初耳 (はつみみ) 초문	羽目 (はめ) (곤란한) 처지
腹立ち (はらだ) 화가 남	張り紙 (はがみ) 벽보	控え室 (ひかしつ) 대기실
日陰 (ひかげ) 응달	引き分け (ひわ) 비김, 무승부	日頃 (ひごろ) 평소
左利き (ひだりき) 왼손잡이	日付 (ひづけ) 날짜	一息 (ひといき) 한숨 돌림
人影 (ひとかげ) 사람 그림자	人柄 (ひとがら) 인품	人気 (ひとけ) 인기척
一頃 (ひところ) 한때	人質 (ひとじち) 인질	一筋 (ひとすじ) 한 줄기, 외곬
人通り (ひとどお) 사람의 왕래	人目 (ひとめ) 남의 눈	日取り (ひど) 날짜를 정함
日向 (ひなた) 양달	日焼け (ひや) 해에 그을림	昼飯 (ひるめし) 점심밥
部屋 (へや) 방	干し物 (ほもの) 말린 것	本音 (ほんね) 본심

本場(ほんば) 본고장	迷子(まいご) 미아	前売(まえう)り 예매
前置(まえお)き 서론	真心(まごころ) 진심	待(ま)ち合(あ)わせ (시간·장소를 정하고) 상대를 기다림
見合(みあ)わせ 마주봄, 보류	見送(みおく)り 배웅	味方(みかた) 아군
右利(みぎき)き 오른손잡이	見込(みこ)み 전망	水気(みずけ) 물기, 수분
見出(みだ)し 표제	道順(みちじゅん) 순서, 절차	道端(みちばた) 길가
蜜蜂(みつばち) 꿀벌	見積(みつも)り 견적	身(み)の上(うえ) 신상, 처지
身(み)の回(まわ)り 신변의 일	見晴(みは)らし 전망	身振(みぶ)り 몸짓
身分(みぶん) 신분	見本(みほん) 견본	虫歯(むしば) 충치
目上(めうえ) 윗사람	目方(めかた) 무게	目下(めした) 아랫사람
目印(めじるし) 표지, 표시	目付(めつ)き 눈빛, 눈초리	目処(めど) 목표
目盛(めも)り 눈금	目安(めやす) 표준, 기준	申(もう)し込(こ)み 신청
申(もう)し出(で) 제의, 신청	申(もう)し分(ぶん) 주장	猛者(もさ) 강자, 고수
持(も)ち切(き)り 같은 상태가 유지됨	役場(やくば) 지방 자치 단체의 사무소	役目(やくめ) 역할, 임무
屋敷(やしき) 집의 부지, 저택	夕暮(ゆうぐ)れ 해 질 녘	夕立(ゆうだち) 소나기
夕日(ゆうひ) 석양	夕焼(ゆうや)け 저녁놀	湯気(ゆげ) 김, 수증기
良(よ)し悪(あ)し 선악	夜中(よなか) 한밤중	世(よ)の中(なか) 세상
夜更(よふ)け 심야	留守(るす) 부재중	若者(わかもの) 젊은이
忘(わす)れ物(もの) 잊은 물건	渡(わた)り鳥(どり) 철새	割(わ)り当(あ)て 할당

unit 03 3자 한자어

TRACK 5-03

青二才(あおにさい)	풋내기	朝寝坊(あさねぼう)	늦잠을 잠	後始末(あとしまつ)	뒤처리
意気地(いくじ)	패기, 기개	慰謝料(いしゃりょう)	위자료	衣食住(いしょくじゅう)	의식주
一大事(いちだいじ)	중대한 일	一目散(いちもくさん)	쏜살같음	一辺倒(いっぺんとう)	일변도
忌言葉(いみことば)	꺼리는 말	有頂天(うちょうてん)	기뻐 어쩔 줄 모름	売上高(うりあげだか)	판매액
大文字(おおもじ)	대문자	幼馴染(おさななじみ)	소꿉친구	勝手口(かってぐち)	부엌문
間一髪(かんいっぱつ)	아슬아슬함	肝心要(かんじんかなめ)	가장 중요한 것	感無量(かんむりょう)	감개무량
既製服(きせいふく)	기성복	喫茶店(きっさてん)	다방	救急車(きゅうきゅうしゃ)	구급차
軽犯罪(けいはんざい)	경범죄	血液型(けつえきがた)	혈액형	更年期(こうねんき)	갱년기
高齢者(こうれいしゃ)	고령자	子会社(こがいしゃ)	자회사	小文字(こもじ)	소문자
七面倒(しちめんどう)	매우 귀찮음	指南役(しなんやく)	기예 등을 가르치는 사람	市役所(しやくしょ)	시청
集大成(しゅうたいせい)	집대성	収入源(しゅうにゅうげん)	수입원	十八番(じゅうはちばん)	장기, 특기
消極的(しょうきょくてき)	소극적	食中毒(しょくちゅうどく)	식중독	請求権(せいきゅうけん)	청구권
青少年(せいしょうねん)	청소년	静電気(せいでんき)	정전기	正当化(せいとうか)	정당화
赤裸裸(せきらら)	적나라	世間話(せけんばなし)	세상 이야기	積極的(せっきょくてき)	적극적
瀬戸際(せとぎわ)	실패 성공의 갈림길	千秋楽(せんしゅうらく)	경기나 공연의 마지막 날	体温計(たいおんけい)	체온계
大黒柱(だいこくばしら)	기둥이 되는 인물	太鼓判(たいこばん)	확실한 보증	醍醐味(だいごみ)	참맛

大統領(だいとうりょう) 대통령	単細胞(たんさいぼう) 단세포	長距離(ちょうきょり) 장거리
調子者(ちょうしもの) 경박한 사람	猪口才(ちょこざい) 주제넘음	出入口(でいりぐち) 출입구
手加減(てかげん) 적당히 처리함	出来事(できごと) 사건	手数料(てすうりょう) 수수료
出鱈目(でたらめ) 엉터리	度外視(どがいし) 도외시	読心術(どくしんじゅつ) 독심술
取引先(とりひきさき) 거래처	長丁場(ながちょうば) 시간이 오래 걸리는 일	生半可(なまはんか) 어중간함
二枚目(にまいめ) 미남	農作物(のうさくぶつ) 농작물	破天荒(はてんこう) 전대미문
破廉恥(はれんち) 파렴치	引出物(ひきでもの) 답례품	微生物(びせいぶつ) 미생물
必然性(ひつぜんせい) 필연성	平社員(ひらしゃいん) 평사원	不気味(ぶきみ) 어쩐지 불안함
不器用(ぶきよう) 서투름	副作用(ふくさよう) 부작용	不摂生(ふせっせい) 건강을 소홀히 함
不都合(ふつごう) 불편함	不如意(ふにょい) 뜻대로 안됨	不文律(ふぶんりつ) 불문율
雰囲気(ふんいき) 분위기	真面目(まじめ) 성실함	未完成(みかんせい) 미완성
無尽蔵(むじんぞう) 무진장	黙秘権(もくひけん) 묵비권	役不足(やくぶそく) 직책이 하찮음
遊園地(ゆうえんち) 유원지	湯加減(ゆかげん) 목욕물의 온도	理不尽(りふじん) 불합리함

unit 04 4자 한자어

TRACK 5-04

- 曖昧模糊(あいまいもこ) 애매모호함
- 阿鼻叫喚(あびきょうかん) 아비규환
- 唯々諾々(いいだくだく) 유유낙낙
- 一目瞭然(いちもくりょうぜん) 일목요연
- 一挙両得(いっきょりょうとく) 일거양득
- 一石二鳥(いっせきにちょう) 일석이조
- 右往左往(うおうさおう) 우왕좌왕
- 冠婚葬祭(かんこんそうさい) 관혼상제
- 喜怒哀楽(きどあいらく) 희로애락
- 金科玉条(きんかぎょくじょう) 금과옥조
- 公明正大(こうめいせいだい) 공명정대
- 五里夢中(ごりむちゅう) 오리무중
- 三位一体(さんみいったい) 삼위일체
- 自画自賛(じがじさん) 자화자찬
- 四捨五入(ししゃごにゅう) 사사오입
- 時代錯誤(じだいさくご) 시대착오
- 悪戦苦闘(あくせんくとう) 악전고투
- 暗証番号(あんしょうばんごう) 비밀번호
- 一期一会(いちごいちえ) 일생에 한 번뿐인 기회
- 一喜一憂(いっきいちゆう) 일희일비
- 一触即発(いっしょくそくはつ) 일촉즉발
- 一朝一夕(いっちょういっせき) 일조일석
- 株式会社(かぶしきがいしゃ) 주식회사
- 危機一髪(ききいっぱつ) 위기일발
- 興味津々(きょうみしんしん) 흥미진진
- 言行一致(げんこういっち) 언행일치
- 古今東西(ここんとうざい) 동서고금
- 言語道断(ごんごどうだん) 언어도단
- 四角四面(しかくしめん) 융통성 없이 딱딱함
- 四苦八苦(しくはっく) 갖은 고생
- 自信満々(じしんまんまん) 자신만만
- 四方八方(しほうはっぽう) 사방팔방

自暴自棄(じぼうじき) 자포자기	弱肉強食(じゃくにくきょうしょく) 약육강식
自由自在(じゆうじざい) 자유자재	自由奔放(じゆうほんぽう) 자유분방
終始一貫(しゅうしいっかん) 시종일관	主客転倒(しゅかくてんとう) 주객전도
春夏秋冬(しゅんかしゅうとう) 춘하추동	順風満帆(じゅんぷうまんぱん) 일이 아주 순조로움
思慮分別(しりょふんべつ) 사려분별	千差万別(せんさばんべつ) 천차만별
前代未聞(ぜんだいみもん) 전대미문	大同小異(だいどうしょうい) 대동소이
立入禁止(たちいりきんし) 출입 금지	単刀直入(たんとうちょくにゅう) 단도직입
津々浦々(つつうらうら) 방방곡곡	手練手管(てれんてくだ) 속임수
東西南北(とうざいなんぼく) 동서남북	二者択一(にしゃたくいつ) 양자택일
二束三文(にそくさんもん) 헐값	年中無休(ねんじゅうむきゅう) 연중무휴
半信半疑(はんしんはんぎ) 반신반의	美辞麗句(びじれいく) 미사여구
三日坊主(みっかぼうず) 작심삼일	民主主義(みんしゅしゅぎ) 민주주의
優柔不断(ゆうじゅうふだん) 우유부단	油断大敵(ゆだんたいてき) 방심은 금물

unit 05 イ형용사

TRACK 5-05

浅(あさ)い 얕다	味気(あじけ)ない 재미없다, 따분하다
呆気(あっけ)ない 싱겁다, 어이없다	あどけない 천진난만하다
危(あぶ)ない 위험하다	危(あや)うい 위태롭다, 위험하다
怪(あや)しい 수상하다	有(あ)り難(がた)い 고맙다
淡(あわ)い 진하지 않다	慌(あわ)ただしい 분주하다
潔(いさぎよ)い 깨끗하다	勇(いさ)ましい 용감하다
意地悪(いじわる)い 심술궂다	著(いちじる)しい 현저하다
忌々(いまいま)しい 분하다	卑(いや)しい 천하다
嫌(いや)らしい 불쾌감이 들다	初々(ういうい)しい 순진하다
後(うし)ろめたい 뒤가 켕기다	薄(うす)い 얇다
薄暗(うすぐら)い 어둑하다	うっとうしい 울적하고 답답하다
恭(うやうや)しい 공손하다	うらがなしい 서글프다
恨(うら)めしい 원망스럽다	嬉(うれ)しい 기쁘다
偉(えら)い 위대하다	おいしい 맛있다
幼(おさな)い 어리다	惜(お)しい 아깝다

恐ろしい(おそ) 두렵다

おっかない 두렵다

大人しい(おとな) 얌전하다

おびただしい 매우 많다

重たい(おも) 무겁다

かいがいしい 바지런하다

か細い(ぼそ) 연약하다

可愛らしい(かわい) 귀엽다

汚い(きたな) 더럽다

決まり悪い(き・わる) 쑥스럽다, 겸연쩍다

清い(きよ) 맑다, 깨끗하다

臭い(くさ) 구린내가 나다

くすぐったい 간지럽다

下らない(くだ) 시시하다

くどい 장황하다, 집요하다

悔しい(くや) 분하다

苦しい(くる) 괴롭다

煙い(けむ) 냅다, 메케하다

煙たい(けむ) 냅다, 거북하다

険しい(けわ) 험하다

濃い(こ) 진하다

恋しい(こい) 그립다

心強い(こころづよ) 믿음직스럽다

心細い(こころぼそ) 불안하다

心快い(こころ よ) 상쾌하다

小高い(こ だか) 조금 높다

寂しい(さび) 쓸쓸하다

騒がしい(さわ) 시끄럽다, 소란스럽다

塩辛い(しお から) 짜다

親しい(した) 친하다

しつこい 집요하다

渋い(しぶ) 떫다

しぶとい 끈질기다

じれったい 속이 타다, 애달다

しんどい 피곤하다, 고단하다

清々しい(すが すが) 상쾌하다

PART 5

すごい 굉장하다

酸(す)っぱい 시다

素早(すばや)い 재빠르다

鋭(するど)い 날카롭다

切(せつ)ない 안타깝다, 애절하다

素(そ)っ気(け)ない 무정하다

正(ただ)しい 바르다

容易(たやす)い 용이하다

力強(ちからづよ)い 마음 든든하다

尊(とうと)い 존엄하다

乏(とぼ)しい 부족하다

長細(ながほそ)い 가늘고 길다

懐(なつ)かしい 그립다

生臭(なまぐさ)い 비린내가 나다

悩(なや)ましい 괴롭다

苦(にが)い 쓰다

憎(にく)らしい 얄밉다

根強(ねづよ)い 뿌리 깊다

涼(すず)しい 선선하다

すばしこい 잽싸다

狡(ずる)い 교활하다

せせこましい 비좁고 답답하다

騒々(そうぞう)しい 시끄럽다

たくましい 늠름하다

たまらない 참을 수 없다

だるい 나른하다

でかい 크다 (속어)

貴(とうと)い 귀중하다

とんでもない 당치도 않다

情(なさ)け深(ぶか)い 인정이 많다

何気(なにげ)ない 아무렇지도 않다

生温(なまぬる)い 미지근하다

馴(な)れ馴(な)れしい 매우 친하다

憎(にく)い 밉다, 얄밉다

ねたましい 샘이 나다

眠(ねむ)たい 졸리다

望(のぞ)ましい 바람직하다

ばかばかしい 몹시 어리석다

恥(は)ずかしい 부끄럽다

甚(はなは)だしい 매우 심하다

久(ひさ)しい 오래되다

等(ひと)しい 동일하다

深(ふか)い 깊다

太(ふと)い 굵다

古(ふる)めかしい 고풍스럽다

貧(まず)しい 가난하다

まぶしい 눈부시다

水臭(みずくさ)い 서먹하다

みずみずしい 싱싱하다

醜(みにく)い 추하다

蒸(む)し暑(あつ)い 무덥다

目覚(めざま)しい 눈부시다

もったいない 아깝다

物足(ものた)りない 무언지 미흡하다

はかない 덧없다

激(はげ)しい 심하다

果(は)てし無(な)い 끝없다

華々(はなばな)しい 눈부시다, 화려하다

ひどい 심하다

分厚(ぶあつ)い 두껍다

ふさわしい 어울리다

古(ふる)い 낡다, 오래되다

誇(ほこ)らしい 자랑스럽다

待(ま)ち遠(どお)しい 몹시 기다려지다

見苦(みぐる)しい 보기 흉하다

みすぼらしい 초라하다

みっともない 꼴사납다

むさ苦(くる)しい 누추하다

空(むな)しい 공허하다

目出度(めでた)い 경사스럽다

ものすごい 굉장하다

脆(もろ)い 약하다

やかましい 시끄럽다

ややこしい 복잡하다

柔(やわ)らかい 부드럽다

緩(ゆる)い 느슨하다

余儀無(よぎな)い 어쩔 수 없다

りりしい 늠름하다

若(わか)い 젊다

若々(わかわか)しい 아주 젊다

わけない 간단하다, 수월하다

煩(わずら)わしい 번거롭다

unit 06 ナ형용사

TRACK 5-06

明らか(あき) 분명함	鮮やか(あざ) 선명함	あでやか 화려하고 아리따움
新た(あら) 새로움	あらわ 드러남	哀れ(あわ) 애처로움
粋(いき) 세련됨	うかつ 물정에 어두움	空ろ(うつ) 공허함
麗らか(うら) 화창함	大柄(おおがら) 몸집이 큼	大らか(おお) 대범하고 느긋함
厳か(おごそ) 엄숙함	穏やか(おだ) 온화함	主(おも) 주요함
愚か(おろ) 어리석음	疎か(おろそ) 소홀함	穏健(おんけん) 온건함
微か(かす) 희미함	頑固(がんこ) 완고함	頑丈(がんじょう) 튼튼함
肝心(かんじん) 중요함	完璧(かんぺき) 완벽함	気軽(きがる) 가볍게 행동함
危険(きけん) 위험함	気さく(き) 싹싹함	几帳面(きちょうめん) 꼼꼼함
気の毒(きのどく) 가엾음	生真面目(きまじめ) 고지식함, 착실함	気まま(き) 제멋대로 굶
窮屈(きゅうくつ) 답답함	清らか(きよ) 깨끗함, 맑음	綺麗(きれい) 예쁨, 깨끗함
けち 인색함	結構(けっこう) 훌륭함, 충분함	けなげ 씩씩함
下品(げひん) 상스러움	謙虚(けんきょ) 겸허함	小柄(こがら) 몸집이 작음
盛ん(さか) 번성함	定か(さだ) 확실함	雑(ざつ) 잡다함
さやか 밝고 맑음	爽やか(さわ) 상쾌함	残念(ざんねん) 유감스러움
強か(したた) 만만하지 않음	質素(しっそ) 검소함	淑やか(しと) 정숙함

PART 5

しなやか 유연함	地道(じみち) 착실함	上品(じょうひん) 고상함
丈夫(じょうぶ) 튼튼함	親切(しんせつ) 친절함	新鮮(しんせん) 신선함
迅速(じんそく) 신속함	健(すこ)やか 건강함	素敵(すてき) 매우 근사함
素直(すなお) 순진함	速(すみ)やか 빠름	贅沢(ぜいたく) 사치스러움
せっかち 성급함	粗末(そまつ) 변변치 못함	ぞんざい 무례함
退屈(たいくつ) 지루함	大事(だいじ) 소중함, 중요함	大胆(だいたん) 대담함
大変(たいへん) 대단함	巧(たく)み 교묘함	確(たし)か 확실함
達者(たっしゃ) 능숙함	多忙(たぼう) 매우 바쁨	駄目(だめ) 소용없음
痛切(つうせつ) 통절함	月並(つきな)み 진부함	円(つぶ)ら 동그랗고 귀여움
艶(つや)やか 윤기가 돎	手軽(てがる) 간편함	手頃(てごろ) 알맞음
でたらめ 엉터리	得意(とくい) 잘함	和(なご)やか 온화함
なだらか 완만함	生意気(なまいき) 건방짐	滑(なめ)らか 매끄러움
なよやか 가냘픔	賑(にぎ)やか 번화함	にわか 갑작스러움
懇(ねんご)ろ 공손함	長閑(のど)か 한가로움	のんき 태평스러움
派手(はで) 화려함	華(はな)やか 화려함	遥(はる)か 아득함
半端(はんぱ) 어중간함	密(ひそ)か 몰래함	微妙(びみょう) 미묘함
複雑(ふくざつ) 복잡함	不思議(ふしぎ) 불가사의함	不便(ふべん) 불편함
無礼(ぶれい) 무례함	平気(へいき) 태연함	便利(べんり) 편리함
朗(ほが)らか 명랑함	まとも 건실함	疎(まば)ら 드문드문함

稀(まれ) 드묾	円(まろ)やか 둥긋함	見事(みごと) 훌륭함
惨(みじ)め 비참함	みだら 음란함	無口(むくち) 과묵함
無邪気(むじゃき) 순진함	無駄(むだ) 쓸데없음	無茶(むちゃ) 터무니없음
無茶苦茶(むちゃくちゃ) 터무니없음	夢中(むちゅう) 열중함	迷惑(めいわく) 귀찮음, 성가심
面倒(めんどう) 귀찮음	柔(やわ)らか 부드러움	有望(ゆうぼう) 유망함
愉快(ゆかい) 유쾌함	豊(ゆた)か 풍부함	緩(ゆる)やか 완만함
陽気(ようき) 밝고 쾌활함	余計(よけい) 쓸데없음	楽(らく) 편안함
利口(りこう) 영리함	律儀(りちぎ) 성실함	碌(ろく) 제대로임
露骨(ろこつ) 노골적임	我侭(わがまま) 제멋대로 굶	わずか 사소함

unit 07 동사

TRACK 5-07

仰(あお)ぐ 우러러보다
商(あきな)う 장사하다
呆(あき)れる 기가 막히다
焦(あせ)る 안달하다
侮(あなど)る 깔보다
暴(あば)れる 날뛰다
甘(あま)える 응석부리다
歩(あゆ)む 걷다
争(あらそ)う 다투다
現(あらわ)れる 나타나다
慌(あわ)てる 당황하다
哀(あわ)れむ 불쌍히 여기다
生(い)かす 살리다
憤(いきどお)る 성내다
憩(いこ)う 휴식하다
急(いそ)ぐ 서두르다
抱(いだ)く 품다
慈(いつく)しむ 귀여워하다
営(いとな)む 경영하다
挑(いど)む 도전하다
祈(いの)る 기도하다
戒(いまし)める 훈계하다
忌(い)む 꺼리어 피하다
彩(いろど)る 채색하다
祝(いわ)う 축하하다
飢(う)える 굶주리다
浮(う)かぶ 뜨다
疑(うたが)う 의심하다
移(うつ)る 이동하다
奪(うば)う 빼앗다
敬(うやま)う 공경하다
恨(うら)む 원망하다
潤(うるお)う 축축해지다
熟(う)れる 여물다
拝(おが)む 절하다
補(おぎな)う 보충하다
怠(おこた)る 방심하다
興(おこ)る (세력이) 일어나다
押(お)さえる 누르다
惜(お)しむ 아까워하다
恐(おそ)れる 두려워하다
教(おそ)わる 배우다
煽(おだ)てる 부추기다
陥(おちい)る 빠지다
脅(おど)かす 위협하다
訪(おとず)れる 방문하다
衰(おとろ)える 쇠퇴하다
驚(おどろ)く 놀라다

赴(おもむ)く 향하여 가다	省(かえり)みる 반성하다	顧(かえり)みる 회상하다
薫(かお)る 향기가 나다	係(かか)る 관계되다	陰(かげ)る 그늘지다
囲(かこ)む 둘러싸다	嵩(かさ)む (분량이) 늘다, 불어나다	稼(かせ)ぐ 수입을 얻다
傾(かたむ)ける 기울이다	固(かた)める 굳히다	偏(かたよ)る 치우치다
語(かた)る 이야기하다	兼(か)ねる 겸하다	構(かま)える 대비하다
通(かよ)う 다니다	刈(か)る 베다	渇(かわ)く 목이 마르다
交(か)わす 교환하다	消(き)える 사라지다	刻(きざ)む 새기다
軋(きし)む 삐걱거리다	競(きそ)う 경쟁하다	清(きよ)める 맑게 하다
嫌(きら)う 싫어하다	窮(きわ)める 끝까지 가다	悔(く)いる 후회하다
区(く)切(ぎ)る 구분하다	腐(くさ)る 썩다	砕(くだ)く 부수다
下(くだ)る 내려가다	朽(く)ちる 썩다	配(くば)る 배부하다
繰(く)る (실 등을) 감다	狂(くる)う 미치다	暮(く)れる 저물다
加(くわ)える 더하다	企(くわだ)てる 꾀하다, 기도하다	肥(こ)える 살찌다
凍(こご)える 추위로 감각이 없어지다	試(こころ)みる 시도해 보다	断(ことわ)る 거절하다
好(この)む 즐기다	拒(こば)む 거부하다	ごまかす 속이다
困(こま)る 곤란하다	凝(こ)らす 엉기게 하다	懲(こ)りる 질리다
転(ころ)ぶ 구르다, 넘어지다	遮(さえぎ)る 차단하다	栄(さか)える 번영하다
遡(さかのぼ)る 거슬러 올라가다	逆(さか)らう 거스르다	咲(さ)く 피다
探(さぐ)る 찾다	叫(さけ)ぶ 외치다	捧(ささ)げる 받들다, 올리다

悟(さと)る 깨닫다	裁(さば)く 재판하다	妨(さまた)げる 방해하다
騒(さわ)ぐ 떠들다	障(さわ)る 해가 되다	虐(しいた)げる 학대하다
沈(しず)む 가라앉다	慕(した)う 연모하다	従(したが)う 따르다
凌(しの)ぐ 견디어 내다	縛(しば)る 묶다	絞(しぼ)る 짜다
締(し)まる 죄이다	染(し)みる 스며들다	示(しめ)す 가리키다
調(しら)べる 조사하다	退(しりぞ)く 후퇴하다	記(しる)す 기록하다
吸(す)う 들이마시다	据(す)える 설치하다	透(す)かす 틈새를 내다
救(すく)う 구하다	優(すぐ)れる 뛰어나다	廃(すた)れる 쓸모없게 되다
捨(す)てる 버리다	滑(すべ)る 미끄러지다	攻(せ)める 공격하다
競(せ)る 경쟁하다	沿(そ)う 따르다	添(そ)える 첨부하다
損(そこな)う 상하게 하다	唆(そそのか)す 부추기다	供(そな)える 바치다
備(そな)える 갖추다	染(そ)める 물들이다	反(そ)らす 뒤로 젖히다
反(そ)る 휘다	揃(そろ)う 갖추어지다	耕(たがや)す 경작하다
炊(た)く 밥을 짓다	蓄(たくわ)える 비축하다	携(たずさ)わる 종사하다
畳(たた)む 접다	漂(ただよ)う 떠다니다	奉(たてまつ)る 바치다
溜(た)まる 괴다	賜(たまわ)る 하사하다	頼(たよ)る 의지하다
垂(た)れる 늘어지다	戯(たわむ)れる 장난치다	誓(ちか)う 맹세하다
違(ちが)う 다르다, 틀리다	契(ちぎ)る 굳게 약속하다	費(つい)やす 소비하다
尽(つ)くす 다하다	償(つぐな)う 보상하다	繕(つくろ)う 수선하다

告(つ)げる 고하다	培(つちか)う 가꾸다	慎(つつし)む 삼가다
努(つと)める 노력하다	潰(つぶ)す 부수다	摘(つ)む 따다
紡(つむ)ぐ 실을 잣다	積(つ)もる 쌓이다	貫(つらぬ)く 꿰뚫다
釣(つ)る 낚다	連(つ)れる 데리고 가다	照(て)る (해·달이) 비치다
研(と)ぐ 갈다	遂(と)げる 이루다	嫁(とつ)ぐ 시집가다
唱(とな)える 외치다	称(とな)える 호칭하다	富(と)む 풍부하다
弔(とむら)う 애도하다	捕(と)らえる 잡다, 붙잡다	慰(なぐさ)める 위로하다
殴(なぐ)る 때리다	嘆(なげ)く 한탄하다	怠(なま)ける 게으름 피우다
悩(なや)む 괴로워하다	握(にぎ)る 쥐다	憎(にく)む 증오하다
濁(にご)る 탁해지다	担(にな)う 짊어지다	似(に)る 닮다
盗(ぬす)む 훔치다	粘(ねば)る 끈적거리다	練(ね)る 연마하다
除(のぞ)く 제거하다	臨(のぞ)む 임하다	述(の)べる 진술하다
入(はい)る 들어가다	生(は)える 자라다	映(は)える 빛나다
励(はげ)ます 격려하다	化(ば)ける 둔갑하다	運(はこ)ぶ 옮기다
弾(はず)む 튀다	外(はず)れる 빠지다, 벗겨지다	果(は)たす 다하다
放(はな)す 놓아주다	離(はな)す 떼다, 놓다	跳(は)ねる 뛰다
阻(はば)む 저지하다	嵌(はま)る 들어맞다	払(はら)う 지불하다
秀(ひい)でる 뛰어나다	控(ひか)える 삼가다, 줄이다	光(ひか)る 빛나다
率(ひき)いる 인솔하다	潜(ひそ)む 숨다	浸(ひた)す 담그다

響く(ひび) 울리다	翻る(ひるがえ) 뒤집히다	含む(ふく) 포함하다
老ける(ふ) 늙다	塞がる(ふさ) 막히다	防ぐ(ふせ) 방지하다
踏む(ふ) 밟다	触れる(ふ) 접촉하다	隔てる(へだ) 거리를 두다
経る(へ) 경과하다	減る(へ) 줄다	葬る(ほうむ) 매장하다
誇る(ほこ) 자랑하다	干す(ほ) 말리다	施す(ほどこ) 베풀다
掘る(ほ) 파다	参る(まい) 항복하다	賄う(まかな) 공급하다
紛れる(まぎ) 헷갈리다	巻く(ま) 말다, 감다	負ける(ま) 지다
勝る(まさ) 뛰어나다	交ぜる(ま) 섞다	瞬く(またた) 깜박이다
学ぶ(まな) 배우다	招く(まね) 초대하다, 초래하다	迷う(まよ) 망설이다
導く(みちび) 인도하다	貢ぐ(みつ) 바치다, 조공하다	実る(みの) 열매를 맺다
迎える(むか) 맞이하다	報いる(むく) 보답하다	蒸す(む) 찌다
群れる(む) 떼를 짓다	恵む(めぐ) 은혜를 베풀다	巡る(めぐ) 돌다, 순환하다
設ける(もう) 설치하다	もたらす 초래하다	揉める(も) 분규가 일다
催す(もよお) 개최하다	養う(やしな) 기르다	宿る(やど) 머물다
結う(ゆ) 묶다	譲る(ゆず) 양보하다	装う(よそお) 치장하다
蘇る(よみがえ) 소생하다	因る(よ) 기인하다	詫びる(わ) 사과하다

unit 08 복합동사

TRACK 5-08

明け暮れる(あけくれる) 세월을 보내다, 세월이 흐르다

意気込む(いきごむ) 분발하다

受け継ぐ(うけつぐ) 계승하다

受け止める(うけとめる) 받아들이다

打ち明ける(うちあける) 털어놓다

打ち切る(うちきる) 자르다, 중단하다

売り出す(うりだす) 팔기 시작하다

追い越す(おいこす) 추월하다

追い出す(おいだす) 몰아내다, 쫓아내다

追い抜く(おいぬく) 추월하다

押し切る(おしきる) 밀고 나가다

押し出す(おしだす) 내세우다

押し付ける(おしつける) 밀어붙이다

恐れ入る(おそれいる) 죄송해하다

思い余る(おもいあまる) 생각다 못하다, 갈팡질팡하다

言い付ける(いいつける) 명령하다

受け入れる(うけいれる) 받아들이다

受け付ける(うけつける) 접수하다

受け持つ(うけもつ) 담당하다

打ち合わせる(うちあわせる) 미리 상의하다

打ち込む(うちこむ) 두드려 박다

上回る(うわまわる) 웃돌다

追い込む(おいこむ) 몰아넣다, (곤경에) 빠뜨리다

追い付く(おいつく) 따라잡다

押し入る(おしいる) 침입하다

押し込む(おしこむ) 억지로 밀어 넣다

押し黙る(おしだまる) 침묵을 지키다

押し分ける(おしわける) 밀어 제치다

落ち着く(おちつく) 안정되다, 진정되다

思い付く(おもいつく) 생각나다

折(お)り返(かえ)す 반복하다

掻(か)き回(まわ)す 휘젓다

駆(か)け込(こ)む 뛰어들다

着(き)流(なが)す 약식 차림을 하다

食(く)い違(ちが)う 어긋나다, 엇갈리다

組(く)み込(こ)む 짜 넣다, 편입시키다

心(こころ)得(え)る 이해하다

心(こころ)付(づ)く 깨닫다

差(さ)し支(つか)える 방해가 되다

仕(し)入(い)れる 사들이다

仕(し)切(き)る 구분하다

仕(し)出(だ)す 시작하다

仕(し)向(む)ける (어떤) 태도로 대하다

座(すわ)り込(こ)む 눌러앉다

立(た)ち去(さ)る 떠나가다

立(た)ち止(ど)まる 멈추어 서다

立(た)ち寄(よ)る 다가서다

使(つか)いこなす 구사하다

書(か)き取(と)る 받아쓰다

掛(か)け合(あ)う 교섭하다

噛(か)み切(き)る 물어 끊다

切(き)り替(か)える 바꾸다, 전환하다

口(くち)ずさむ 흥얼거리다

蹴(け)飛(と)ばす 차 내다

心(こころ)掛(が)ける 유의하다

込(こ)み上(あ)げる (감정이) 치밀다, 복받치다

差(さ)し控(ひか)える 삼가다, 보류하다

仕(し)掛(か)ける 장치하다

仕(し)組(く)む 조립하다

仕(し)立(た)てる 옷을 짓다

据(す)え付(つ)ける 설치하다

備(そな)え付(つ)ける 비치하다

立(た)ちすくむ (두려워서) 선 채 꼼짝 못하다

立(た)ち直(なお)る 회복되다

立(た)て替(か)える 대금을 대신 치르다

付(つ)き合(あ)う 사귀다

突(つ)き当(あ)たる 막다르다

突(つ)っ張(ぱ)る 버티다

出(で)くわす 맞닥뜨리다

問(と)い合(あ)わせる 문의하다

取(と)り扱(あつか)う 다루다, 취급하다

取(と)り組(く)む 맞붙다

取(と)り締(し)まる 단속하다

取(と)り立(た)てる 징수하다

取(と)り除(のぞ)く 제거하다

取(と)り混(ま)ぜる 혼합하다

取(と)り寄(よ)せる 주문해서 가져오게 하다

名付(なづ)ける 이름 짓다

成(な)り済(す)ます ~인 체하다

似通(にかよ)う 서로 비슷하다

抜(ぬ)け出(だ)す 빠져나가다

乗(の)り越(こ)える 극복하다

話(はな)し合(あ)う 서로 이야기하다

払(はら)い込(こ)む 불입하다

付(つ)け込(こ)む 허점을 이용하다

手(て)がける 직접 하다

照(て)り返(かえ)す 반사하다

飛(と)び込(こ)む 뛰어들다

取(と)り替(か)える 바꾸다

取(と)り消(け)す 취소하다

取(と)り調(しら)べる 조사하다

取(と)り付(つ)ける 장치하다

取(と)り巻(ま)く 둘러싸다, 에워싸다

取(と)り戻(もど)す 회복하다

投(な)げ出(だ)す 내던지다

成(な)り上(あ)がる 갑자기 출세하다

成(な)り行(ゆ)く 점차 되어가다

逃(に)げ出(だ)す 도망치다

飲(の)み込(こ)む 삼키다

乗(の)り出(だ)す 적극적으로 나서다

はみ出(だ)す 불거져 나오다, 초과하다

張(は)り合(あ)う 겨루다

引(ひ)き上(あ)げる 끌어올리다, 인양하다

引(ひ)き下(さ)げる 낮추다

引(ひ)き取(と)る 물러나다

引(ひ)っ越(こ)す 이사하다

踏(ふ)み込(こ)む 발을 내딛다

振(ふ)り出(だ)す 발행하다

放(ほう)り込(こ)む 집어넣다

待(ま)ち兼(か)ねる 학수고대하다

見(み)合(あ)う 균형이 맞다

見(み)込(こ)む 예상하다

見(み)通(とお)す 조망하다

見(み)習(なら)う 보고 익히다

見(み)逃(のが)す 간과하다

見(み)舞(ま)う 문병하다

結(むす)び付(つ)く 맺어지다

目(め)覚(ざ)める 깨어나다

申(もう)し入(い)れる 신청하다

引(ひ)き起(お)こす 일으키다

引(ひ)き付(つ)ける 마음을 끌다

引(ひ)っ掻(か)く 할퀴다

踏(ふ)み切(き)る 결단을 내리다

振(ふ)り替(か)える 대체하다

振(ふ)り撒(ま)く 흩뿌리다

放(ほう)り出(だ)す 내던지다

待(ま)ち望(のぞ)む 대망하다, 기다리고 기다리다

見(み)落(お)とす 간과하다

見(み)せびらかす 과시하다

見(み)直(なお)す 다시 보다

見(み)慣(な)れる 낯익다

見(み)計(はか)らう 가늠하다

見(み)渡(わた)す 조망하다

結(むす)び付(つ)ける 묶다

目(め)立(だ)つ 눈에 띄다

申(もう)し込(こ)む 신청하다, 제기하다

申(もう)し出(で)る 자청하다, 신청하다

盛(も)り上(あ)がる 고조되다

やり遂(と)げる 끝까지 해내다

呼(よ)び出(だ)す 불러내다

読(よ)み上(あ)げる 낭독하다

割(わ)り込(こ)む 끼어들다

持(も)ち直(なお)す 회복하다

役(やく)立(だ)つ 도움이 되다

指(ゆび)差(さ)す 가리키다

呼(よ)び止(と)める 불러 세우다

寄(よ)り掛(か)かる 기대다

unit 09 동음이의어

TRACK 5-09

발음	단어	뜻
あんしょう	暗唱	암송
	暗証	암호
	暗礁	암초
いがい	以外	이외
	意外	의외
いぎ	異議	이의
	意義	의의
いこう	以降	이후
	意向	의향
いじょう	以上	이상
	異常	정상이 아님
	異状	평소와 다른 상태
えいせい	衛生	위생
	衛星	위성
	永世	영세

발음	단어	뜻
かいせい	回生	회생
	改正	개정
	快晴	쾌청
	改姓	성을 바꿈
かいほう	解放	해방
	介抱	간호
	会報	회보
	快報	좋은 소식
	開放	개방
	快方	차도
かがく	科学	과학
	化学	화학
かくしん	革新	혁신
	確信	확신
	核心	핵심

발음	단어	뜻
かんき	喚起	환기
	換気	환기
	歓喜	환희
	寒気	한기
かんしん	感心	감탄
	関心	관심
	寒心	한심
	歓心	환심
かんせい	完成	완성
	慣性	관성
	歓声	환성
	感性	감성
かんせん	感染	감염
	幹線	간선
	観戦	관전
	官選	관선 (정부에서 뽑음)

발음	단어	뜻
きかい	機械	기계
	機会	기회
	奇怪	기괴
	器械	기계, 기구
きしょう	気象	기상
	起床	기상
	気性	기질
	希少	희소
	記章	기장, 휘장
きてん	起点	기점
	機転	재치, 기지
きゅうよう	急用	급한 용무
	休養	휴양
きょうそう	競争	경쟁
	競走	경주
	狂騒	미쳐 날뜀

PART 5

발음	단어	뜻
きょうちょう	凶兆	흉조
	強調	강조
	協調	협조
きょうど	強度	강도
	郷土	향토
きょうりょく	協力	협력
	強力	강력
きりつ	起立	기립
	規律	규율
けいき	景気	경기
	契機	계기
	計器	계기, 계량기
	刑期	형기
けんとう	検討	검토
	見当	짐작(예상)
	健闘	건투

발음	단어	뜻
こうえん	口演	구연
	公園	공원
	公演	공연
	講演	강연
	好演	호연
	後援	후원
こうしん	更新	갱신
	交信	교신
	行進	행진
	後進	후진
こうどう	行動	행동
	坑道	갱도
	講堂	강당
	公道	정도, 바른 길
こうひょう	好評	호평
	公表	공표

발음	단어	뜻
さいかい	再会	재회
	再開	재개
	最下位	최하위
さいご	最後	최후
	最期	임종
さいしん	再審	재심
	最新	최신
	細心	세심
しかく	四角	사각
	資格	자격
	視覚	시각
じこ	事故	사고
	自己	자기
じしん	自身	자신
	自信	자신
	地震	지진

발음	단어	뜻
じたい	事態	사태
	辞退	사퇴
	自体	자체
	字体	글자체
しゅうしゅう	収拾	수습
	収集	수집
	修習	배워 익힘
しょうかい	紹介	소개
	照会	조회
しょうがい	障害	장애
	生涯	생애
	傷害	상해
	渉外	섭외
しょうにん	承認	승인
	証人	증인
	商人	상인

발음	단어	뜻
しょうめい	証明	증명
	照明	조명
じんこう	人口	인구
	人工	인공
せいか	成果	성과
	正価	정가
	盛夏	한여름
	正課	정규 과목
	生家	생가
	製菓	제과
	製靴	제화
せいかく	性格	성격
	正確	정확
せいき	世紀	세기
	正規	정규
	生気	생기(활기)

발음	단어	뜻
せいきゅう	請求	청구
	性急	성급
せいこう	生硬	생경
	成功	성공
	精巧	정교함
	性向	성향
せいそう	清掃	청소
	政争	정쟁
	正装	정장
	盛装	화려한 차림
せいねん	青年	청년
	成年	성년
	生年	생년(태어난 해)
せいふく	制服	제복
	征服	정복
	正服	정식 복장

발음	단어	뜻
せいめい	清明	청명
	声明	성명
	生命	생명
	姓名	성명
せじ	世辞	아첨
	世事	세상 일
せっしゅ	摂取	섭취
	接種	접종
	節酒	절주
せっしょう	折衝	절충
	殺生	살생
	摂政	섭정
せんこう	選考	선고
	先行	선행
	専攻	전공
	潜行	잠행

발음	단어	뜻
ぜんしん	前進	전진
	全身	전신
	前身	이전의 형태
	漸進	점진
せんたく	選択	선택
	洗濯	세탁
そうぞう	想像	상상
	創造	창조
ちゅうしゃ	注射	주사
	駐車	주차
ちゅうしょう	抽象	추상
	中傷	중상
	中小	중소
ついきゅう	追求	추구
	追究	추궁
	追給	추급

발음	단어	뜻
ていしょく	定食	정식
	定職	일정한 직업
	抵触	저촉
	停職	정직
てんか	天下	천하
	点火	점화
	添加	첨가
	転嫁	전가
	転科	전과
てんかい	展開	전개
	転回	회전
てんこう	天候	날씨
	転向	전향
	転校	전학
でんとう	伝統	전통
	電灯	전등

발음	단어	뜻
とうき	登記	등기
	投棄	투기, 내버림
	投機	투기
	冬季	동계
とうこう	登校	등교
	投稿	투고
	投降	투항
どうこう	同行	동행
	動向	동향
	同好	동호
どうせい	同姓	동성
	同性	동성
	動静	동정, 소식
とうぶん	当分	당분간
	等分	등분
	糖分	당분

발음	단어	뜻
とくちょう	特徴	특징
	特長	특장, 특색
なんきょく	南極	남극
	難局	난국
ねんしょう	年少	연소 (나이가 어림)
	燃焼	연소
はんこう	犯行	범행
	反抗	반항
ひしょ	秘書	비서
	避暑	피서
ひなん	非難	비난
	避難	피난
ふしょう	負傷	부상
	不詳	미상
	不祥	상서롭지 못함
	不肖	불초

발음	단어	뜻
ふしん	不振	부진
	不審	수상함
	不信	불신
	腐心	부심(애씀)
ぶんか	文化	문화
	分化	분화
	文科	문과
	分科	분과
へいこう	並行	병행
	平行	평행
	閉口	질림
	平衡	평형, 균형
ほうき	法規	법규
	放棄	포기
ぼうちょう	膨張	팽창
	傍聴	방청

PART 5

발음	단어	뜻
ほしょう	保証	보증
	保障	보장
	補償	보상
ゆうかん	夕刊	석간
	勇敢	용감
	憂患	우환
ゆうこう	有効	유효
	友好	우호
ようい	用意	준비
	容易	용이함, 손쉬움
ようし	要旨	요지
	容姿	용모와 자태
	用紙	용지
	養子	양자

발음	단어	뜻
よち	余地	여지
	予知	예지
りょうかい	了解	양해
	領海	영해
りょうしん	両親	부모
	良心	양심
るいけい	累計	누계
	類型	유형
れいがい	例外	예외
	冷害	냉해
ろうか	老化	노화
	廊下	복도
ろうすい	老衰	노쇠
	漏水	누수

unit **10** 다의어

TRACK 5-10

あける

(날이) 밝다, 새해가 되다	夜(よ)が明(あ)ける。날이 새다.
열다	窓(まど)を開(あ)ける。창문을 열다.
비우다	家(いえ)を空(あ)ける。집을 비우다.

あげる

올리다	いすを机(つくえ)の上(うえ)に上(あ)げる。의자를 책상 위에 올리다.
(손을) 들다	手(て)を挙(あ)げる。손을 들다.
튀기다	えびを揚(あ)げる。새우를 튀기다.

あし

발, 다리	都会(とかい)の子供(こども)は足(あし)が弱(よわ)い。도시 어린이는 다리가 약하다.
교통기관, 탈것	ストで足(あし)を奪(うば)われる。동맹 파업으로 교통이 두절되다.
(비・바람・구름) 움직여 가는 상태	雲(くも)の脚(あし)。구름의 움직임.
물건의 아래에 붙어 받치는 부분	机(つくえ)の脚(あし)。책상 다리.

あたる

해당하다	この言葉(ことば)に当(あ)たる英語(えいご)。이 말에 해당하는 영어.
비・바람・빛의 작용을 받다	一日中太陽(いちにちじゅうたいよう)の当(あ)たらない部屋(へや)。하루 종일 햇빛이 들지 않는 방.
성공하다	今度(こんど)の芝居(しばい)は当(あ)たった。이번 연극은 성공했다.
탈나다, 체하다	暑気(しょき)に当(あ)たる。여름 더위에 탈나다.
조사하다, 찾아보다	辞書(じしょ)に当(あ)たる。사전을 찾아보다.
맞다, 명중하다	矢(や)が的(まと)に中(あた)る。화살이 과녁에 명중하다.
당첨되다, 들어맞다	宝(たから)くじで一等(いっとう)に中(あた)った。복권에 일등으로 당첨되었다.

あつい

덥다	今年(ことし)の夏(なつ)は特(とく)に暑(あつ)い。올해 여름은 특히 덥다.
뜨겁다	お茶(ちゃ)は熱(あつ)いのがいい。차는 뜨거운 것이 좋다.
두껍다, 두텁다	厚(あつ)い本(ほん)。두꺼운 책.
위독하다	病(やまい)が篤(あつ)い。병이 위독하다.

あてる

대다	壁(かべ)に耳(みみ)を当(あ)てる。벽에 귀를 대다.
(빛・열 등을) 쬐다, 쐬다	布団(ふとん)は日(ひ)に当(あ)てて乾(かわ)かしてください。 이불은 볕을 쬐서 말려 주세요.
지목하다	先生(せんせい)は前(まえ)の人(ひと)から順(じゅん)に当(あ)てて答(こた)えさせた。 선생님은 앞사람부터 차례대로 지목해서 대답하게 했다.
맞히다, 명중시키다	矢(や)を的(まと)に中(あ)てる。화살을 과녁에 맞히다.

충당하다	退職金を住宅ローンに充てる。 퇴직금을 주택 대부금에 충당하다.
(편지나 짐을) ~앞으로 보내다	姉に宛てた手紙。언니에게 보낸 편지.

あやまる

사과하다, 용서를 빌다	おれが悪かった。謝る。내가 나빴어. 사과할게.
실수하다, 그르치다	選択を誤る。선택을 그르치다.

あらわす

나타내다	姿を現す。모습을 나타내다.
표현하다	言葉で表す。말로 표현하다.
저술하다	書物を著す。책을 저술하다.

いたむ

아프다	足が痛む。다리가 아프다.
슬퍼하다, 애도하다	亡くなった友人を悼む。죽은 친구를 애도하다.
(음식이) 썩다	傷んだ魚のにおいがする。썩은 생선 냄새가 난다.
(기물이) 손상되다	家が傷む。집이 손상되다.

いる

필요하다	金が要る。돈이 필요하다.
들다	気に入る。마음에 들다.
있다, 존재하다	彼は家に居る。그는 집에 있다.

うける

떠맡다	工事を請ける。공사를 도급하다.
받다	ボールを手で受ける。공을 손으로 받다.
(어떤 행위에) 응하다	相談を受ける。상담을 받다.
호평을 받다	この製品は若者に受けている。 이 제품은 젊은이에게 호평을 받고 있다.

うち

집	明日は家にいます。내일은 집에 있습니다.
안	部屋の内にこもる。방 안에 틀어박히다.
내가 소속한 집단	うちの会社。우리 회사.
동안	日本にいるうちに、一度東京を訪ねたい。 일본에 있는 동안에 한번 도쿄를 방문하고 싶다.

うつ

치다	太鼓を打つ。북을 치다.
마음에 충격이나 감동을 주다	心を打つ話。마음을 울리는 이야기.

(두드리거나 눌러서) 박다, 찌르다	杭(くい)を打(う)つ。말뚝을 박다.
토벌하다	相手(あいて)を討(う)つ。상대를 토벌하다.
쏘다	銃(じゅう)を撃(う)つ。총을 쏘다.

うつす

베끼다, 복사하다	ノートを写(うつ)す。노트를 베끼다.
비추다	水面(すいめん)に映(うつ)した影(かげ)。수면에 비친 그림자.
옮기다	机(つくえ)を書斎(しょさい)に移(うつ)す。책상을 서재로 옮기다.

うまい

맛있다	おふくろの料理(りょうり)はうまい。어머니의 요리는 맛있다.
훌륭하다, 솜씨가 좋다	彼(かれ)は野球(やきゅう)がうまい。그는 야구를 잘한다.
형편이 좋다, 순조롭다	仕事(しごと)がうまく進(すす)む。일이 순조롭게 진행되다.

おかす

범하다, 어기다	罪(つみ)を犯(おか)す。죄를 범하다.
침범하다, 침해하다	他国(たこく)の領土(りょうど)を侵(おか)す。타국의 영토를 침범하다.
무릅쓰다	危険(きけん)を冒(おか)す。위험을 무릅쓰다.

おこる

일어나다, 발생하다	事件(じけん)が起(おこ)る。사건이 일어나다.
화내다	顔(かお)を真(ま)っ赤(か)にして怒(おこ)る。얼굴이 새빨개져서 화내다.
(세력이) 일어나다, 번성하다	スイスは時計(とけい)産業(さんぎょう)が興(おこ)った国(くに)です。 스위스는 시계 산업이 번성한 나라입니다.

おさめる

넣다	リストに収(おさ)める。리스트에 넣다.
납부하다	税金(ぜいきん)を納(おさ)める。세금을 납부하다.
다스리다	国(くに)を治(おさ)める。나라를 다스리다.
(학문 등을) 익히다	学問(がくもん)を修(おさ)める。학문을 익히다.

かえる

돌아가다, 돌아오다	5時(じ)には帰(かえ)ってくる。다섯 시에는 돌아온다.
(원상태로) 돌아가다, 되돌아오다	財布(さいふ)が落(お)とし主(ぬし)に返(かえ)る。지갑이 잃어버린 주인에게 돌아가다.
바꾸다, 변경하다	髪型(かみがた)を変(か)える。머리 모양을 바꾸다.
~을 바치다	命(いのち)に替(か)えても守(まも)ります。목숨을 바쳐서라도 지키겠습니다.
(새것으로) 바꾸다, 교환하다	水槽(すいそう)の水(みず)を替(か)える。수조의 물을 바꾸다.
(서로) 바꾸다, 교체하다	宝石(ほうせき)を金(かね)に換(か)える。보석을 돈으로 바꾸다.
대신하다	書面(しょめん)であいさつに代(か)えた。서면으로 인사를 대신했다.

かお

얼굴	顔(かお)を洗(あら)う。얼굴을 씻다.
표정	浮(う)かぬ顔(かお)をする。시무룩한 표정을 하다.
체면	顔(かお)が潰(つぶ)れる。체면이 깎이다.
안면, 알려진 얼굴	顔(かお)で便宜(べんぎ)をはかってくれる。알려진 얼굴로 편의를 도모해 주다.

かける

덮다, 몸에 걸치다	エプロンをかける。앞치마를 걸치다.
(폐, 영향을) 끼치다	人(ひと)に迷惑(めいわく)をかける。남에게 폐를 끼치다.
걸터앉다	いすにかける。의자에 걸터앉다.
(돈·시간·수고 등을) 들이다	一週間(いっしゅうかん)もかけて完成(かんせい)する。일주일이나 들여서 완성하다.
(작용 등을) 가하다	攻撃(こうげき)をかける。공격을 가하다.
(말을) 붙이다, 건네다	声(こえ)をかける。말을 걸다.

きく

듣다	音楽(おんがく)を聞(き)く。음악을 듣다.
효과가 있다	薬(くすり)がよく効(き)く。약이 잘 듣다.
기능이 발휘되다	この自転車(じてんしゃ)はブレーキが利(き)かない。 이 자전거는 브레이크가 듣지 않는다 .

きつい

(자극의 정도가) 강하다, 심하다	きつい日差し。강한 햇살.
(고통 등이) 심하다	きつい仕事。힘든 일.
꽉 끼다, 빡빡하다	靴がきつい。구두가 꽉 끼다.
(기질·성격이) 강하다	きつい性格。강한 성격.

くち

입	口を大きく開ける。입을 크게 벌리다.
입구	出入口はこちらです。출입구는 이쪽입니다.
말	口を慎みなさい。말을 삼가세요.
미각, 입맛	口に合う。입맛에 맞다.
소문, 풍설	世間の口を気にする。세상의 소문을 걱정하다.
자리	就職口。취직 자리.
식구	口を減らす。식구를 줄이다.

くらい

어둡다	日が暮れて暗くなる。날이 저물어 어두워지다.
희망이 없다	見通しは暗い。전망은 어둡다.
(마음·표정이) 우울하다	気持ちが暗くなる。기분이 우울해지다.
(물정을) 모르다	法律に暗い。법률에 어둡다.

さす

가리키다	ほしい品物(しなもの)を指(ゆび)で指(さ)す。원하는 물건을 손가락으로 가리키다.
쏘다, 물다	蚊(か)に刺(さ)された。모기에게 물렸다.
비치다	窓(まど)から日(ひ)が差(さ)す。창에서 햇빛이 비치다.
꽂다	髪(かみ)に花(はな)を挿(さ)す。머리에 꽃을 꽂다.

さめる

식다	お風呂(ふろ)が冷(さ)めないうちに入(はい)りなさい。 목욕물이 식기 전에 들어가세요.
잠이 깨다	夢(ゆめ)から覚(さ)める。꿈에서 깨다.

しめる

차지하다	窓側(まどがわ)の座席(ざせき)を占(し)める。창측 좌석을 차지하다.
조르다	首(くび)を絞(し)める。목을 조르다.
닫다	窓(まど)を閉(し)める。창문을 닫다.
(끈 등으로) 매다, 졸라매다	運動靴(うんどうぐつ)のひもを締(し)める。운동화 끈을 마다.
눅눅해지다	布団(ふとん)が湿(しめ)る。이불이 눅눅해지다.

すすめる

전진시키다, 진행시키다	縁談(えんだん)を進(すす)める。혼담을 진행시키다.
추천하다	候補者(こうほしゃ)として薦(すす)める。후보자로서 추천하다.
권하다	参加(さんか)を勧(すす)める。참가를 권하다.

すむ

살다	田舎(いなか)に住(す)む。시골에 살다.
끝나다, 해결되다	電話(でんわ)で話(はなし)が済(す)む。전화로 이야기가 끝나다.
맑다, 맑아지다	川(かわ)の水(みず)が澄(す)む。강물이 맑다.

する

문지르다	マッチを擦(す)る。성냥을 긋다.
다 써버리다	競馬(けいば)で擦(す)る。경마로 탕진하다.
갈다	墨(すみ)を磨(す)る。먹을 갈다.
으깨다, 짓이기다	ごまを擂(す)る。참깨를 으깨다.
인쇄하다	新聞(しんぶん)を刷(す)る。신문을 인쇄하다.
소매치기하다	財布(さいふ)をすられた。지갑을 소매치기 당했다.

そう

따르다	線路(せんろ)に沿(そ)って歩(ある)く。선로를 따라서 걷다.
(기대와 목적에) 부합되다	ご期待(きたい)には添(そ)えません。기대에는 부응할 수 없습니다.

たえる

견디다, 참다	苦痛(くつう)に耐(た)える。고통을 참다.
~할 만하다	批評(ひひょう)に堪(た)える論文(ろんぶん)。비평할 만한 논문.
끊어지다	人通(ひとどお)りが絶(た)える。사람의 왕래가 끊어지다.

たつ

서다	机のそばに立つ。책상 옆에 서다.
세워지다, 축조되다	家が建つ。집이 세워지다.
경과하다	時間が経つ。시간이 경과하다.
마름질하다	浴衣を裁つ。유카타를 마름질하다.
끊다, 차단하다	石油の供給を絶つ。석유의 공급을 차단하다.
끊다, 절단하다	鎖を断つ。쇠사슬을 끊다.

つく

붙다	リボンの付いたスカート。리본이 붙은 치마.
묻다	靴にどろが付く。구두에 진흙이 묻다.
켜지다	テレビが付いている。텔레비전이 켜져 있다.
도착하다, 닿다	東京に着く。도쿄에 도착하다.
취업하다	教職に就く。교직에 취업하다.
찌르다	針で指を突く。바늘로 손가락을 찌르다.
숨을 쉬다, 호흡하다	ため息を吐く。한숨을 쉬다.

つぐ

잇따르다	地震(じしん)に次(つ)いで津波(つなみ)が起(お)きる。 지진에 잇따라 해일이 일어나다.
붓다, 따르다, 쏟다	お茶(ちゃ)を注(つ)ぐ。 차를 따르다.
잇다, 계승하다	家業(かぎょう)を継(つ)ぐ。 가업을 잇다.
이어서 합치다	骨(ほね)を接(つ)ぐ。 뼈를 잇다.

つとめる

노력하다, 힘쓰다	夫(おっと)のために随分(ずいぶん)努(つと)めてきました。 남편을 위해서 꽤 노력해 왔습니다.
근무하다	銀行(ぎんこう)に勤(つと)める。 은행에서 근무하다.
소임을 맡다, 역할을 하다	案内役(あんないやく)を務(つと)める。 안내역을 맡다.

とく

풀다, 끄르다	帯(おび)を解(と)く。 띠를 풀다.
(액체에) 풀다, 용해시키다	小麦粉(こむぎこ)を水(みず)に溶(と)く。 밀가루를 물에 풀다.
설득하다, 설명하다	世間(せけん)の道理(どうり)を説(と)く。 세상의 도리를 설명하다.

とる

집다, 들다	本(ほん)を取(と)る。 책을 집다.
찍다	写真(しゃしん)を撮(と)る。 사진을 찍다.
채용하다	新卒(しんそつ)を採(と)る。 금년 졸업생을 채용하다.
(사무 등을) 보다	事務(じむ)を執(と)る。 사무를 보다.

잡다	すずめを捕(と)る。참새를 잡다.

ない

없다	地獄(じごく)は本当(ほんとう)にあるか無(な)いか。지옥은 정말로 있을까 없을까?
(죽고) 세상에 없다	今(いま)は亡(な)い人(ひと)。지금은 없는 사람.
~하지 않다	体(からだ)が動(うご)かない。몸이 움직이지 않다.

なおす

고치다, 수리하다	故障(こしょう)したテレビを直(なお)す。고장 난 텔레비전을 고치다.
변환하다, 번역하다	韓国語(かんこくご)を日本語(にほんご)に直(なお)す。한국어를 일본어로 번역하다.
치료하다	風邪(かぜ)を治(なお)す。감기를 치료하다.

ならう

배우다, 익히다	運転(うんてん)を習(なら)う。운전을 배우다.
따르다, 모방하다	前例(ぜんれい)に倣(なら)う。전례에 따르다.

のぼる

서울로 가다	都(みやこ)に上(のぼ)る。도시로 상경하다.
오르다, 올라가다	柿(かき)の木(き)に登(のぼ)って柿(かき)を取(と)る。감나무에 올라 감을 따다.
(해·달이) 뜨다	日(ひ)が昇(のぼ)る。해가 뜨다.

のる

(물건·탈것에) 올라타다	馬(うま)に乗(の)る。말에 타다.
속다, 말려들다	口車(くちぐるま)に乗(の)る。감언이설에 속다.
응하다	相談(そうだん)に乗(の)る。상담에 응하다.
기회를 타다, 여세를 몰다	好調(こうちょう)の波(なみ)に乗(の)る。호조의 물결을 타다.

はかる

(시간·수량을) 재다	時間(じかん)を計(はか)る。시간을 재다.
(길이·면적을) 재다	距離(きょり)を測(はか)る。거리를 재다.
(무게·용적을) 재다, 달다	体重(たいじゅう)を量(はか)る。체중을 재다.
도모하다	便宜(べんぎ)を図(はか)る。편의를 도모하다.
자문하다, 상의하다	審議会(しんぎかい)に諮(はか)る。심의회에 자문하다.
꾀하다	暗殺(あんさつ)を謀(はか)る。암살을 꾀하다.

はく

쓸다	庭(にわ)を掃(は)く。정원을 쓸다.
토하다	酔(よ)って吐(は)く。취해서 토하다.
(신을) 신다	靴(くつ)を履(は)く。구두를 신다.

はやい

(시기 · 시각) 빠르다, 이르다	早(はや)く起(お)きる。빨리 일어나다.
(동작 · 과정) 빠르다	速(はや)い汽車(きしゃ)。빠른 기차.

ひく

당기다, 끌다	綱(つな)を引(ひ)く。밧줄을 당기다.
(마음 · 이목을) 끌다	人(ひと)の心(こころ)を引(ひ)く。남의 마음을 끌다.
감기에 걸리다	風邪(かぜ)を引(ひ)く。감기에 걸리다.
인용하다	例(れい)を引(ひ)く。예를 인용하다.
(선을) 긋다	線(せん)を引(ひ)く。선을 긋다.
(열 등이) 내리다	熱(ねつ)が引(ひ)く。열이 내리다.
연주하다	ピアノを弾(ひ)く。피아노를 연주하다.
(차 등으로) 치다	車(くるま)に轢(ひ)かれる。차에 치이다.

ふける

나이를 먹다, 늙다	年(とし)のわりに老(ふ)けて見(み)える。나이에 비해 늙어 보이다.
(밤 · 계절 등이) 깊어지다	夜(よ)が更(ふ)ける。밤이 깊어지다.
(어떤 일에) 빠지다	思索(しさく)に耽(ふけ)る。사색에 빠지다.
뜸들다, 푹 쪄지다	じゃがいもがよく蒸(ふ)けた。감자가 잘 쪄졌다.

みち

길	道を歩く。길을 걷다.
일의 분야, 방면	医学の道を究める。의학의 길을 연구하다.
도리	人の道に背く。사람의 도리를 배반하다.
방법·수단	解決の道を見いだす。해결의 수단을 찾아내다.
목적한 곳에 이르는 경로	勝利への道は遠い。승리로 가는 길은 멀다.

みる

보다	映画を見る。영화를 보다.
진찰하다	患者を診る。환자를 진찰하다.
관람하다, 구경하다	京都には観る所がたくさんある。교토에는 구경할 곳이 많이 있다.

もつ

(손에) 들다	荷物を両手に持つ。짐을 양손에 들다.
(몸에) 지니다, 휴대하다	あいにく小銭を持っていない。공교롭게도 잔돈을 지니고 있지 않다.
소유하다	自分の家を持ちたい。자신의 집을 가지고 싶다.
(어떤 권리, 자격 등을) 갖추다	選挙権を持つ。선거권을 가지다.
(기분, 감정 등을) 마음에 품다	自信を持つ。자신감을 가지다.
부담하다	送料はむこうが持つ。운송료는 상대편이 부담하다.
담당하다	一年生を持つ。1학년을 담당하다.

やさしい

상냥하다	気(き)立(だ)ての優(やさ)しい女(おんな)の子(こ)。마음씨가 상냥한 여자아이.
(용모가) 우아하다	優(やさ)しい姿(すがた)の女性(じょせい)。우아한 모습의 여성.
쉽다	易(やさ)しい問題(もんだい)。쉬운 문제.

やぶれる

찢어지다	破(やぶ)れたシャツ。찢어진 셔츠.
패하다, 지다	決勝戦(けっしょうせん)で敗(やぶ)れる。결승전에서 패하다.

わずらう

앓다, 병이 나다	長(なが)く患(わずら)う。오랫동안 병을 앓다.
번민하다, 괴로워하다	彼(かれ)は愛(あい)のために煩(わずら)う。그는 사랑 때문에 번민하다.

PART 5

PART 5 연습문제

下の＿＿＿＿線の言葉の正しい表現、または同じ意味のはたらきをしている言葉をAからDの中で一つ選びなさい。

1 あねはアメリカに住んでいます。

A 妹　　B 姪
C 兄　　D 姉

2 秩序を守って順に乗ってください。

A しつじょ　　B ちつじょ
C じづしょ　　D ちつじょう

3 はげしい雨が降って橋が流れた。

A 激しい　　B 悔しい
C 厳しい　　D 怪しい

4 胃に空気がたまって呼吸(こきゅう)が苦しいです。

A くるしい　　B にがしい
C こうしい　　D ぐるしい

5 彼女の几帳面な性格がうらやましい。

A ぎちょめん　　B ぎちょうめん
C きちょめん　　D きちょうめん

6 微かに人声が聞こえます。

A おそか　　B ひそか
C はるか　　D かすか

7 公園ではきちんと髪をゆった女性と子供が遊んでいる。

A 養った　　B 結った
C 繰った　　D 絞った

8 水晶体(すいしょうたい)が濁る病気が白内障(はくないしょう)です。

A よごる　　B こごる
C にごる　　D おごる

9 子供の時まいごになったことがありますか。

A 米子　B 宋子

C 迷子　D 平子

10 石で瓶(びん)をくだくのは危ないです。

A 砕く　B 貫く

C 裁く　D 退く

11 今回の試合にも負けて、忌々しくてたまらない。

A いまいましくて　B ういういしくて

C わかわかしくて　D はなばなしくて

12 本物(ほんもの)と偽物(にせもの)を区別するため、印をつけた。

A あかし　B しるし

C まと　D や

13 ほんとうにかんむりょうで思わず涙(なみだ)が出そうになりました。

A 感無量　B 憾不量

C 減無量　D 惑不量

14 待ち兼ねてこちらから先に電話をした。

A もちかねて　B もちがねて

C まちかねて　D まちがねて

15 私はアルバイトをして、そのお金を学費にあてた。

A 矢を的にあてるのは易しいことではない。

B カーペットは日にあてて乾燥させましょう。

C 前の人から順にあてて答えさせた。

D 退職金の大半を住宅ローンの返済にあてる。

16 前のペンをとってください。

A 時々写真をとりに公園に行きます。

B 子供の頃は兄と赤とんぼをとったものた。

C 今年は新入社員を一人もとられません。

D 手にとって見るのはだめです。

17 今日のようにあつい日にはビールに限りますね。

A コーヒーがあつすぎて飲めません。

B この雑誌はあついから、とても重いです。

C 聖職者(せいしょくしゃ)にとって最も大切な資質(ししつ)は、あつい信仰心(しんこうしん)だろう。

D 夜もあつかったから、よく眠れなかった。

18 先生は黒板(こくばん)をさしながら説明をしました。

A ばらを花瓶にさしています。

B 蜂(はち)に指をさされて痛いです。

C 時計の針が6時をさしています。

D 窓から朝日がさしています。

19 リボンがついた帽子もある。

A 電気がついている所が私の部屋です。

B 東京についたらすぐ電話してください。

C 折れた指の骨がついた。

D 息をつく暇もありません。

20 急にお腹がいたんで立つことさえできなかった。

A 台風にも屋根(やね)はいたまなかった。

B 夏は食べ物がいたみやすいから、早く食べることだ。

C 事故で子供を失(うしな)った親のことを考えると、胸がいたむ。

D 虫歯(むしば)がずきずきいたむ。

PART6

오문정정

문장에서 문법적 오류나 의미상 틀린 부분을 찾는 문제로 총 20문제가 출제된다. 복합적인 문법 지식을 요구하기 때문에 수험자가 가장 어렵게 느끼는 분야이기도 하다.
우선 문장을 한번에 쭉 읽으면서 전체적인 의미를 생각하고, 그 과정에서 의미가 이상하다고 판단되는 것을 체크한다. 만약 의미에 이상한 점이 없다면 본격적으로 잘못 사용된 조사의 쓰임이나 자·타동사, 시제, 조동사, 접속, 수동태, 존경 표현 등 문법적 지식을 총동원하여 오류를 체크해야 한다.
평소 공부를 할 때 기초 문법을 게을리하지 말고, 틀린 부분은 왜 틀렸는지, 어떻게 바꿔야 정확한 표현이 되는지 확인하는 것이 중요하다.

Ⅵ. 下の＿＿＿＿線の(A)、(B)、(C)、(D)の言葉の中で正しくない言葉を一つ選びなさい。

例 今朝<u>乗る</u>バスはソウル<u>から</u>インチョン<u>まで</u>直通で行ってとても<u>便利だった</u>。
(A) (B) (C) (D)

答 (A) → 乗った

unit 01 자·타동사

TRACK 6-01

자동사(-reru型)	타동사(-su型)
崩(くず)れる 무너지다	崩(くず)す 무너뜨리다
こぼれる 넘쳐 흐르다, 흘러내리다	こぼす 흘리다, 엎지르다
潰(つぶ)れる 부서지다	潰(つぶ)す 부수다
流(なが)れる 흐르다	流(なが)す 흘리다
乱(みだ)れる 흐트러지다	乱(みだ)す 흩뜨리다
汚(よご)れる 더러워지다	汚(よご)す 더럽히다

자동사(-u型)	타동사(-asu型)
動(うご)く 움직이다	動(うご)かす 옮기다
乾(かわ)く 마르다	乾(かわ)かす 말리다
飛(と)ぶ 날다	飛(と)ばす 날리다
泣(な)く 울다	泣(な)かす 울리다
膨(ふく)らむ 부풀다	膨(ふく)らます 부풀리다
沸(わ)く 끓다	沸(わ)かす 끓이다

자동사(-aru型)	타동사(-eru型)
上(あ)がる 올라가다	上(あ)げる 올리다
暖(あたた)まる 따뜻해지다	暖(あたた)める 따뜻하게 하다
当(あ)たる 부딪히다	当(あ)てる 부딪다
当(あ)てはまる 들어맞다	当(あ)てはめる 들어맞추다
改(あらた)まる 고쳐지다	改(あらた)める 고치다
薄(うす)まる 엷어지다, 묽어지다	薄(うす)める 엷게 하다, 묽게 하다
埋(う)まる 묻히다	埋(う)める 묻다
植(う)わる 심어지다	植(う)える 심다
終(お)わる 끝나다	終(お)える 끝내다
かかる (돈・수고・시간) 들다, 걸리다	かける (돈・수고・시간) 들이다, 걸다
重(かさ)なる 포개어지다,거듭되다	重(かさ)ねる 포개다, 거듭하다
変(か)わる 바뀌다, 변하다	変(か)える 바꾸다, 변화시키다
決(き)まる 결정되다	決(き)める 결정하다
下(さ)がる 내려가다	下(さ)げる 내리다
定(さだ)まる 정해지다	定(さだ)める 정하다
静(しず)まる 조용해지다, 가라앉다	静(しず)める 조용하게 하다, 가라앉히다
高(たか)まる 높아지다	高(たか)める 높이다
助(たす)かる 살아나다	助(たす)ける 살리다

捕(つか)まる 잡히다	捕(つか)まえる 잡다
伝(つた)わる 전해지다	伝(つた)える 전하다
つながる 이어지다	つなげる(=つなぐ) 잇다
詰(つ)まる 가득 차다	詰(つ)める 채우다
遠(とお)ざかる 멀어지다	遠(とお)ざける 멀리하다
始(はじ)まる 시작되다	始(はじ)める 시작하다
早(はや)まる 앞당겨지다	早(はや)める 앞당기다
広(ひろ)がる 넓어지다	広(ひろ)げる 넓히다
広(ひろ)まる 넓어지다	広(ひろ)める 넓히다
深(ふか)まる 깊어지다	深(ふか)める 깊게 하다
ぶらさがる 매달리다	ぶらさげる 매달다
曲(ま)がる 구부러지다	曲(ま)げる 구부리다
まとまる 정리되다	まとめる 정리하다
見(み)つかる 발견되다	見(み)つける 발견하다
もうかる 벌리다, 벌이가 되다	もうける 벌다
弱(よわ)まる 약해지다	弱(よわ)める 약하게 하다

자동사(-reru型)	타동사(-ru型)
売(う)れる 팔리다	売(う)る 팔다
折(お)れる 꺾이다, 접히다	折(お)る 꺾다, 접다
切(き)れる 베이다	切(き)る 베다, 자르다
撮(と)れる (사진이) 찍히다	撮(と)る (사진을) 찍다
ねじれる 비틀어지다	ねじる 비틀다
破(やぶ)れる 찢어지다	破(やぶ)る 찢다
割(わ)れる 깨지다	割(わ)る 깨다

자동사(-iru型)	타동사(-osu型)
起(お)きる 일어나다	起(お)こす 깨우다
落(お)ちる 떨어지다	落(お)とす 떨어뜨리다
下(お)りる 내리다	下(お)ろす 내려놓다
滅(ほろ)びる 멸망하다	滅(ほろ)ぼす 멸망시키다

자동사(-ru型)	타동사(-su型)
写(うつ)る (사진에) 찍히다	写(うつ)す 찍다
裏返(うらがえ)る 뒤집히다	裏返(うらがえ)す 뒤집다

返(かえ)る 되돌아오다	返(かえ)す 되돌리다
帰(かえ)る 돌아가다, 돌아오다	帰(かえ)す 돌아가게 하다, 돌아오게 하다
覆(くつがえ)る 뒤집히다	覆(くつがえ)す 뒤엎다
転(ころ)がる 구르다	転(ころ)がす 굴리다
散(ち)らかる 흩어지다	散(ち)らかす 흩뜨리다
出(で)る 나가다, 나오다	出(だ)す 내다, 꺼내다
直(なお)る 고쳐지다	直(なお)す 고치다
治(なお)る 치료되다	治(なお)す 치료하다
残(のこ)る 남다	残(のこ)す 남기다
ひっくり返(かえ)る 뒤집히다	ひっくり返(かえ)す 뒤집다
回(まわ)る 돌다	回(まわ)す 돌리다
戻(もど)る 되돌아가다	戻(もど)す 되돌리다

자동사(−eru型)	타동사(−asu型)
荒(あ)れる 황폐해지다	荒(あ)らす 황폐하게 하다
遅(おく)れる 늦다	遅(おく)らす 늦추다
枯(か)れる 마르다, 시들다	枯(か)らす 말리다, 시들게 하다
焦(こ)げる 타다, 눋다	焦(こ)がす 태우다, 눋게 하다

冷(さ)める 식다	冷(さ)ます 식히다
溶(と)ける 녹다	溶(と)かす 녹이다
慣(な)れる 길들다	慣(な)らす 길들이다
逃(に)げる 도망치다	逃(に)がす 놓아주다

자동사(−eru型)	타동사(−u型)
欠(か)ける 부족하다	欠(か)く 빠지다
聞(き)こえる 들리다	聞(き)く 듣다
砕(くだ)ける 부서지다	砕(くだ)く 부수다
裂(さ)ける 찢어지다	裂(さ)く 찢다
煮(に)える 삶아지다	煮(に)る 삶다
抜(ぬ)ける 빠지다	抜(ぬ)く 빼다
ほどける 풀리다	ほどく 풀다

자동사(−u型)	타동사(−eru型)
開(あ)く 열리다	開(あ)ける 열다
浮(う)かぶ 뜨다	浮(う)かべる 띄우다
片付(かたづ)く 정리되다	片付(かたづ)ける 정리하다

叶(かな)う 이루어지다	叶(かな)える 이루어주다
傷付(きずつ)く 상처를 입다	傷付(きずつ)ける 상처를 입히다
くっつく 달라붙다	くっつける 붙이다
育(そだ)つ 자라다	育(そだ)てる 기르다
揃(そろ)う 갖추어지다	揃(そろ)える 갖추다
立(た)つ 서다	立(た)てる 세우다
近(ちか)づく 가까이 가다	近(ちか)づける 가까이 대다
縮(ちぢ)む 줄다, 오그라들다	縮(ちぢ)める 줄이다, 오그리다
付(つ)く 켜지다, 붙다	付(つ)ける 켜다, 붙이다
続(つづ)く 계속되다	続(つづ)ける 계속하다
届(とど)く 닿다	届(とど)ける 닿게 하다
向(む)く 향하다	向(む)ける 향하게 하다
緩(ゆる)む 느슨해지다	緩(ゆる)める 느슨하게 하다

· 기타 동사

자동사	타동사
生(う)まれる 태어나다	生(う)む 낳다
刺(さ)さる 찔리다	刺(さ)す 찌르다
寝(ね)る 자다	寝(ね)かせる 재우다
載(の)る 실리다	載(の)せる 싣다
塞(ふさ)がる 막히다	塞(ふさ)ぐ 막다

unit 02 조사

TRACK 6-02

か

~까?(의문 · 질문)	どこが銀行(ぎんこう)ですか。어디가 은행입니까?
~지(선택)	行(い)くか行(い)かないか分(わ)からない。갈지 안 갈지 모른다.
~인가?, ~구나(감탄)	もう夏(なつ)か。벌써 여름인가?

が

~이/가(주격)	風(かぜ)が吹(ふ)く。 바람이 분다.
~을/를(대상)	誰(だれ)が英語(えいご)が上手(じょうず)ですか。누가 영어를 잘합니까?
~이지만, ~인데(역접)	雪(ゆき)は降(ふ)るが、寒(さむ)くない。눈은 내리지만 춥지 않다.

から

~부터, ~에서 (동작 · 작용의 기점)	今日(きょう)から新学期(しんがっき)が始(はじ)まる。오늘부터 신학기가 시작된다.
~으로(재료)	バターはミルクから作(つく)る。버터는 우유로 만든다.
~이므로(원인 · 이유)	今日(きょう)は日曜日(にちようび)だから、銀行(ぎんこう)は休(やす)みですよ。 오늘은 일요일이니까 은행은 휴일입니다.
~으로, ~부터 (경유하는 장소)	泥棒(どろぼう)は窓(まど)から入(はい)ってきたらしい。 도둑은 창문으로 들어온 듯하다.

PART 6

し

~하고, ~하며(병렬)	あのレストランは安いし、おいしい。 저 레스토랑은 싸고 맛있다.
~이고(원인 · 이유)	暗くなってきたし、そろそろ帰りましょうか。 어두워졌고 슬슬 돌아갈까요?

と

~와/과(상대)	友人の知り合いと結婚する。 친구의 아는 사람과 결혼하다.
~와/과(비교의 대상)	東京と大阪はどちらが大きいですか。 도쿄와 오사카는 어느 쪽이 큽니까?
~와/과(병렬 · 열거)	いちごとすいかを買う。 딸기와 수박을 사다.
~라고(인용)	「危ない」と叫んだ。 위험하다고 외쳤다.
~하면(가정 조건)	水は100度になると沸騰する。 물은 100도가 되면 끓는다.

で

~에서(동작을 하는 장소)	銀行で働く。 은행에서 일하다.
~으로, ~에 (시간 · 경비의 조건)	一週間で終わる。 일주일로 끝나다.
~으로(재료 · 수단)	紙で作る。 종이로 만들다.
~으로, ~때문에 (원인 · 이유)	病気で苦しむ。 병으로 고생하다.

ながら

~하면서(동시동작)	音楽(おんがく)を聞(き)きながら本(ほん)を読(よ)みます。 음악을 들으면서 책을 읽습니다.
~하면서도(역접)	何(なに)もかも知(し)っていながら教(おし)えてくれない。 모두 알고 있으면서도 가르쳐 주지 않는다.

に

~에(존재하는 장소)	池(いけ)に鯉(こい)がいる。 연못에 잉어가 있다.
~에(동작 · 작용이 이루어지는 때)	6時(じ)に起(お)きる。 6시에 일어나다.
~에게(상대)	友(とも)だちにピアノを習(なら)う。 친구에게 피아노를 배우다.
~에(목적의 장소)	山(やま)に登(のぼ)る。 산에 오르다.
~하러(동작의 목적)	ノートを買(か)いに行(い)く。 노트를 사러 가다.

の

~의(소유)	これは私(わたし)の本(ほん)です。 이것은 내 책입니다.
~인(동격)	友人(ゆうじん)の田中(たなか)に相談(そうだん)した。 친구인 다나카에게 상담했다.
~것, ~의 것 (체언의 자격)	これは私(わたし)のです。 이것은 내 것입니다.

へ

~에, ~으로 (동작의 진행 방향)	右(みぎ)へ曲(ま)がる。오른쪽으로 돌다.
~에(귀착하는 곳)	目的地(もくてきち)へ着(つ)く。목적지에 도착하다.
~에, ~에게 (동작의 대상)	友(とも)だちへの手紙(てがみ)を書(か)く。친구에게 줄 편지를 쓰다.

ほど

~정도(대략의 분량)	図書館(としょかん)まで１時間(じかん)ほどかかる。도서관까지 한 시간 정도 걸린다.
~만큼(정도 비교)	てんぷらも高(たか)いが、すしほどじゃない。 튀김도 비싸지만, 생선 초밥 만큼은 아니다.

まで

~까지(동작 · 작용의 도달점)	月曜日(げつようび)から金曜日(きんようび)まで働(はたら)く。월요일부터 금요일까지 일한다.
~까지(극단적인 예를 들어 다른 경우를 짐작하게 함)	子供(こども)にまでばかにされた。아이에게까지 바보 취급 당했다.

も

~도(열거)	昨日(きのう)も今日(きょう)も雨(あめ)だ。어제도 오늘도 비다.
~이나(강조)	１時間(じかん)も待(ま)たされた。한 시간이나 기다렸다.

より

~에서, ~부터(기점)	会議(かいぎ)は9時(じ)より行(おこな)う。회의는 9시부터 행해진다.
~보다(비교의 기준)	英語(えいご)より数学(すうがく)が好(す)きだ。영어보다 수학을 좋아한다.
~수밖에(한정)	電車(でんしゃ)で行(い)くより方法(ほうほう)がない。전철로 가는 수밖에 방법이 없다.

を

~을/를 (동작 · 작용의 대상)	ご飯(はん)を食(た)べる。밥을 먹다.
~을/를(이동 장소)	空(そら)を飛(と)ぶ。하늘을 날다.
~을/를(경과 시간)	彼(かれ)は日本(にほん)で少年時代(しょうねんじだい)を過(す)ごした。 그는 일본에서 소년 시절을 보냈다.

unit 03 가타카나

TRACK 6-03

アイディア 아이디어 · idea

アイドル 우상 · idol

アドバイス 충고 · advice

アナウンサー 아나운서 · announcer

アプローチ 접근 · approach

アルバイト 아르바이트 · Arbeit

アレルギー 알레르기 · Allergie

アンケート 설문 조사 · enquête

イメージ 이미지 · image

Eメール 이메일 · E-mail

インターネット 인터넷 · internet

インタビュー 인터뷰 · interview

インフレ 인플레이션 · inflation

ウイルス 바이러스 · virus

エチケット 에티켓 · étiquette

エネルギー 에너지 · Energie

エピソード 에피소드 · episode

エリート 엘리트 · élite

オープン 오픈 · open

オフィス 오피스 · office

オリエンテーション 오리엔테이션 · orientation

カード 카드 · card

カップル 커플 · couple

カテゴリー 카테고리 · category

カロリー 칼로리 · calorie

キーワード 키워드 · key word

キャッシュ 현금 · cash

ギャップ 차이 · gap

キャンパス 캠퍼스 · campus

クイズ 퀴즈 · quiz

クリーニング 세탁 · cleaning

グループ 그룹 · group

ケース 케이스 · case

ゲーム 게임 · game

コーナー 코너 · corner

コーヒー 커피 · coffee

コップ 컵 · kop(cup)

コメント 코멘트, 논평 · comment

コンサート 콘서트 · concert

コンセプト 컨셉트 · concept

コンピューター 컴퓨터 · computer

サービス 서비스 · service

サッカー 축구 · soccer

サラリーマン 샐러리맨 · salaried man

シャツ 셔츠 · shirt

ジュース 주스 · juice

ショッピング 쇼핑 · shopping

シリーズ 시리즈 · series

スカート 스커트 · skirt

スケジュール 스케줄 · schedule

スタート 스타트 · start

スタイル 스타일 · style

スタジオ 스튜디오 · studio

ストーカー 스토커 · stalker

ストレス 스트레스 · stress

スピード 스피드 · speed

スポーツ 스포츠 · sports

セクハラ 성희롱 · sexual harassment

セレモニー 의식 · ceremony

タイミング 타이밍 · timing

タイム 시간 · time

タクシー 택시 · taxi

タバコ 담배 · tabaco

タレント 탤런트 · talent

チーム 팀 · team

チケット 표 · ticket

チャンス 기회 · chance

ツアー 투어, 여행 · tour

データ 데이터 · date

テーマ 테마 · Theme

テキスト 교과서 · text

デザイン 디자인 · design

テニス 테니스 · tennis

デパート 백화점 · department store

テレビ 텔레비전 · television

トイレ 화장실 · toilet

ドライブ 드라이브 · drive

トラブル 분쟁, 말썽 · trouble

ドラマ 드라마 · drama

トレーニング 트레이닝 · training

ナンセンス 무의미함 · nonsense

ニュアンス 뉘앙스 · nuance

ニュース 뉴스 · news

ネクタイ 넥타이 · necktie

ノート 노트 · note

バーゲン 바겐세일 · bargain

パイロット 파일럿 · pilot

パーティー 파티 · party

パスポート 여권 · passport

パニック 패닉 · panic

ハンカチ 손수건 · handkerchief

ハンサム 미남 · handsome

ハンドル 핸들 · handle

ビール 맥주 · bier(beer)

ビジネス 비즈니스 · business

ピリオド 종지부 · period

ファイル 파일 · file

ファッション 패션 · fashion

ファン 팬 · fan

ブーム 붐 · boom

フォーム 폼 · form

プライド 자존심 · pride

プライバシー 사생활 · privacy

プラスチック 플라스틱 · plastic

フリー 자유로움 · free

プレゼント 선물 · present

プログラム 프로그램 · program

フロント 프런트 · front

ベストセラー 베스트셀러 · best seller

ベッド 침대 · bed

ペット 애완동물 · pet

ベテラン 베테랑 · veteran

ホームページ 홈페이지 · homepage

ポケット 주머니 · pocket

ポジション 포지션 · position

ポスター 포스터 · poster

ホテル 호텔 · hotel

ボランティア 자원 봉사자 · volunteer

マーク 마크 · mark

マスコミ 매스컴 · mass communication

マスター 마스터 · master

マナー 매너 · manner

マニュアル 설명서 · manual

マンション 맨션 · mansion

ムード 무드 · mood

メーカー 메이커 · maker

メッセージ 메시지 · message

メディア 매체 · media

メニュー 메뉴 · menu

メモ 메모 · memo

メロディー 멜로디 · melody

メンバー 멤버 · member

モデル 모델 · model

モニター 모니터 · monitor

ユーモア 유머 · humor

ユニーク 독특함 · unique

ライバル 라이벌 · rival

リサーチ 조사 · research

リサイクル 재활용 · recycle	リストラ 정리 해고 · restructuring
リハーサル 리허설 · rehearsal	リラックス 긴장을 품 · relax
ルール 규칙 · rule	レシート 영수증 · receipt
レベル 레벨 · level	ローン 융자 · loan
ロマンチック 로맨틱 · romantic	ワンクッション 완화하는 일 · one+cushion

PART 6 연습문제

下の＿＿＿＿線の(A)、(B)、(C)、(D)の言葉の中で正しくない言葉を一つ選びなさい。

1 今日は休み(A)だから、友だちで(B)田中と一緒に映画に(C)行きたい(D)です。

2 あそこにいる(A)人は大学の教授か(B)会社に勤める人と(C)私は(D)分かりません。

3 化粧(けしょう)を(A)したら姉の(B)顔がすっかり(C) 変えた(D)。

4 駅の前で(A)友だちに会って買い物(B)をしてからデパートで(C)行くつもり(D)です。

5 今朝に(A)見た車のフロントグラスには(B) びっしり(C)と霜が付いて(D)いた。

6 ドアに(A)ぽっかりと穴が空いて(B)いますが、一体(C)だれは(D)しましたか。

7 私 に対して(A)悪口を言うのが(B)かまいませんが、私の友だちには(C)言わないで(D)ください。

8 台風による悪天候(あくてんこう)にもかかわらず(A)列車(れっしゃ)はほぼ(B)定刻(ていこく)どおりに(C)駅で(D)出た。

9 みなさん、栄養(えいよう)をしっかり(A)とってたっぷり(B)眠って暑さ(C)にやられないように体を(D)気をつけてください。

10 週に(A) たった(B)一日でもいいから、休みを(C)ほしいですが、思うように(D)いきません。

11 私は(A)怖い映画が(B)好きから(C)よく見に(D)行きます。

12 体を動く(A)のは健康(けんこう)にいいと言われて(B)、もう(C) 3年間以上ジムに通って(D)います。

13 昨日(A)電車の中で(B)お金が入った(C)財布を落ちて(D)しまった。

14 スピード(A)違反(いはん)で免許停止中(めんきょていしちゅう)にも(B)かかわらず30日間も(C)運転を続いた(D)。

15 車のドアがつぶして(A)修理に出して(B)あるので、一週間ぐらい(C)は不便だけど我慢するよりほかない(D)。

16 発注したデジカメ(A)が昨日届けた(B)が、使い方が分からなくて(C)友だちに教えてもらった(D)。

17 小さい頃から(A)夢見てきた夢を目指して(B)今月から友だちと二人きり(C)で事業を始まりました(D)。

18 私はアレルギ体質(A)なので貝や(B)かになど(C)が食べられません(D)。

19 サッカ(A)競技場には、世界中(B)の国旗がはたはた(C)と翻っている(D)。

20 3年間付き合って(A)いた彼女にふられて(B)生まれて初めて(C) ビル(D)を10本も飲んでしまった。

PART7

공란 메우기

단문의 빈칸에 들어갈 적절한 표현을 찾는 것으로 총 30문제가 출제된다. 단순하고 쉬운 문장이 나오지만, 문장의 전후 내용을 파악하여 적절한 관용어, 동사나 형용사의 올바른 형태, 의성어·의태어 등 완전한 문장을 만들어내는 능력을 요구한다. 정답을 확신할 수 없을 때에는 틀린 보기부터 하나씩 지워나가는 것도 정답을 찾는 데 도움이 된다. 평소 시험에 자주 등장하는 어휘나 표현, 관용어 등을 지속적으로 외워 둘 필요가 있다.

Ⅶ. 下の________線に入る適当な言葉を(A)から(D)の中で一つ選びなさい。

例 ダイエット中だったのを忘れて、________ ケーキを食べてしまった。

(A) ぐっすり

(B) ぎっしり

(C) うっかり

(D) ぴったり

答 (C)

unit 01 접속사

TRACK 7-01

★★☆

あるいは

혹은, 또는

この会社(かいしゃ)は、英語(えいご)あるいは中国語(ちゅうごくご)ができる人材(じんざい)を探(さが)している。

이 회사는 영어 또는 중국어를 할 수 있는 인재를 찾고 있다.

★★☆

おまけに

게다가

今日(きょう)は会社(かいしゃ)に遅刻(ちこく)した。おまけに情(なさ)けないミスを連発(れんぱつ)するし、ついてないな。

오늘은 회사에 지각했다. 게다가 한심한 실수를 연발하고, 운이 없네.

★★☆

および

및

今月(こんげつ)の土曜日(どようび)および日曜日(にちようび)は清掃週間(せいそうしゅうかん)です。

이번 달 토요일 및 일요일은 청소 주간입니다.

★★☆

かつ

게다가, 또

私(わたし)はきれいで、かつ品(ひん)のある女性(じょせい)になりたい。

나는 예쁘고 또 품위 있는 여성이 되고 싶다.

★★☆

けれども

하지만, 그러나

父(ちち)は誠意(せいい)を込(こ)めて母(はは)に謝(あやま)った。けれども、母(はは)は一向(いっこう)に許(ゆる)そうとはしなかった。

아버지는 성의를 담아 어머니에게 사과했다. 하지만 어머니는 전혀 용서하려 하지 않았다.

★★☆

さて

그런데, 그건 그렇고

さて、夕飯(ゆうはん)は何(なに)にしますか。

그건 그렇고 저녁은 무엇으로 하겠습니까?

★★★

しかし

하지만, 그러나

起業(きぎょう)を考(かんが)えている。しかし、資金集(しきんあつ)めに頭(あたま)を痛(いた)めているんだ。

창업을 생각하고 있다. 그러나 자금 모으기에 골머리를 앓고 있다.

★★★

しかも

게다가

文系(ぶんけい)も嫌(きら)いでしかも理系(りけい)もだめだなんて、一体私(いったいわたし)はどこに進学(しんがく)すればいいのか。

문과 계통도 싫고 게다가 이과 계통도 안 되다니, 도대체 나는 어디에 진학하면 좋을까?

★★☆

したがって

따라서

単位(たんい)が取(と)れないと進級(しんきゅう)できない。したがって君(きみ)は留年(りゅうねん)だ。

학점을 따지 않으면 진급할 수 없어. 따라서 너는 유급이야.

★★★

すなわち

즉

彼女は東京にいる。すなわち、東京に行けば彼女に会えるというわけだ。

그녀는 도쿄에 있다. 즉 도쿄에 가면 그녀를 만날 수 있다는 것이다.

★☆☆

すると

그러자

息子を叱った。するとへそを曲げて部屋に閉じこもってしまった。

아들을 야단쳤다. 그러자 토라져서 방에 틀어박혀 버렸다.

★★☆

そして

그리고

敬老の日には祖父そして祖母に感謝の気持ちと長寿の願いを込めて、何かプレゼントをしたい。

경로의 날에는 할아버지 그리고 할머니에게 감사의 마음과 장수의 소망을 담아 뭔가 선물을 하고 싶다.

★★☆

そのうえ

게다가, 또한

借金を抱えてそのうえ子供も養っていかなければならないなんて、お先真っ暗だ。

빚을 진 데다가 아이도 부양해야 하다니, 앞날이 캄캄하다.

★★☆

そもそも

도대체

そもそもどうしてあなたがここにいるの?

도대체 왜 네가 여기에 있는 거야?

★★★

それから

그리고, 그러고 나서

私は毎朝体操をします。それから朝御飯を食べます。

나는 매일 아침 체조를 합니다. 그러고 나서 아침을 먹습니다.

★★☆

それで

그래서

あの子、今日幼稚園の花瓶を不注意で割ったらしいの。それで今日は元気がないの。

저 아이 오늘 유치원의 꽃병을 부주의로 깨버린 것 같아. 그래서 오늘은 기운이 없어.

★★★

それとも

그렇지 않으면, 아니면

家へ帰りましょうか。それとも、買い物でもしましょうか。

집에 돌아갈까요? 아니면 쇼핑이라도 할까요?

★☆☆

それなのに

그런데도

彼は見事に大学に合格した。それなのに彼の顔が冴えないのはなぜだろう。

그는 멋지게 대학에 합격했다. 그런데도 그의 얼굴은 왜 흐릴까?

★☆☆

それなら

그렇다면, 그러면

A 北海道旅行に行きたいんだけど、ちょっと高くて。

훗카이도 여행을 가고 싶은데, 조금 비싸서요.

B それならこちらのプランはいかがですか。

그렇다면 이 계획은 어떠십니까?

★★☆

それに

게다가, 더욱이

彼は性格がいい。それにハンサムだ。

그는 성격이 좋다. 게다가 잘생겼다.

★☆☆

だが

하지만, 그렇지만

父は学校では厳格な教師で通っている。だが、家ではとても優しい父だ。

아버지는 학교에서는 엄격한 교사로 통하고 있다. 하지만 집에서는 매우 상냥한 아버지다.

★☆☆

だから

그러니까

今日は期末テストなの。だから、映画は明日にしよう。

오늘은 기말 시험이야. 그러니까 영화는 내일로 하자.

★★☆

ただし

단, 다만

テレビを見てもいいわよ。ただし、宿題をしてからね。

텔레비전을 봐도 좋아. 단 숙제를 하고 나서야.

★★☆

ところが

그런데, 그러나

内定通知をもらった。ところが、数日後内定取消しの通知が届いた。

내정 통지를 받았다. 그런데 며칠 후 내정 취소 통지가 도착했다.

★★☆

ところで

그런데

ところで、昨日の会議はどうなりましたか。

그런데 어제 회의는 어떻게 되었습니까?

★★★

とはいえ

그렇다고는 해도, 그렇지만

暦の上ではもう春だな。とはいえ、外はまだ寒い。

달력상으로는 벌써 봄이군. 그렇다고는 해도 밖은 아직 춥다.

★★☆

なお

또한, 덧붙여 (말하면)

なお、週末の天気は晴れる見込みです。

또한 주말 날씨는 맑을 전망입니다.

★★☆

ならびに

및

京都ならびに奈良は歴史的な町として有名です。

교토 및 나라는 역사적인 마을로 유명합니다.

★☆☆

また

또

彼は歌手であり、また俳優でもある。

그는 가수이고, 또 배우이기도 하다.

★☆☆

または

또는, 혹은

コーヒーまたは紅茶がございますが、どちらにいたしますか。

커피 또는 홍차가 있습니다만, 어느 쪽으로 하시겠습니까?

★★☆

もしくは

혹은, 또는

日曜日は遊園地に行くか、もしくはカラオケに行くか、どちらかにしよう。

일요일은 유원지에 갈지 혹은 노래방에 갈지, 둘 중 하나를 하자.

unit 02 부사

TRACK 7-02

★★☆
あえて

굳이, 무리하게

彼(かれ)は自分(じぶん)を鍛(きた)えるためにあえて過酷(かこく)な道(みち)を選(えら)んだ。
그는 자신을 단련하기 위해 굳이 힘든 길을 선택했다.

あながち

★★★
強(あなが)ち

반드시, 꼭

彼(かれ)の言(い)い分(ぶん)は、強(あなが)ち間違(まちが)いではない。
그의 주장은 반드시 틀린 것은 아니다.

あらかじ

★★★
予(あらかじ)め

사전에, 미리

旅行(りょこう)へ行(い)く時(とき)は、旅行先(りょこうさき)のいろいろな情報(じょうほう)を予(あらかじ)め調(しら)べておくべきだ。
여행을 갈 때에는 여행지의 여러 정보를 미리 조사해 놓아야 한다.

あん がい

★☆☆
案外(あんがい)

예상외로, 뜻밖에

食(た)べてみたら、案外(あんがい)おいしかった。
먹어 봤더니 예상외로 맛있었다.

あん じょう

★★★
案(あん)の定(じょう)

예상했던 대로, 생각한 대로

テストの結果(けっか)は案(あん)の定(じょう)最悪(さいあく)だった。
시험 결과는 예상했던 대로 최악이었다.

★☆☆

いずれ

머지않아, 일간

いずれ家(いえ)を改築(かいちく)するつもりです。

머지않아 집을 개축할 생각입니다.

★★☆

一概(いちがい)に

무조건, 일률적으로

田中(たなか)さんが一概(いちがい)に悪(わる)いとは言(い)えないけど、もう少(すこ)し注意(ちゅうい)を払(はら)うべきだった。

다나카 씨가 무조건 나쁘다고는 할 수 없지만, 조금 더 주의를 기울였어야 했다.

★★★

一向(いっこう)(に)

전혀

一時間(いちじかん)を待(ま)っても、彼(かれ)は一向(いっこう)に現(あらわ)れない。

한 시간을 기다려도 그는 전혀 나타나지 않는다.

★★☆

一斉(いっせい)に

일제히

世界(せかい)の株式市場(かぶしきしじょう)が一斉(いっせい)に下落(げらく)した。

세계의 주식 시장이 일제히 하락했다.

★☆☆

いっそ

차라리

都会(とかい)の生活(せいかつ)が辛(つら)いなら、いっそ田舎暮(いなかぐ)らしでも始(はじ)めたら?

도시의 생활이 괴롭다면, 차라리 시골 생활이라도 시작해 보면 어때?

★★☆

一体(いったい)

도대체

平和(へいわ)が訪(おとず)れるのは、一体(いったい)いつになるのだろうか。

평화가 찾아오는 것은 도대체 언제가 될 것인가?

★★☆

未だ(いま)

아직(도), 지금까지

先日(せんじつ)の爆破事件(ばくはじけん)だが、未だ(いま)原因(げんいん)が掴(つか)めていない。

요전의 폭파 사건 말인데, 아직도 원인을 파악하지 못하고 있어.

★★★

今にも(いま)

당장에라도, 지금이라도

どうしたの。今(いま)にも泣(な)きそうな顔(かお)をして。

어떻게 된 거야? 당장에라도 울 것 같은 표정을 하고.

★★☆

いよいよ

드디어, 마침내

明日(あした)はいよいよ大学(だいがく)の合格発表(ごうかくはっぴょう)の日(ひ)だ。

내일은 드디어 대학의 합격 발표날이다.

★★☆

恐らく(おそ)

아마도, 필시, 어쩌면

母(はは)は恐(おそ)らく買(か)い物(もの)に出(で)かけているのだろう。

어머니는 아마도 쇼핑하러 나간 것이겠지.

★★☆

思わず(おも)

무심코, 엉겁결에

電車(でんしゃ)の中(なか)で子供(こども)がうるさくしていると、自分(じぶん)の子(こ)でもないのに思(おも)わず注意(ちゅうい)してしまう。

전철 안에서 아이가 시끄럽게 하고 있으면, 내 아이도 아닌데 엉겁결에 주의를 준다.

★★☆

折り入って(お)(い)

긴히, 각별히

部長(ぶちょう)、折(お)り入(い)って相談(そうだん)したいことがあるのですが。

부장님, 긴히 상담하고 싶은 것이 있습니다만.

★★☆
却(かえ)って

오히려, 도리어

初(はじ)めてのバイトは大変(たいへん)かもしれないけど、社会経験(しゃかいけいけん)にもなるし却(かえ)っていいかも。
처음 하는 아르바이트는 힘들지도 모르지만 사회 경험도 되고 오히려 좋을지도 몰라.

★★☆
かつて

이전에, 옛날에

彼(かれ)は数年(すうねん)の外国暮(がいこくぐ)しを経(へ)て、かつて自分(じぶん)が住(す)んでいた町(まち)へ戻(もど)った。
그는 수년의 해외 생활을 거쳐, 이전에 자신이 살았던 마을로 돌아왔다.

★★☆
必(かなら)ず

반드시, 꼭

父(ちち)は朝起(あさお)きたら必(かなら)ずベランダで軽(かる)く体操(たいそう)をする。
아버지는 아침에 일어나면 반드시 베란다에서 가볍게 체조를 한다.

★★☆
必(かなら)ずしも

반드시 ~라고는 (할 수 없다), 반드시 ~인 것은 (아니다)

賞(しょう)を多(おお)く獲得(かくとく)してきたチームが必(かなら)ずしも勝(か)つとは限(かぎ)らない。
상을 많이 획득해 온 팀이 반드시 이긴다고는 할 수 없다.

★★☆
きっと

꼭, 틀림없이

大丈夫(だいじょうぶ)。きっとうまくいくから、もっと自信(じしん)を持(も)って。
괜찮아. 틀림없이 잘 될 테니까 좀 더 자신을 가져.

★★☆
くれぐれも

아무쪼록, 부디

ご両親(りょうしん)にくれぐれもよろしく伝(つた)えてください。
부모님께 아무쪼록 안부 전해 주세요.

ことごと

★★★
尽(ことごと)く

모두, 죄다

今(いま)は成功(せいこう)して有名(ゆうめい)になったけど、最初(さいしょ)は尽(ことごと)く失敗(しっぱい)して科学者(かがくしゃ)の道(みち)を諦(あきら)めようとしたんだ。

지금은 성공해서 유명해졌지만, 처음에는 모두 실패해서 과학자의 길을 포기하려고 했었어.

こと

★★☆
殊(こと)に

특히, 특별히

スポーツなら何(なん)でも好(す)きだが、殊(こと)にサッカーが好(す)きだ。

스포츠라면 뭐든지 좋아하지만, 특히 축구를 좋아한다.

★★★
早速(さっそく)

즉시, 곧

チラシを見(み)て、早速(さっそく)お店(みせ)にワインを買(か)いに行(い)った。

전단지를 보고 즉시 가게에 와인을 사러 갔다.

★★☆
ざっと

대강, 대충

今回(こんかい)の参加者(さんかしゃ)の数(かず)は、ざっと数(かぞ)えただけでも5000人(にん)を越(こ)えていた。

이번의 참가자 수는 대강 세어 본 것만으로도 5000명을 넘었다.

★★★
さっぱり

전혀, 도무지

数学(すうがく)や物理(ぶつり)は難(むずか)しくて、さっぱりわからない。

수학과 물리는 어려워서 전혀 모르겠다.

★★☆
さほど

그다지, 그리

兄(あに)は長身(ちょうしん)だが、弟(おとうと)の背(せ)はさほど高(たか)くない。

형은 장신이지만, 남동생의 키는 그다지 크지 않다.

PART 7 공란메우기 **341**

★★☆

さらに

더욱더, 더욱

日本語能力試験(にほんごのうりょくしけん)はこれからさらに難(むずか)しくなります。

일본어능력시험은 앞으로 더욱더 어려워집니다.

★★☆

しきりに

자꾸만, 끊임없이

さっきから猫(ねこ)がしきりに鳴(な)いているようだけど、どうしたのかしら。

조금 전부터 고양이가 자꾸만 울고 있는 것 같은데, 어찌된 일일까?

★★☆

しばしば

자주, 여러 차례

あの男(おとこ)の人(ひと)は最近(さいきん)この辺(あた)りでしばしば見(み)かけるんだけど、なんか怪(あや)しい。

저 남자는 최근 이 근처에서 자주 눈에 띄는데 뭔가 이상하다.

★★★

徐々(じょじょ)に

서서히, 천천히

アメリカ大統領(だいとうりょう)の支持率(しじりつ)は徐々(じょじょ)に上(あ)がってきている。

미국 대통령의 지지율은 서서히 올라오고 있다.

★★☆

少(すく)なくとも

적어도, 최소한

学校(がっこう)から家(いえ)まで近(ちか)いとは言(い)っても、少(すく)なくとも10分(ぷん)はかかる。

학교에서 집까지 가깝다고는 해도 적어도 10분은 걸린다.

★★☆

既(すで)に

이미, 벌써

急(いそ)いで病院(びょういん)に駆(か)けつけたが、既(すで)に手遅(ておく)れだった。

서둘러 병원에 달려갔는데 이미 때가 늦은 뒤였다.

★★☆

せいぜい

고작, 겨우

時給(じきゅう)が高(たか)いって言(い)われたけど、せいぜい1000円(えん)じゃない。

시급이 세다고 들었는데, 고작 1000엔이잖아?

★★☆

せっかく

모처럼, 일부러

せっかく彼女(かのじょ)が作(つく)ってくれたチョコレートだからまずくても食(た)べなきゃいけない。

모처럼 그녀가 만들어 준 초콜릿이라서 맛이 없어도 먹어야 한다.

★★☆

せめて

적어도, 하다못해

せめて休(やす)みの日(ひ)ぐらいは家(いえ)でごろごろしたい。

적어도 쉬는 날 정도는 집에서 빈둥거리고 싶다.

★☆☆

大(たい)して

그다지, 별로

私(わたし)は彼(かれ)のことが大(たい)して好(す)きではありませんでした。

나는 그를 그다지 좋아하지 않았습니다.

★★☆

たかが

고작, 기껏

たかが100円(えん)落(お)としたぐらいで、そんなに落(お)ち込(こ)むなよ。

고작 100엔 잃어버린 정도로 그렇게 우울해 하지 마.

★★☆

確(たし)か

(단언할 수 없지만) 확실히, 분명히

あの人(ひと)は確(たし)か社長(しゃちょう)の息子(むすこ)よ。

저 사람은 확실히 사장님의 아드님이야.

★★☆

直ちに (ただ)

즉시, 당장

通報(つうほう)があったら、消防隊(しょうぼうたい)は**直ちに**(ただ)出動(しゅつどう)できるように準備(じゅんび)しておかなくてはならない。

통보가 있으면 소방대는 즉시 출동할 수 있도록 준비해 두어야 한다.

★★☆

忽ち (たちま)

금세, 곧

この衝撃的(しょうげきてき)な知(し)らせは、**忽ち**(たちま)社内(しゃない)に広(ひろ)がった。

이 충격적인 소식은 금세 사내에 퍼졌다.

★★☆

度々 (たび たび)

자주, 번번이

度々(たびたび)お電話(でんわ)差(さ)し上(あ)げて、申(もう)し訳(わけ)ありません。

자주 전화 드려서 죄송합니다.

★★☆

多分 (た ぶん)

아마

この問題(もんだい)の答(こた)えは**多分**(たぶん)これで合(あ)っていると思(おも)う。

이 문제의 답은 아마 이걸로 맞을 거라고 생각해.

★★☆

ちっとも

전혀, 조금도

生徒(せいと)の成績(せいせき)が**ちっとも**上(あ)がらなくて困(こま)っている。

학생의 성적이 전혀 오르지 않아서 난처하다.

★★☆

つい

그만

高級(こうきゅう)なワイングラスを**つい**手(て)を滑(すべ)らせて落(お)としてしまった。

고급 와인글라스를 그만 손이 미끄러져 떨어뜨려 버렸다.

★★☆
ついに

결국, 마침내

探(さが)し続(つづ)けていた宝物(たからもの)を**ついに**見(み)つけた。
계속 찾고 있었던 보물을 결국 발견했다.

★★☆
次々(つぎつぎ)

차례로, 잇달아

彼(かれ)は**次々(つぎつぎ)**に記録(きろく)を更新(こうしん)し、とうとうオリンピックで優勝(ゆうしょう)した。
그는 차례로 기록을 갱신하여, 결국 올림픽에서 우승했다.

★★★
つまり

즉, 요컨대

この方(かた)は母(はは)の妹(いもうと)です。**つまり**、私(わたし)の叔母(おば)にあたる方(かた)です。
이 분은 어머니의 여동생입니다. 즉 나의 이모에 해당하는 분입니다.

★★☆
てっきり

틀림없이, 영락없이

お隣(となり)のご主人(しゅじん)は人相(にんそう)が怖(こわ)いから**てっきり**やくざだと思(おも)っていたら、警察官(けいさつかん)だった。
옆집 주인은 인상이 무서워서 틀림없이 야쿠자라고 생각했는데 경찰관이었다.

★★☆
どうせ

어차피

どうせ私(わたし)なんか選(えら)ばれないに決(き)まっているんだ。
어차피 나 따위는 뽑히지 않을 것임에 틀림없어.

★★☆
どうやら

아무래도, 어쩐지

どうやら彼(かれ)の言(い)ったことが事実(じじつ)のようだ。
아무래도 그가 말한 것이 사실인 것 같다.

★☆☆

時折

가끔, 때때로

彼女は時折悲しそうな顔をする。

그녀는 가끔 슬픈 표정을 짓는다.

★★☆

とっくに

훨씬 전에

今なら部活はとっくに終わっているはずだ。

지금이라면 동아리 활동은 훨씬 전에 끝나 있을 거야.

★★☆

とっさに

순간적으로

とっさに手すりに手を伸ばしたが、転んでしまった。

순간적으로 난간으로 손을 뻗었지만 넘어져 버렸다.

★☆☆

とりわけ

특히, 그중에서도

私は肉が好きですが、とりわけ牛肉が大好物です。

나는 고기를 좋아합니다만, 특히 소고기를 매우 좋아합니다.

★☆☆

なにしろ

어쨌든, 여하튼

なにしろ目が回るほど忙しくて、休もうにも休めないんだ。

어쨌든 눈이 핑핑 돌 정도로 바빠서 쉬려고 해도 쉴 수 없어.

★☆☆

果たして

과연, 정말로

失敗に失敗を重ねて、やっと完成したこのロボット。果たしてちゃんと動くだろうか。

실패에 실패를 거듭하여 겨우 완성한 이 로봇. 과연 제대로 움직일 것인가?

★★☆

ひたすら

오로지, 한결같이

どんなに大きな壁にぶつかっても、めげずにひたすら前を向いて進む事が大切だ。

아무리 커다란 벽에 부딪혀도, 아랑곳하지 않고 오로지 앞을 향하여 나아가는 것이 중요하다.

★★☆

ひょっとすると

어쩌면, 혹시

ひょっとするとあの会社は潰れるかもしれない。

어쩌면 그 회사는 망할지도 모른다.

★☆☆

ふと

문득

子供たちを見ていると、ふと自分の幼少時代を思い出す。

아이들을 보고 있으면, 문득 내 어린 시절이 생각난다.

★★☆

ほとんど

거의

夕飯の支度はほとんど出来たし、お父さんが帰ってくるまでちょっと休憩しようかな。

저녁 준비는 거의 되었고, 아버지가 돌아올 때까지 조금 휴식을 취할까?

★★☆

前もって

사전에, 미리

前もって用意をしておけば遅刻しないですむのに。

미리 준비를 해 두면, 지각할 일이 없을 텐데.

★★☆

正に

바로, 정말로

「誰かに教えてもらうだけじゃなく、実際に経験することで人は成長する」と言うのが恩師の言葉だ。正にその通りだと思う。

'누군가에게 가르침을 받는 것뿐만 아니라 실제로 경험하는 것으로 사람은 성장한다'라는 것이 은사의 말이다. 정말 그렇다고 생각한다.

★★☆

まして

하물며, 더구나

この大学は偏差値の高い私にも難しいのだ。まして偏差値の低い彼に合格できるはずがない。

이 대학은 편차치가 높은 나에게도 어렵다. 하물며 편차치가 낮은 그가 합격할 수 있을 리가 없어.

★★☆

まず

우선, 먼저

車内で不審な物を見つけたら触らずまず駅員に知らせてください。

차 안에서 수상한 물건을 발견하면, 만지지 말고 우선 역무원에게 알려 주세요.

★★☆

ますます

점점

医学の発達により平均寿命がますます延びてきている。

의학 발달로 인하여 평균 수명이 점점 늘어나고 있다.

★★☆

間もなく

곧, 머지않아

間もなく電車が参ります。

곧 전철이 들어옵니다.

★☆☆

まるっきり

전혀

化粧(けしょう)をした彼女(かのじょ)はまるっきり別人(べつじん)だ。

화장을 한 그녀는 전혀 다른 사람이다.

★☆☆

みじんも

추호도

彼(かれ)を愛(あい)する気持(きも)ちなんて、私(わたし)にはみじんもない。

그를 사랑하는 마음 따위, 내게는 추호도 없다.

★★☆

滅多(めった)に

좀처럼

父(ちち)が台所(だいどころ)に立(た)つなんて滅多(めった)にない事(こと)だ。

아버지가 부엌에 서다니 좀처럼 없는 일이다.

★☆☆

毛頭(もうとう)

털끝만큼도, 조금도

あなたをだますつもりは毛頭(もうとう)ない。

당신을 속일 생각은 털끝만큼도 없다.

★★★

専(もっぱ)ら

오로지

休(やす)みの日(ひ)は専(もっぱ)らテレビゲームをして遊(あそ)んでいる。

쉬는 날에는 오로지 텔레비전 게임을 하고 놀고 있다.

★★☆

やがて

이윽고, 머지않아

人(ひと)に施(ほどこ)した親切(しんせつ)はやがて自分(じぶん)に返(かえ)ってくるものだ。

남에게 베푼 친절은 머지않아 자신에게 돌아오는 법이다.

★☆☆

要するに

요컨대, 결국

部下の失敗は上司の責任だ。要するに、田中君の失敗は上司である君の責任だ。

부하의 실패는 상사의 책임이다. 요컨대, 다나카 군의 실패는 상사인 네 책임이다.

★★☆

ようやく

겨우, 간신히

ようやく恵みの雨が降り、水問題が解決された。

겨우 축복의 비가 내려 물 문제가 해결되었다.

★★☆

ろくに

제대로

味噌汁もろくに作れないくせに、独り暮らしなんて出来るはずがない。

된장국도 제대로 못 만드는 주제에 독신 생활 따위가 가능할 리가 없다.

★★★

わざわざ

일부러

お忙しいところをわざわざ来ていただいてありがとうございます。

바쁘신 와중에 일부러 와 주셔서 감사합니다.

unit 03 의성어 · 의태어

TRACK 7-03

★★☆

あっさり

깨끗이, 간단히

あんなに熱心(ねっしん)だった柔道(じゅうどう)を、試合(しあい)で負(ま)けたぐらいで**あっさり**諦(あきら)めるなんて。

그렇게 열심이었던 유도를 시합에서 진 정도로 깨끗이 포기하다니.

★★☆

うきうき

신이 나서 마음이 들뜬 모양

今回(こんかい)のバーゲンで安(やす)くていい服(ふく)を買(か)えると思(おも)うと、**うきうき**する。

이번 바겐세일에서 싸고 좋은 옷을 살 수 있다고 생각하니 마음이 들뜬다.

★★★

うっかり

깜빡, 무심코

電車(でんしゃ)の中(なか)でうとうとしていたら、**うっかり**乗(の)り過(す)ごしてしまった。

전철 안에서 꾸벅꾸벅 졸고 있었더니, 깜빡 내릴 곳을 지나쳐 버렸다.

★★★

うろうろ

목적도 없이 이리저리 헤매는 모양, 어슬렁어슬렁

授業中(じゅぎょうちゅう)に廊下(ろうか)を**うろうろ**する学生(がくせい)が増(ふ)えている。

수업 중에 복도를 어슬렁거리는 학생이 늘고 있다.

★★☆

おどおど

공포·긴장 등으로 침착하지 못한 모양, 흠칫흠칫

おどおどしないで、もっと堂々(どうどう)としていなさい。

흠칫흠칫하지 말고, 좀 더 당당히 있어.

★★☆

おろおろ

당황하는 모양, 허둥지둥

病人(びょうにん)を前(まえ)にすると、どうしてもおろおろしてしまう。

병자를 앞에 두면, 꼭 허둥지둥해 버린다.

★★☆

がみがみ

심하게 잔소리하는 모양, 고시랑고시랑

そういえば今(いま)まで親(おや)にがみがみと小言(こごと)を言(い)われた記憶(きおく)がない。

그러고 보면 지금까지 부모님께 고시랑고시랑 잔소리를 들은 기억이 없다.

★☆☆

ぎざぎざ

톱날처럼 깔쭉깔쭉함

葉(は)っぱの縁(ふち)はぎざぎざになっていた。

잎의 둘레는 깔쭉깔쭉했다.

★★★

ぎっしり

빈틈없이 차 있는 모양, 가득, 꽉

この袋(ふくろ)にはお金(かね)がぎっしり詰(つ)まっている。

이 주머니에는 돈이 가득 차 있다.

★★☆

きっぱり

딱 잘라, 단호히

「ノー」ときっぱり断(ことわ)れる勇気(ゆうき)を持(も)ちなさい。

'NO'라고 단호히 거절할 수 있는 용기를 가져라.

★★☆

きょろきょろ

침착하지 못하고 주위를 둘러보는 모양, 두리번두리번

そんなにきょろきょろすると、田舎者(いなかもの)だと思(おも)われるよ。

그렇게 두리번거리면 시골 사람이라고 생각될 거야.

★★☆

ぎらぎら

강하게 빛나는 모양, 쨍쨍

夏の太陽がぎらぎらと照りつけている。

여름의 태양이 쨍쨍 내리쬐고 있다.

★★☆

ぎりぎり

필요한 양이나 시간에 여유가 없는 모양, 아슬아슬

合格ラインぎりぎりの点数だった。

합격 라인에 아슬아슬한 점수였다.

★★☆

くしゃくしゃ

종이나 천이 구겨져서 구김투성이가 된 모양, 꼬깃꼬깃

彼女は手紙をくしゃくしゃ丸めて、ゴミ箱へ捨てた。

그녀는 편지를 꼬깃꼬깃 구겨서 쓰레기통에 버렸다.

★★☆

ぐずぐず

결단이나 행동이 느린 모양, 우물쭈물, 꾸물꾸물

ぐずぐずしてないで、さっさと学校へ行きなさい。

우물쭈물하지 말고 빨리 학교에 가거라.

★★★

ぐっすり

깊은 잠을 자는 모양, 푹

息子は疲れてぐっすり眠っています。

아들은 피곤해서 푹 잠들어 있습니다.

★★☆

こっそり

남몰래, 살짝

酒を飲みたくなくて二次会をこっそり抜け出した。

술을 마시고 싶지 않아서 2차를 살짝 빠져나왔다.

★★☆

ごろごろ

하는 일 없이 시간을 보내는 모양, 빈둥빈둥

日曜日(にちようび)は家(いえ)でごろごろするのが一番(いちばん)だ。

일요일은 집에서 빈둥거리는 것이 최고다.

★★☆

さっさと

동작이 재빠른 모양이나 일을 서둘러 하는 모양, 후딱후딱

だらだらしてないで、さっさと片付(かたづ)けなさい。

질질 끌지 말고 후딱후딱 정리해.

★★☆

しくしく

힘없이 우는 모양, 훌쩍훌쩍

どこからか、しくしくと泣(な)き声(ごえ)が聞(き)こえる。

어디선가 훌쩍훌쩍 우는 소리가 들린다.

★★☆

しっかり

견실한 모양, 확실히, 빈틈없이

彼(かれ)は若(わか)いのに考(かんが)えがしっかりしている。

그는 어린데도 생각이 견실하다.

★★☆

じっと

몸이나 시선 등을 움직이지 않고 있는 모양, 가만히, 꼼짝 않고

そんな所(ところ)でじっとしていないで、手伝(てつだ)ってよ。

그런 곳에서 가만히 있지 말고 도와줘.

★★☆

じめじめ

불쾌하도록 습기가 많은 모양, 눅눅히

梅雨(つゆ)の時期(じき)は空気(くうき)がじめじめして嫌(いや)だ。

장마 시기는 공기가 눅눅해서 싫다.

★★☆

しょんぼり

힘없이 풀이 죽은 모양

勇気を出して彼女に告白したのに断られてしょんぼりしている。

용기를 내서 그녀에게 고백했는데 거절당해서 시무룩해 있다.

★★☆

ずきずき

상처가 쑤시고 아픈 모양, 욱신욱신

飲みすぎて、頭がずきずきする。

과음을 해서 머리가 욱신거린다.

★★☆

すたすた

빠른 걸음으로 걷는 모양, 총총걸음으로

オフィス街はスーツ姿ですたすた歩いている人が目立つ。

사무실이 많은 거리는 정장 차림을 하고 총총걸음으로 걷고 있는 사람이 두드러진다.

★★☆

すっかり

완전히

母に買い物を頼まれていたことをすっかり忘れていた。

어머니가 장 보고 오라고 부탁했던 것을 완전히 잊고 있었다.

★★☆

すっきり

산뜻이, 말끔히

長かった髪の毛をばっさり切って、すっきりした。

길었던 머리카락을 싹둑 잘라서 산뜻해졌다.

★★☆

すべすべ

매끄러운 모양, 매끈매끈

肌がすべすべしている。

피부가 매끈매끈하다.

★★☆

すやすや

편안히 자는 모양, 새근새근

赤ん坊がすやすや寝ている。

아기가 새근새근 자고 있다.

★★☆

すれすれ

거의 스칠 정도로 가까움, 닿을락말락함

棚から落ちるコップを、地面すれすれのところでキャッチした。

선반에서 떨어지는 컵을 지면에 닿을락말락한 정도에서 잡았다.

★★☆

ぞくぞく

무서워서 소름이 끼치는 모양, 오싹오싹

墓参りに来ると、なぜか背中の辺りがぞくぞくする。

성묘를 하러 오면, 왜인지 등 부근이 오싹오싹한다.

★★☆

そっくり

전부, 몽땅, 고스란히

その言葉、そっくりそのままお返しするよ。

그 말, 전부 그대로 돌려주겠어.

★★☆

だぶだぶ

옷이 헐렁한 모양, 헐렁헐렁

このズボン、サイズが大きすぎてだぶだぶだ。

이 바지, 사이즈가 너무 커서 헐렁헐렁하다.

★★☆

だらだら

액체가 줄줄 흘러내리는 모양

顔から汗がだらだら流れている。

얼굴에서 땀이 줄줄 흐르고 있다.

★★☆

つやつや

광택이 나는 모양, 반질반질

漆塗(うるしぬ)りの器(うつわ)はつやつやしている。

옻칠을 한 그릇은 반질반질 윤이 나고 있다 .

★★☆

どきどき

흥분·공포·불안 등으로 두근두근한 모양, 두근두근

初(はつ)デートの前日(ぜんじつ)は、一日中(いちにちじゅう)どきどきしていた。

첫 데이트의 전날은 하루 종일 두근두근했다.

★★★

にこにこ

방긋방긋 웃는 모양

あのおじさんは、いつもにこにこしていて子供(こども)たちに人気(にんき)だ。

저 아저씨는 항상 방긋방긋 웃고 있어서 아이들에게 인기다.

★★☆

ねばねば

끈끈하여 잘 들러붙는 모양, 끈적끈적

納豆(なっとう)はねばねばしていて食(た)べにくい。

낫토는 끈적끈적해서 먹기 힘들다.

★★☆

のんびり

한가롭고 느긋한 모양, 한가로이

せっかくの休(やす)みは家(いえ)でのんびりしたい。

모처럼의 휴일은 집에서 한가로이 지내고 싶다.

★★☆

はっきり

뚜렷이, 똑똑히

今日(きょう)はいい天気(てんき)なので、富士山(ふじさん)がはっきり見(み)える。

오늘은 날씨가 좋아서 후지산이 뚜렷이 보인다.

★★☆

はらはら

나뭇잎, 물방울 등이 조용히 떨어지는 모양, 우수수

紅葉(もみじ)がはらはらと落(お)ちていく光景(こうけい)は、とても風情(ふぜい)があって素敵(すてき)だ。

단풍이 우수수 떨어져 가는 광경은 매우 운치가 있고 멋지다.

★★☆

ぴかぴか

반짝반짝

ガラスをぴかぴかに拭(ふ)いておいてください。

컵을 반짝반짝 광이 나게 닦아 놓으세요.

★☆☆

びくびく

겁이 나서 떠는 모양, 벌벌, 흠칫흠칫

家(うち)の犬(いぬ)は他(ほか)の犬(いぬ)に吠(ほ)えられるとしっぽを巻(ま)いてびくびくする。

우리 집 개는 다른 개가 짖으면 겁에 질려서 벌벌 떤다.

★★☆

びしょびしょ

흠뻑 젖은 모양

バケツの水(みず)を頭(あたま)から被(かぶ)って、びしょびしょになった。

양동이의 물을 머리부터 뒤집어써서 흠뻑 젖었다.

★★☆

ぴったり

빈틈없이 잘 맞는 모양, 딱

お金(かね)の計算(けいさん)がぴったり合(あ)った。

돈 계산이 딱 맞았다.

★☆☆

ひりひり

날카로운 통증이나 매운 맛이 느껴지는 모양, 따끔따끔

指(ゆび)の切(き)り傷(きず)がひりひり痛(いた)む。

손가락의 베인 상처가 따끔따끔 아프다.

★☆☆

ぴりぴり

신경이 과민해진 모양·상태

受験前で生徒たちはみんなぴりぴりしている。

수험 전에 학생들은 모두 신경이 날카로워져 있다.

★★☆

ぶつぶつ

두드러기 같은 것이 많이 돋는 모양, 도톨도톨

学生の頃は、にきびが多くて肌がぶつぶつだった。

학생 때에는 여드름이 많아서 피부가 도톨도톨했다.

★★☆

ふらふら

비틀비틀

あの人ふらふらしている。酔っぱらってるのかな。

저 사람 비틀거리고 있어. 술 취한 걸까?

★★☆

ぶるぶる

부들부들, 덜덜

犬は体を洗ってもらったら、必ずぶるぶると体を振って水気を飛ばす。

개는 몸을 씻어 주면, 반드시 부들부들 몸을 흔들면서 물기를 튀긴다.

★☆☆

ふわふわ

가볍게 떠돌거나 흔들리는 모양

白い雲がふわふわ浮かんでいる。

흰 구름이 두둥실 떠 있다.

★★☆

ぺこぺこ

① 배가 몹시 고픔, 꼬르륵 꼬르륵

② 머리를 숙이며 굽실거리는 모양, 굽실굽실

朝食(ちょうしょく)をとらないとお腹(なか)がぺこぺこで勉強(べんきょう)に集中(しゅうちゅう)できない。

아침을 먹지 않으면 배가 고파서 공부에 집중할 수 없다.

ぺこぺこ頭(あたま)を下(さ)げるのはもう嫌(いや)だ。

굽실굽실 머리를 숙이는 것은 이제 싫다.

★★☆

べたべた

끈끈하게 들러붙는 모양, 끈적끈적

かばんの中(なか)でキャラメルが溶(と)けてべたべたする。

가방 안에서 캐러멜이 녹아서 끈적끈적하다.

★★★

ぺらぺら

외국어를 유창하게 말하는 모양, 술술

彼(かれ)はアメリカに10年間(ねんかん)住(す)んでいただけに、英語(えいご)がぺらぺらだ。

그는 미국에서 10년간 살고 있었던 만큼 영어를 술술 말한다.

★☆☆

ぽっかり

구멍이 뚫려 있는 모양, 뻥하니

失恋(しつれん)した私(わたし)は心(こころ)にぽっかりと穴(あな)が開(あ)いたようだった。

실연한 나는 마음에 뻥하니 구멍이 뚫린 것 같았다.

★★☆

ほっと

안심하는 모양

危篤状態(きとくじょうたい)の父(ちち)が奇跡的(きせきてき)に一命(いちめい)を取(と)り留(と)めたという知(し)らせを受(う)けて、ほっとした。

위독 상태의 아버지가 기적적으로 목숨을 건졌다는 소식을 받고 안심했다.

★★☆

ぼんやり

얼빠진 모양, 멍하니

何(なに)をぼんやりしてるの。心配事(しんぱいごと)でもあるの。

뭘 멍하니 있어? 걱정거리라도 있는 거야?

★☆☆

むかむか

메슥메슥

昼食(ちゅうしょく)を食(た)べすぎて、胸(むね)がむかむかする。

점심을 과식해서 속이 메슥거린다.

★★☆

めきめき

두드러지게 성장하는 모양, 부쩍부쩍, 눈에 띄게

娘(むすめ)のピアノの腕(うで)はめきめきと上達(じょうたつ)している。

딸의 피아노 솜씨는 부쩍부쩍 향상되고 있다.

★☆☆

めそめそ

훌쩍훌쩍 우는 모양

いつまでめそめそするつもり。男(おとこ)らしくない。

언제까지 훌쩍거릴 작정이야. 남자답지 않아.

★★☆

もじもじ

주눅이 들거나 수줍어하여 머뭇거리는 모양, 머뭇머뭇

妹(いもうと)は初対面(しょたいめん)の人(ひと)の前(まえ)ではいつももじもじしている。

여동생은 첫 대면인 사람 앞에서는 항상 머뭇머뭇한다.

★☆☆

わくわく

기쁨, 기대 등으로 마음이 설레는 모양, 두근두근

ついに明日(あした)は遠足(えんそく)の日(ひ)。わくわくするなあ。

드디어 내일은 소풍날. 두근두근하네.

unit 04 관용구 Ⅰ – 신체 관련 관용구

TRACK 7-04

★★★

開いた口が塞がらない

벌어진 입이 다물어지지 않는다, 어처구니없다

自国の大統領の名前も知らないなんて、開いた口が塞がらない。

자국의 대통령 이름도 모르다니 어처구니없다.

★★☆

あごで使う

거만한 태도로 사람을 부리다

社員をあごで使う社長がいる会社は長くは続かないだろう。

사원을 거만한 태도로 부리는 사장이 있는 회사는 오래가지 못할 것이다.

★★☆

あごを出す

몹시 지치다

途中であごを出さないために、定期的に休憩をとらなければならない。

도중에 지치지 않기 위해, 정기적으로 휴식을 취해야만 한다.

★★★

足が出る

적자가 나다

予想外の出費が重なり、かなり足が出てしまった。

예상외의 지출이 거듭되어 꽤 적자가 나 버렸다.

★★★

足が棒になる

오래 걷거나 서 있어서 다리가 뻣뻣해지다

見失った飼い犬を探して2時間くらい歩いたら、足が棒になった。

잃어버린 개를 찾아서 두 시간 정도 걸었더니 다리가 뻣뻣해졌다.

★★★
頭(あたま)に来(く)る

화가 나다

いきなりあんなひどいことをされたら、誰(だれ)でも頭(あたま)に来(く)る。
갑자기 저런 심한 일을 당하게 되면 누구라도 화가 난다.

腹(はら)が立(た)つ 화가 나다
むかつく 화가 치밀다
青筋(あおすじ)を立(た)てる 핏대를 세우다, 몹시 화내다
かちんと来(く)る 화가 울컥 치밀다
腹(はら)の虫(むし)が納(おさ)まらない 분이 가라앉지 않다

★★☆
腕(うで)を振(ふ)るう

솜씨를 발휘하다

今日(きょう)は姉(あね)が腕(うで)を振(ふ)るって夕食(ゆうしょく)を作(つく)った。
오늘은 언니가 솜씨를 발휘해서 저녁 식사를 만들었다.

★☆☆
顔(かお)が売(う)れる

유명해지다

彼(かれ)は音楽業界(おんがくぎょうかい)では顔(かお)が売(う)れている。
그는 음악업계에서는 유명하다.

人口(じんこう)に膾炙(かいしゃ)する 유명해지다, 인구에 회자되다
名高(なだか)い 유명하다

★★☆
顔(かお)が立(た)つ

체면이 서다

息子(むすこ)が有名大学(ゆうめいだいがく)に合格(ごうかく)して親(おや)の顔(かお)が立(た)った。
아들이 유명 대학에 합격해서 부모님의 체면이 섰다.

メンツが立(た)つ 체면이 서다
面目(めんぼく)が立(た)つ 체면이 서다

★★☆

肩の荷が下りる

어깨가 가벼워지다, 부담에서 해방되다

日本代表チームの監督として、優勝を手にすることができた。これで肩の荷が下りた。

일본 대표팀의 감독으로서 우승을 손에 넣을 수 있었다. 이것으로 어깨가 가벼워졌다.

★★☆

肩を持つ

편들다, 역성들다

あんなひどい人の肩を持つなんて、信じられない。

저런 형편없는 사람의 편을 들다니 믿을 수 없어.

> ひいきにする 편들다, 역성들다
> えこひいきする 편애하다

★★☆

口が重い

과묵하다, 말수가 적다

彼は口が重いので、接客業は向いていない。

그는 과묵하기 때문에 접객업은 어울리지 않는다.

★☆☆

口が堅い

입이 무겁다

口が堅い彼は友だちからよく相談をされる。

입이 무거운 그는 친구로부터 자주 상담을 받는다.

★★☆

口が滑る

입을 잘못 놀리다

つい口が滑って、言ってはいけないことを言ってしまった。

그만 입을 잘못 놀려 말해서는 안 되는 것을 말해 버렸다.

★★☆

首が回らない

빚에 몰려 옴짝달싹 못하다

借金の保証人になったばかりに、1 億円もの借金を抱えてしまい首が回らない。

빚 보증인이 된 탓에 1억 엔이나 빚을 떠안아서 옴짝달싹 못한다.

★★★

首にする

해고하다

遅刻ばかりしていると、信頼されなくなって首にされるぞ。

지각만하고 있으면 신뢰 받지 못해 해고될 거야.

> お払い箱にする 해고하다　　お払い箱になる 해고당하다
> 解雇 해고　　首が飛ぶ 해고되다

★★★

首を長くする

애타게 기다리다

母は息子の帰りを首を長くして待っている。

어머니는 아들의 귀가를 애타게 기다리고 있다.

★★★

腰を折る

방해를 하다, 맥을 끊다

人が楽しく話している時に、話の腰を折るようなことをしてはいけない。

사람이 즐겁게 말을 하고 있을 때에 이야기의 맥을 끊는 일을 해서는 안 된다.

> 足を引っ張る 방해하다　　邪魔をする 방해하다
> 茶々を入れる 훼방 놓다　　水を差す 훼방하다

★★☆

舌を巻く

허를 내두르다, 감탄하다

ただの平社員だった彼が、5年で社長に伸し上がったのには舌を巻いた。

그저 평사원이었던 그가 5년 만에 사장으로 껑충 뛰어 오른 것에 감탄했다.

★☆☆

尻に火がつく

발등에 불이 떨어지다, 매우 다급해지다

妹はテストの前日になってやっと尻に火がついた。

여동생은 시험 전날이 되어서야 겨우 발등에 불이 떨어졌다.

★★☆

手が空く

틈이 나다, 시간이 나다

ちょっと君に用があるから、手が空いたら連絡してくれ。

너에게 좀 볼일이 있으니까, 틈이 나면 연락해 줘.

★★★

手を抜く

겉날려서 마치다, 어물어물 넘기다

慣れている事でも手を抜かないで、いつでも真剣に取り組みなさい。

익숙해져 있는 일이라도 어물어물 넘기지 말고 항상 진지하게 대처하세요.

★★☆

手を焼く

애를 먹다

ペットは手を焼くだけだ。飼うのはやめときなさい。

애완동물은 애를 먹을 뿐이야. 기르는 것은 그만둬.

★★★

長い目で見る

긴 안목으로 보다

彼女は不器用だが素質はある。長い目で見てやろう。

그녀는 손재주는 없지만 소질은 있다. 긴 안목으로 보자.

★★★

泣き面に蜂

설상가상, 엎친 데 덮치기

リストラにあった日の帰りに、痴漢に間違われて警察の取調べを受けた。まさに、泣き面に蜂だ。

구조조정을 당한 날 돌아오는 길에 치한으로 오해받아서 경찰 조사를 받았다. 그야말로 설상가상이다.

> 雪上霜を加える 설상가상
> 踏んだり蹴ったり 설상가상, 엎친 데 덮치기
> 弱り目にたたり目 설상가상

★★☆

のどから手が出る

몹시 탐이 나다

私は英語が全く話せないので、彼のすばらしい語学力がのどから手が出るほど欲しい。

나는 영어를 전혀 못하기 때문에 그의 멋진 어학력이 몹시 탐이 날 정도로 갖고 싶다.

★★☆

歯が立たない

당해낼 수 없다

15歳でアメリカの大学を卒業した彼には、いくら頑張っても歯が立たない。

15살에 미국 대학을 졸업한 그에게는 아무리 분발해도 당해낼 수 없다.

★☆☆

鼻が高い

우쭐해 하다

あなたのおかげで、私も鼻が高いよ。

당신 덕분에 나도 우쭐해져.

★★☆

鼻(はな)っ柱(ぱしら)をへし折(お)る　콧대를 꺾다, 고집을 꺾다

自分(じぶん)は金持(かねも)ちだと自慢(じまん)している彼女(かのじょ)を見(み)ていると、鼻(はな)っ柱(ぱしら)をへし折(お)ってやりたい気持(きも)ちになる。

자신은 부자라고 자랑하고 있는 그녀를 보고 있으면, 콧대를 꺾어 주고 싶은 기분이 든다.

★★☆

鼻(はな)にかける

자랑하다, 내세우다

彼(かれ)は営業成績(えいぎょうせいせき)がトップであることを鼻(はな)にかけ、成績(せいせき)が良(よ)くない社員(しゃいん)を馬鹿(ばか)にしている。

그는 영업 성적이 으뜸인 것을 자랑하며, 성적이 좋지 않은 사원을 업신여기고 있다.

★★☆

鼻(はな)に付(つ)く

진력이 나다, 싫어지다, 지겨워지다

彼(かれ)の生意気(なまいき)な態度(たいど)が鼻(はな)に付(つ)く。

그의 건방진 태도가 진력이 난다.

★★☆

へそを曲(ま)げる

토라지다, 기분 나빠하다

娘(むすめ)は怒(おこ)るとすぐへそを曲(ま)げてふくれてしまう。

딸은 화가 나면 바로 토라져서 뾰루퉁해진다.

★★★

骨(ほね)が折(お)れる

고생이 되다, 힘이 들다

若(わか)い頃(ごろ)は難(なん)なく登(のぼ)っていたこの坂(さか)も、この年(とし)になると骨(ほね)が折(お)れる。

젊을 때는 쉽사리 올랐던 이 고갯길도 이 나이가 되면 힘이 든다.

★★★

身から出た錆

자업자득, 자승자박

あれだけ怠けていたんだから留年なんて当たり前じゃない。身から出た錆よ。

그렇게 게으름을 피웠으니까 유급하는 것도 당연해. 자업자득이야.

自業自得 자업자득

★★☆

身に付ける

① 입다, 몸에 걸치다

② (학문·기술 등을) 습득하다, 익히다

彼女が身に付けている物は全部高級品だ。

그녀가 몸에 걸치고 있는 물건은 전부 고급품이다.

大工の技術を身に付けたければ、あの人の弟子になってください。

목수의 기술을 익히고 싶으면 저 사람의 제자가 되세요.

★★☆

耳にたこができる

귀에 못이 박이다

子供の頃はよく、「勉強、勉強」と耳にたこができるほど言われた。

어릴 때는 자주 "공부, 공부"라고 귀에 못이 박일 만큼 들었다.

★★☆

耳を傾ける

귀를 기울이다

人のどんな話にも、耳を傾けてよく聞きなさい。

남의 어떤 말에도 귀를 기울여서 잘 들으세요.

身(み)を固(かた)める

결혼을 하여 가정을 이루다

私(わたし)も今年(ことし)で３０歳(さい)。そろそろ身(み)を固(かた)めなきゃいけない時期(じき)が来たかな。

나도 올해로 30살. 슬슬 가정을 꾸려야 하는 시기가 찾아 온 것일까?

> 所帯(しょたい)を持(も)つ 가정을 만들다

★★☆

胸(むね)をなで下(お)ろす

가슴을 쓸어내리다, 안심하다

娘(むすめ)が大学(だいがく)に合格(ごうかく)し、両親(りょうしん)は胸(むね)をなで下(お)ろした。

딸이 대학에 합격해서 부모님은 안심했다.

> 枕(まくら)を高(たか)くする 안심하다, 안심하고 자다

★★★

目(め)が回(まわ)る

눈이 핑핑 돌 정도로 매우 바쁘다

夏休(なつやす)みは旅行者(りょこうしゃ)が多(おお)いので、空港(くうこう)で働(はたら)く人(ひと)は目(め)が回(まわ)るほど忙(いそが)しい。

여름 휴가는 여행자가 많아서 공항에서 일하는 사람은 눈이 돌 정도로 매우 바쁘다.

> ご多忙(たぼう) 매우 바쁨
> 猫(ねこ)の手(て)も借(か)りたい 매우 바쁘다

★★☆

目(め)から鱗(うろこ)が落(お)ちる

지금까지 몰랐던 일을 갑자기 깨닫다

教授(きょうじゅ)のあの一言(ひとこと)で、私(わたし)は目(め)から鱗(うろこ)が落(お)ちた。

교수님의 그 한마디로 나는 지금까지 몰랐던 일을 갑자기 깨달았다.

★☆☆

目くじらを立てる　사소한 결점을 들어 꾸짖다, 트집을 잡다

あのおばさんはいつも目くじらを立てて隣の悪い噂を流そうとしている。

저 아줌마는 항상 트집을 잡아서 이웃의 나쁜 소문을 흘리려고 하고 있다.

★★☆

目と鼻の先

엎드리면 코 닿을 데

学校は目と鼻の先にあるのに、何でいつも遅刻するのかな。

학교는 엎드리면 코 닿을 거리인데 왜 항상 지각하는 걸까?

★★★

目の上の瘤

눈엣가시

転校生の彼女は美人で頭もいいから、クラスの女の子たちにとっては目の上の瘤だろう。

전학생인 그녀는 미인이고 머리도 좋아서 반 여자아이들에게는 눈엣가시일 것이다.

★★☆

目を通す

훑어보다

書類を送ってくれて、どうもありがとう。今日はちょっと忙しいので、明日目を通すね。

서류를 보내줘서 정말 고마워, 오늘은 좀 바쁘기 때문에 내일 훑어볼게.

unit 05 관용구 II – 기타 관용구 및 속담

TRACK 7-05

★★★
相槌を打つ

맞장구를 치다

私はいつも相槌を打つばかりで、自分から話題を投げかけることはあまりない。
나는 항상 맞장구를 치기만 하고, 스스로 화제를 제시한 적은 그다지 없다.

★★☆
揚げ足を取る

말꼬리를 물고 늘어지다

人の揚げ足を取るのが、そんなに楽しいのか。
남의 말꼬리를 물고 늘어지는 것이 그렇게 즐거워?

★★☆
石の上にも三年

참고 견디면 반드시 성공한다

石の上にも三年って言うから、少なくとも3年間は頑張ってみよう。
참고 견디면 반드시 성공한다고 하니까, 적어도 3년은 노력해 보자.

★★☆
意地を張る

고집을 부리다, 오기를 부리다

意地を張っていないで、もう少し素直になりなさい。
고집을 부리지 말고, 좀 더 고분고분해지세요.

片意地張り 황소고집　　片意地を張る 외고집을 피우다
我を張る 아집을 부리다　　強情を張る 고집을 피우다

★★☆

一目置く

한 수 위임을 인정하다

彼の泳ぎは水泳選手の中でもすばらしくて、水泳界でだれもが一目置く存在だ。

그의 수영은 수영 선수 중에서도 훌륭해서, 수영계에서 누구나 인정하는 존재다.

★★☆

馬が合う

서로 마음이 맞다

少し話しただけだが、彼とは馬が合うようだ。

조금 이야기했을 뿐인데, 그와는 서로 마음이 맞는 것 같다.

あうんの呼吸 호흡이 맞다
気が合う 마음이 맞다

★★★

馬の耳に念仏

말 귀에 염불, 마이동풍

いくら無駄遣いをするなと言っても、流行りもの好きの娘には馬の耳に念仏のようだ。

아무리 낭비를 하지 말라고 해도, 유행하는 물건을 좋아하는 딸에게는 마이동풍인 것 같다.

馬耳東風 마이동풍

★★☆

お茶を濁す

어물어물 넘기다

父に見合いの話を持ち出されたが、今は仕事が恋人だとお茶を濁してその場を凌いだ。

아버지가 맞선 이야기를 꺼냈지만, 지금은 일이 애인이라고 어물어물 넘기며 그 자리를 견뎠다.

★★☆

おひれをつける

과장하여 말하다

彼(かれ)はいつもおひれをつけて話(はなし)をするから、あまり真剣(しんけん)に聞(き)く必要(ひつよう)はない。

그는 항상 과장하여 말하기 때문에 그다지 진지하게 들을 필요는 없다.

> 大(おお)げさに言(い)う 과장해서 말하다
> 誇張(こちょう)する 과장하다
> 輪(わ)をかける 과장하다

★★☆

気(き)が気(き)でない

안절부절못하다

子供(こども)を一人(ひとり)でお遣(つか)いに行(い)かせたものの、途中(とちゅう)で事故(じこ)などに遭(あ)っていないか気(き)が気(き)でない。

아이를 혼자 심부름을 보내기는 했지만, 도중에 사고 등을 당하지 않을까 안절부절못한다.

★★☆

気(き)が抜(ぬ)ける

긴장이 풀리다, 맥이 빠지다

子供(こども)はいつ何(なに)を口(くち)に入(い)れるか分(わ)からないから、一瞬(いっしゅん)たりとも気(き)が抜(ぬ)けない。

아이는 언제 무엇을 입에 넣을지 모르니까, 한순간이라도 긴장을 늦출 수 없다.

★★★

気(き)にくわない

마음에 들지 않다

金持(かねも)ちだということを鼻(はな)にかける彼(かれ)の態度(たいど)が気(き)にくわない。

부자라는 것을 자랑하는 그의 태도가 마음에 들지 않는다.

> 気(き)に入(い)らない 마음에 들지 않다

★★★

脚光(きゃっこう)を浴(あ)びる

각광을 받다

いつか芸能界(げいのうかい)に入(はい)って、脚光(きゃっこう)を浴(あ)びるのが私(わたし)の夢(ゆめ)だ。

언젠가 예능계에 들어가서 각광을 받는 것이 나의 꿈이다.

★★☆

気(き)を配(くば)る

배려하다

私(わたし)はいつも自分(じぶん)のことばかりで、もう少(すこ)し周(まわ)りに気(き)を配(くば)るようになりたい。

나는 항상 내 생각뿐이어서, 조금 더 주위 사람을 배려하고 싶다.

★★☆

気(き)を紛(まぎ)らわす

다른 일로 불쾌한 기분을 잊다

体(からだ)を動(うご)かして、気(き)を紛(まぎ)らわそう。

몸을 움직여서 기분을 전환하자.

★★★

釘(くぎ)をさす

다짐을 두다, 못을 박다

お客様(きゃくさま)に入会費(にゅうかいひ)の説明(せつめい)を申(もう)し上(あ)げる時(とき)は、契約(けいやく)したその日(ひ)から一週間(いっしゅうかん)すぎると返金(へんきん)できないと、釘(くぎ)をさすようにしている。

손님에게 입회비의 설명을 드릴 때는, 계약한 당일부터 일주일이 지나면 돈을 돌려줄 수 없다고 못을 박고 있다.

> とどめを刺(さ)す 다짐을 하다, 못을 박다
> 念(ねん)を押(お)す 다짐하다, 확인하다

★★☆

功(こう)を奏(そう)する

성공하다, 성취하다, 주효하다

チラシの宣伝(せんでん)が功(こう)を奏(そう)したんですね。

전단지 선전이 성공한 거군요.

★☆☆

心を鬼にする

마음을 독하게 먹다

どんなに信頼している親友に借金の保証人になってくれと頼まれても、心を鬼にして断りなさい。

아무리 신뢰하고 있는 친구가 빚 보증인이 되어 달라고 부탁해도, 마음을 독하게 먹고 거절하세요.

★☆☆

言葉尻を捕える

말꼬리를 잡다

彼はいつも言葉尻を捕えるから、話しているこっちが疲れるんだ。

그는 항상 말꼬리를 잡기 때문에 이야기하는 이쪽이 피곤하다.

★★☆

匙を投げる

가망이 없어 포기하다

祖父の病気は日本で五本の指に入るほどの有名な医者でさえ匙を投げるほどの難病だ。

할아버지의 병은 일본에서 다섯 손가락에 들어갈 만큼 유명한 의사조차도 포기할 정도의 난치병이다.

諦める 포기하다
思い止まる 단념하다

★★★

鯖を読む

수량을 속이다

また女優が年齢の鯖を読んでいたという記事を見つけた。

또 여배우가 나이를 속이고 있었다는 기사를 발견했다.

欺く 속이다
偽る 거짓말하다, 속이다
だます 속이다
一杯食わす 한방 먹이다, 속이다
ごまかす 속이다
惑わす 속이다, 기만하다

★★★

しのぎを削(けず)る

맹렬히 싸우다

デパートはボーナス商戦(しょうせん)にしのぎを削(けず)っている。

백화점은 보너스 경쟁으로 맹렬히 싸우고 있다.

★★★

隅(すみ)に置(お)けない

얕볼 수 없다, 여간이 아니다

うちの子(こ)がバレンタインデーに大量(たいりょう)のチョコレートをもらって帰(かえ)ってきた。息子(むすこ)も隅(すみ)に置(お)けないな。

우리 아이가 밸런타인데이에 대량의 초콜릿을 받아서 왔다. 아들도 얕볼 수 없군.

★☆☆

高(たか)をくくる

대수롭지 않게 여기다, 깔보다

たかが5分間(ふんかん)のプレゼンだと高(たか)をくくって適当(てきとう)な準備(じゅんび)をしてると、後(あと)でひどい目(め)に遭(あ)うぞ。

겨우 5분간의 프레젠테이션이라고 깔보고 적당히 준비를 하고 있으면 나중에 심한 꼴을 당해.

★☆☆

竹(たけ)を割(わ)ったよう

성미가 대쪽같이 곧음

彼女(かのじょ)の竹(たけ)を割(わ)ったような性格(せいかく)は優柔不断(ゆうじゅうふだん)な私(わたし)にとってはうらやましい性格(せいかく)だ。

그녀의 대쪽같이 곧은 성격은 우유부단한 나에게는 부러운 성격이다.

★★☆

棚(たな)にあげる

자신에게 불리한 것을 모른 체하다

部長(ぶちょう)は自分(じぶん)の失敗(しっぱい)を棚(たな)にあげて部下(ぶか)の失敗(しっぱい)ばかりを指摘(してき)する。

부장님은 자신의 실패를 모른 체하고 부하의 실패만을 지적한다.

★★☆

鶴の一声（つるのひとこえ）

권위자·권력자의 한마디

社長の鶴の一声が会社をここまで大きくしたのだと思う。

사장님의 한마디가 회사를 여기까지 성장시켰다고 생각한다.

★☆☆

度肝を抜く（どぎもをぬく）

깜짝 놀라게 하다

あのマジシャンは観客の度肝を抜くパフォーマンスで私たちを楽しませてくれる。

그 마술사는 관객을 깜짝 놀라게 하는 퍼포먼스로 우리들을 즐겁게 해 준다.

★★★

途方に暮れる（とほうにくれる）

어찌할 바를 모르다

リストラされた私は、お先が真っ暗で途方に暮れてしまいました。

구조조정을 당한 저는 앞이 깜깜해서 어찌할 바를 몰랐습니다.

★★☆

取り付く島がない（とりつくしまがない）

의지할 데가 없다, 상대가 퉁명스러워서 말을 붙일 수가 없다

年金のことで相談センターに連絡したが、そっけない態度を取られ取り付く島がなかった。

연금 일로 상담센터에 연락했지만, 쌀쌀한 태도를 보여서 말을 붙일 수가 없었다.

★★☆

猫に小判（ねこにこばん）

돼지에 진주(목걸이)

父に高級な服をプレゼントしても、全然着ない。正に猫に小判だ。

아버지에게 고급 옷을 선물해도 전혀 입지 않는다. 그야말로 돼지에 진주목걸이다.

豚に真珠（ぶたにしんじゅ） 돼지에 진주(목걸이)

★★☆

猫を被る

얌전한 체하다, 시치미를 떼다

A 君の妹はとても静かな子ですね。
네 여동생은 매우 조용한 아이네.

B 猫を被っているだけよ。家では全然落ち着きがなくて、騒がしいのよ。
얌전한 체하는 것뿐이야. 집에서는 전혀 차분하지 않고 시끄러워.

> かまとと振る 시치미 떼다, 내숭 떨다
> 白を切る 시치미를 떼다
> 涼しい顔をしている 시치미를 떼고 있다
> とぼける 시치미를 떼다

★★☆

根に持つ

앙심을 품다

学生時代に友達にされた嫌なことを、10年経った今でも根に持っている。
학창 시절에 친구에게 당했던 싫은 일을, 10년이 지난 지금도 앙심을 품고 있다.

★★☆

根も葉もない

아무런 근거도 없다

A あなた浮気しているでしょ。
당신 바람을 피고 있죠?

B 何を言っているんだ。根も葉もないことを言うな。
무슨 소리를 하고 있어. 아무런 근거도 없는 말 하지마.

★★☆

念には念を入れる

주의에 주의를 거듭하다

受験当日の朝、忘れ物がないか念には念を入れてかばんを何度も何度も確認した。
시험 당일 아침, 잊은 물건이 없는지 주의에 주의를 거듭해 가방을 몇 번이나 확인했다.

★☆☆

馬脚をあらわす

마각을 드러내다, 정체가 탄로 나다

上品に振る舞っていたが、つい普段の悪い癖が出てしまい、ついに**馬脚をあらわして**しまった。

품위 있게 행동하고 있었는데, 무심코 평소의 나쁜 버릇이 나와서 결국 정체가 탄로 나 버렸다.

> 底が割れる 숨긴 것이 드러나다, 탄로가 나다

★☆☆

恥をかく

창피를 당하다, 수치를 겪다

大勢の前で**恥をかいて**しまい、穴があったら入りたい気持ちだった。

많은 사람 앞에서 창피를 당해서, 구멍이 있으면 들어가고 싶은 심정이었다.

★☆☆

判で押したよう

판에 박은 듯함

判で押したような変化のない生活はもうこりごりだ。

판에 박은 듯이 변화가 없는 생활은 이제 지긋지긋하다.

★★★

腑に落ちない

납득이 안 가다, 이해가 안 된다

今朝、署に犯人と名乗る男が自首してきたが、何か**腑に落ちない**。

오늘 아침 경찰서에 범인이라고 칭하는 남자가 자수했는데, 뭔가 납득이 가지 않는다.

> 合点がいかない 납득이 가지 않다

★★☆

まないたの鯉

도마에 오른 고기

逮捕された犯人は**まないたの鯉**だ。

체포된 범인은 도마에 오른 고기다.

★★☆

右に出る者がない　능가하는 사람이 없다, 가장 훌륭하다

柔道においては彼の右に出る者がない。

유도에서는 그를 능가하는 사람이 없다.

★★☆

水を差す

방해하다, 이간질하다

やっと兄弟喧嘩が治まったかと思ったら、夫が水を差すことを言ってまた喧嘩が始まってしまった。

겨우 형제 싸움이 조용해졌다고 생각했더니, 남편이 이간질하는 말을 해서 또 싸움이 시작되어 버렸다.

★★☆

道草を食う

도중에 다른 일로 시간을 허비하다

道草を食っていたら帰りが遅くなってしまった。

시간을 허비하고 있었더니 귀가가 늦어졌다.

★★★

虫がいい

뻔뻔스럽다, 염치없다

さっき、高い物を買ってもらったのに、また買ってもらおうなんて虫が良すぎる。

조금 전에 비싼 물건을 받았는데, 또 받으려고 하다니 너무나 뻔뻔스럽다.

厚かましい 뻔뻔스럽다
臆面もなく 뻔뻔스럽게
押しが強い 뻔뻔스럽다
図々しい 뻔뻔스럽다
図太い 뻔뻔스럽다, 유들유들하다
面の皮が厚い 뻔뻔스럽다

★★☆

虫が好かない

주는 것 없이 밉다, 어쩐지 마음에 안 들다

ただハンサムなだけの彼が生徒会長に選ばれるなんて、虫が好かない話だ。

단지 잘생기기만 한 그가 학생 회장에 선출되다니, 어쩐지 마음에 들지 않는 이야기다.

★★☆

虫の居所が悪い

기분이 안 좋아 공연히 화를 내다

今、お父さんは虫の居所が悪いから、話しかけない方がいいわよ。

지금 아버지는 기분이 안 좋으니까, 말을 걸지 않는 편이 좋아요.

★★★

役に立つ

도움이 되다

資格証を持っていれば、就職の役に立つ。

자격증을 갖고 있으면 취직에 도움이 된다.

★☆☆

安物買いの銭失い

싼 게 비지떡

500円の服を買ったの？ 安物買いの銭失いだよ。

500엔짜리 옷을 샀어? 싼 게 비지떡이야.

★★★

らちが明かない

결말이 나지 않다

こんなんじゃ、いつまで経ってもらちが明かない。

이래서는 영원히 결말이 안 난다.

unit 06 필수 문형

TRACK 7-06

★★★

～あげく

～한 끝에

さんざん迷(まよ)ったあげく、帰国(きこく)することにした。

몹시 망설인 끝에 귀국하기로 했다.

★★★

～いざしらず

～은 어떨지 모르지만

他(ほか)の人(ひと)はいざしらず、私(わたし)は最後(さいご)までやり抜(ぬ)くつもりだ。

다른 사람이라면 어떨지 모르지만, 나는 마지막까지 해낼 생각이다.

★★★

～一方(いっぽう)だ

～만 하다, ～뿐이다

地球上(ちきゅうじょう)の緑(みどり)はますます減少(げんしょう)する一方(いっぽう)だ。

지구상의 녹색은 점점 감소하기만 한다.

★★☆

～かたがた

～할 겸

そのうちお見舞(みま)いかたがた、顔(かお)を見(み)に行(い)きます。

조만간 병문안 겸 얼굴을 보러 가겠습니다.

★★★

～かたわら

～하는 한편, ～함과 동시에

大学(だいがく)で勉強(べんきょう)するかたわらバイトをしています。

대학에서 공부를 하면서 아르바이트를 하고 있습니다.

★★☆

～か～ないかのうちに ～하자마자

試験開始(しけんかいし)のベルが鳴(な)る**か**鳴(な)ら**ないかのうちに**、受験生(じゅけんせい)たちは問題(もんだい)を読(よ)み始(はじ)めた。

시험 개시의 벨이 울리자마자 수험생들은 문제를 읽기 시작했다.

★★★

～かねない

～할지도 모른다

今後(こんご)もこのような問題(もんだい)は増加(ぞうか)し**かねない**。

앞으로도 이와 같은 문제는 증가할지도 모른다.

★★★

～から～にかけて ～부터 ～에 걸쳐서

７月(がつ)から８月(がつ)にかけて梅雨(つゆ)の季節(きせつ)です。

7월부터 8월에 걸쳐서 장마철입니다.

★★★

～からには

～한 이상은

大学(だいがく)に入(はい)った**からには**、真面目(まじめ)に勉強(べんきょう)したい。

대학에 들어온 이상은 성실히 공부하고 싶다.

★★★

～気味(ぎみ)

～기미, ～기운, ～경향

風邪(かぜ)**気味(ぎみ)**なので、今日(きょう)は早(はや)く帰(かえ)らせていただきます。

감기 기운이어서 오늘은 일찍 돌아가겠습니다.

★★★

～きらいがある ～인 경향이 있다

彼(かれ)のやり方(かた)は独断的(どくだんてき)な**きらいがある**。

그의 방식은 독단적인 경향이 있다.

★★★

～きり

～한 채

息子(むすこ)は朝(あさ)出(で)かけたきり、夜中(よなか)になっても帰(かえ)らなかった。

아들은 아침에 외출한 채, 밤중이 되어도 돌아오지 않았다.

★★★

～さえ～ば

～만 ～하면

人間(にんげん)は水(みず)さえあれば、何日(なんにち)かは生(い)きられる。

인간은 물만 있으면 며칠간은 살 수 있다.

★★★

～ざるを得(え)ない

～하지 않을 수 없다

約束(やくそく)したからには行(い)かざるを得(え)ない。

약속한 이상은 가지 않을 수 없다.

★★★

～次第(しだい)

～하는 대로

停車中(ていしゃちゅう)の電車(でんしゃ)はドアの故障(こしょう)が直(なお)り次第(しだい)発車(はっしゃ)します。

정차 중인 전철은 고장 난 문이 고쳐지는 대로 출발하겠습니다.

★★★

～末(すえ)

～한 끝에

彼女(かのじょ)はいろいろと考(かんが)えた末(すえ)、結婚(けっこん)のかわりに仕事(しごと)を選(えら)んだ。

그녀는 여러 가지로 생각한 끝에 결혼 대신 일을 선택했다.

★★★

～ずにはいられない

～하지 않을 수 없다

小学生(しょうがくせい)がタバコを吸(す)っているのを見(み)て、注意(ちゅうい)せずにはいられなかった。

초등학생이 담배를 피우고 있는 것을 보고 주의를 주지 않을 수 없었다.

★★★

〜ずにはすまない

〜하지 않고는 끝나지 않는다 , 반드시 〜해야 한다

彼女(かのじょ)を傷(きず)つけた以上(いじょう)は謝(あやま)らずにはすまない。

그녀를 상처 입힌 이상은 사과하지 않고는 끝나지 않는다.

★★★

〜だけあって

〜인 만큼

看護婦(かんごふ)としての経験(けいけん)が長(なが)いだけあって、病人(びょうにん)の扱(あつか)いに慣(な)れている。

간호사로서의 경험이 오래된 만큼, 병자를 다루는 데 익숙하다.

★★★

〜たことがある

〜한 적이 있다

この本(ほん)なら子供(こども)の頃(ころ)読(よ)んだことがある。

이 책이라면 어렸을 때 읽은 적이 있다.

★★★

〜たとたん(に)

〜하자마자

スイッチを押(お)したとたんに、爆発(ばくはつ)が起(お)こった。

스위치를 누르자마자 폭발이 일어났다.

★★★

〜たびに

〜할 때마다

月(つき)を見(み)るたびに、別(わか)れた彼女(かのじょ)のことを思(おも)い出(だ)す。

달을 볼 때마다 헤어진 그녀를 떠올린다.

★★★

〜たまま

〜한 채로

靴(くつ)を履(は)いたまま、部屋(へや)に入(はい)ってはいけない。

구두를 신은 채로 방에 들어가서는 안 된다.

★★★

～たりとも

～이라도

手術中(しゅじゅつちゅう)は一瞬(いっしゅん)たりとも気(き)が抜(ぬ)けません。

수술 중에는 한순간도 긴장을 풀 수 없습니다.

★★★

～っこない

～할 리가 없다

まだ３才(さい)の子供(こども)だから、漢字(かんじ)なんて読(よ)めっこない。

아직 세 살짜리 아이니까, 한자 따위 읽을 수 있을 리가 없다.

★★★

～つつ

～하면서

電車(でんしゃ)に揺(ゆ)られつつ、一時間(いちじかん)ぐらいいい気持(きも)ちで眠(ねむ)った。

전철에 흔들리면서 한 시간 정도 기분 좋게 잤다.

★★★

～つつある

～하고 있다

ここ数年(すうねん)、女性(じょせい)の大学進学者(だいがくしんがくしゃ)の数(かず)は増(ふ)えつつある。

최근 수년, 여성의 대학 진학자 수는 증가하고 있다.

★★★

～っぱなし

～인 채임, ～한 채임

冷房(れいぼう)をつけっぱなしで寝(ね)て、風邪(かぜ)を引(ひ)いてしまった。

냉방을 켠 채로 자서 감기에 걸려 버렸다.

★★★

～てしかたがない

～해서 견딜 수가 없다, 너무 ～하다

今日(きょう)は朝(あさ)から眠(ねむ)くてしかたがない。

오늘은 아침부터 졸려서 견딜 수가 없다.

★★★

～てやまない

～해 마지않다

世界に平和が訪れることを願ってやまない。

세계에 평화가 찾아오는 것을 기원해 마지않는다.

★★☆

～と相まって

～과 어울려, ～와 더불어

休日の遊園地は、晴天と相まって大変賑わっていた。

휴일의 유원지는 맑은 하늘과 더불어 매우 붐비고 있었다.

★★★

～とあって

～라서

夏休みの最後の日曜日とあって、行楽地は家族連れで賑わっていた。

여름 휴가의 마지막 일요일이라서 행락지는 가족으로 붐비고 있었다.

★★☆

～といえども

～라고 해도, ～라 할지라도

そんな難しい質問には、教授といえども答えられないだろう。

그런 어려운 질문에는 교수라고 해도 답할 수 없을 것이다.

★★★

～といったところだ

～정도이다

小遣いは月 2、3 万円といったところかな。

용돈은 한 달에 2, 3만 엔 정도일까?

★★★

～といったらない

매우 ～하다, 정말이지 ～하다

あの店の料理はまずいといったらない。

그 가게의 요리는 매우 맛없다.

★★★

～と思いきや

～라고 생각했는데

てっきり二人は結婚すると思いきや、実はただの飲み友達だった。

틀림없이 두 사람은 결혼할 것이라고 생각했는데, 실은 그냥 술친구였다.

★★★

～ときたら

～로 말하자면

うちの担任ときたら、女子学生ばかりかわいがるんだ。

우리 담임 선생님으로 말하자면, 여학생만 귀여워해.

★★★

～どころではない

～할 상황이 아니다

こう天気が悪くては、山登りどころではない。

이렇게 날씨가 나빠서는 등산을 할 상황이 아니다.

★★☆

～とばかりに

～라는 듯이

彼は帰れとばかりに音を立ててドアを閉めた。

그는 돌아가라는 듯이 소리를 내서 문을 닫았다.

★★☆

～ともあろう

～이라는

弁護士ともあろう者が人を騙すなんて信じられない。

변호사라는 자가 사람을 속이다니 믿을 수 없다.

★★★

～ともなく

특별히 ～하려는 생각 없이, 무심코

運動場で遊ぶ子供たちを、見るともなく見ていた。

운동장에서 노는 아이들을 무심코 보고 있었다.

★★☆

～ないことはない　～하지 않는 것은 아니다

結婚したくないことはないが、結婚はまだ経済的な負担が大きい。

결혼하고 싶지 않은 것은 아니지만, 결혼은 아직 경제적인 부담이 크다.

★★☆

～ないものでもない　～하지 않는 것도 아니다

このペースで行けば、3 月までに完成しないものでもない。

이 페이스로 가면 3월까지 완성되지 않는 것도 아니다.

★★☆

～ならでは　오로지 ～만

このレストランには、この店ならではのサービスがある。

이 레스토랑에는 이 가게만의 서비스가 있다.

★★☆

～にあたって　～을 맞이하여, ～에 즈음하여

新年にあたって決心したことだから、今年は必ずやるつもりです。

신년을 맞이하여 결심한 것이니까, 올해는 반드시 할 생각입니다.

★★★

～にあるまじき　～에게 있어서는 안 될

飲酒運転で逮捕されるなんて、警官にあるまじきことだ。

음주 운전으로 체포되다니 경관에게 있어서는 안 될 일이다.

★★★

～にかかわらず　～에 상관없이

マラソン大会には、性別にかかわらずだれでも参加できます。

마라톤 대회에는 성별에 상관없이 누구라도 참가할 수 있습니다.

★★★
〜に限(かぎ)り

〜에 한해

この割引券(わりびきけん)をご持参(じさん)された方(かた)に限(かぎ)り、300円割引(えんわりびき)いたします。
이 할인권을 지참하신 분에 한해 300엔 할인해 드리겠습니다.

★★☆
〜にかけては

〜에 있어서는

計算(けいさん)の速(はや)さにかけては、私(わたし)に敵(かな)う人(ひと)はいない。
계산의 빠르기에 있어서는 나와 필적할 사람은 없다.

★★☆
〜にかたくない

〜하기 어렵지 않다

合格者(ごうかくしゃ)の喜(よろこ)びは察(さっ)するにかたくない。
합격자의 기쁨은 헤아리기 어렵지 않다.

★★☆
〜に決(き)まっている

〜임에 틀림없다, 반드시 〜하게 마련이다

雨(あめ)の日(ひ)に運動会(うんどうかい)なんて、できないに決(き)まっている。
비가 오는 날에 운동회 따위 할 수 없음에 틀림없다.

★★☆
〜に加(くわ)えて

〜에 더하여, 〜에다

彼女(かのじょ)はその美(うつく)しさに加(くわ)えて、性格(せいかく)もとてもいい。
그녀는 그 아름다움에 더하여, 성격도 매우 좋다.

★★☆
〜に越(こ)したことはない

〜하는 것이 최고다, 〜가 제일이다

危(あぶ)ないところには行(い)かないに越(こ)したことはない。
위험한 장소에는 가지 않는 것이 최고다.

★★☆

～に応えて

～에 부응하여

学生の要望に応えて日曜日も図書館を開館することにしました。

학생의 요망에 부응하여 일요일도 도서관을 개관하기로 했습니다.

★★☆

～に従って

～함에 따라

家電製品が普及するに従って、余暇時間も増える一方だ。

가전제품이 보급됨에 따라, 여가 시간도 증가하기만 한다.

★★☆

～にしては

～치고는

中田さんは新入社員にしては、客の応対がうまい。

나카타 씨는 신입사원치고는 손님 접대가 능숙하다.

★★★

～に相違ない

～임에 틀림없다

筆跡から判断して、このサインは兄のものに相違ない。

필적으로 판단하여 이 사인은 형의 것임에 틀림없다.

★★☆

～に沿って

～에 따라

最初に決めた計画に沿って工事を進めた。

처음 정한 계획에 따라 공사를 진행했다.

★★☆

～にたえる

～할 가치가 있다

毎年、たくさんの小説が出版されるが、後世の評価にたえる作品はごく一部だ。

매년 많은 소설이 출판되지만, 후세에 평가할 가치가 있는 작품은 극히 일부분이다.

★★★

～につけ(て)

～할 때마다

彼の心配そうな顔を見るにつけ、私は子供の頃の自分を思い出す。

그의 걱정스런 얼굴을 볼 때마다, 나는 어린 시절의 자신을 생각해낸다.

★★☆

～にとどまらず

～에 그치지 않고

その歌手は国内にとどまらず、世界的にも有名である。

그 가수는 국내에 그치지 않고, 세계적으로도 유명하다.

★★☆

～に伴って

～함에 따라서

台風の接近に伴って、雨が強くなってきた。

태풍이 접근함에 따라서 비가 거세졌다.

★★★

～に(は)あたらない

～할 정도는 아니다, ～할 것까지는 없다

１０才の子供が優勝したからといって驚くにはあたらない。

열 살 짜리 아이가 우승했다고 해서 놀랄 것까지는 없다.

★★★

～にひきかえ

～와 반대로, ～와 달리

冷夏だった昨年にひきかえ、今年は米が豊作らしい。

여름이 덥지 않았던 작년과 반대로 올해는 쌀이 풍작인 것 같다.

★★☆

～にほかならない

바로 ～이다, ～임에 틀림없다

事故の原因は運転手の操作ミスにほかならない。

사고의 원인은 운전사의 다름 아닌 조작 실수이다.

★★★

～にもかかわらず

～임에도 불구하고

注意(ちゅうい)していたにもかかわらず、事故(じこ)を起(お)こしてしまった。

주의하고 있었음에도 불구하고 사고를 일으키고 말았다.

★★☆

～に基(もと)づいて

～에 의거하여

この小説(しょうせつ)は実際(じっさい)にあった話(はなし)に基(もと)づいて書(か)かれました。

이 소설은 실제로 있었던 이야기에 의거하여 쓰여졌습니다.

★★★

～にもまして

～보다 더

彼女(かのじょ)の頭(あたま)のよさにもまして、性格(せいかく)のよさが人(ひと)に好(す)かれる所以(ゆえん)だ。

그녀의 머리가 좋은 것보다 더, 성격이 좋은 것이 남들이 좋아하는 까닭이다.

★★★

～にわたって

～에 걸쳐서

期末試験(きまつしけん)は三日間(みっかかん)にわたって行(おこな)われます。

기말시험은 사흘간에 걸쳐서 행해집니다.

★★★

～のみならず

～뿐만 아니라

人間(にんげん)のみならず、動物(どうぶつ)もストレスを受(う)けるそうだ。

인간뿐만 아니라 동물도 스트레스를 받는다고 한다.

★★☆

～はおろか

～은커녕, ～은 물론이고

彼(かれ)の家(いえ)にはテレビはおろかラジオもない。

그의 집에는 텔레비전은커녕 라디오도 없다.

★★★

～ばかりか

～뿐만 아니라

薬(くすり)を飲(の)んでも風邪(かぜ)が治(なお)らないばかりか、もっと悪(わる)くなってしまった。

약을 먹어도 감기가 낫지 않을 뿐만 아니라, 더욱 나빠져 버렸다.

★★★

～ばかりに

～한 탓에

冗談(じょうだん)を言(い)ったばかりに、彼女(かのじょ)に嫌(きら)われてしまった。

농담을 한 탓에 그녀에게 미움을 받고 말았다.

★★☆

～はさておき

～은 제쳐 두고

文法(ぶんぽう)はさておき、会話(かいわ)だけは自信(じしん)があります。

문법은 제쳐 두고, 회화만큼은 자신이 있습니다.

★★★

～ばそれまでだ

～하면 그것으로 끝이다

人間(にんげん)は死(し)んでしまえばそれまでだ。生(い)きているうちにいろんなことをしてみよう。

인간은 죽어 버리면 그것으로 끝이다. 살아 있을 동안에 여러 가지 것을 해 보겠다.

★★☆

～はともかく

～은 어쨌든

できるできないはともかく、まずやってみることが大事(だいじ)です。

할 수 있고 없고는 어쨌든, 우선 해 보는 것이 중요합니다.

★★☆

～はもとより

～은 물론이고

この絵本(えほん)は子供(こども)はもとより、大人(おとな)にも人気(にんき)がある。

이 그림책은 아이는 물론이고, 어른에게도 인기가 있다.

★★★

～ば～ほど

～하면 ～할수록

日本語の勉強は、すればするほど難しくなります。

일본어 공부는 하면 할수록 어려워집니다.

★★★

～ほうがいい

～하는 편이 좋다

顔色が悪いですね。早く病院に行ったほうがいいですよ。

안색이 나쁘네요. 빨리 병원에 가는 편이 좋아요.

★★☆

～向けに

～용으로

この雑誌は外国人向けに編集されています。

이 잡지는 외국인용으로 편집되어 있습니다.

★★★

～もさることながら

～은 물론이거니와

就職先を決める時は、条件もさることながら会社の雰囲気も無視できないです。

취직할 곳을 정할 때에는 조건은 물론이거니와 회사의 분위기도 무시할 수 없습니다.

★★☆

～ようがない

～할 방도가 없다, ～할 수가 없다

住所も電話番号も分からず、連絡のしようがなかった。

주소도 전화번호도 몰라서 연락할 방도가 없었다.

★★★

～わけにはいかない

～할 수는 없다

今日は大事な試験があるから、休むわけにはいかない。

오늘은 중요한 시험이 있어서 쉴 수는 없다.

★★★

～わりに(は)

～에 비해서(는)

勉強(べんきょう)しなかったわりには、試験(しけん)の結果(けっか)は悪(わる)くなかった。

공부하지 않은 것에 비해서는, 시험의 결과는 나쁘지 않았다.

★★☆

～をおいて

～을 제외하고, ～외에는

リーダーは彼(かれ)をおいては考(かんが)えられません。

리더는 그를 제외하고는 생각할 수 없습니다.

★★☆

～をかぎりに

～을 끝으로

今日(きょう)をかぎりに閉店(へいてん)させていただきます。

오늘을 끝으로 폐점하겠습니다.

★★☆

～を皮切(かわき)りに(して)

～을 시작으로 (하여)

誘拐事件(ゆうかいじけん)を皮切(かわき)りにして、次々(つぎつぎ)と事件(じけん)が起(お)こった。

유괴 사건을 시작으로 하여, 차례차례 사건이 발생했다.

★★★

～を禁(きん)じ得(え)ない

～을 금할 수 없다

彼(かれ)の裏切(うらぎ)りに対(たい)し、私(わたし)は怒(いか)りを禁(きん)じ得(え)なかった。

그의 배신에 대해서 나는 분노를 금할 수 없었다.

★★★

～を込(こ)めて

～을 담아서

愛(あい)を込(こ)めて自分(じぶん)で作(つく)った弁当(べんとう)を彼(かれ)に贈(おく)った。

사랑을 담아서 스스로 만든 도시락을 그에게 주었다.

★★☆

～を通じて

～을 통하여

彼女とは大学のサークル活動を通じて知り合った。

그녀와는 대학 서클 활동을 통하여 알았다.

★★☆

～を問わず

～을 불문하고

日本人、外国人を問わず参加希望者を募集しています。

일본인, 외국인을 불문하고 참가 희망자를 모집하고 있습니다.

★★☆

～をぬきにして

～을 빼고

２１世紀は高齢化問題をぬきにしては語れない。

21세기는 고령화 문제를 빼고는 말할 수 없다.

★★☆

～をはじめ

～을 비롯하여

上野動物園には、パンダをはじめいろんな動物がいる。

우에노 동물원에는 판다를 비롯하여 여러 동물이 있다.

★★☆

～を踏まえて

～에 입각하여

集めた資料を踏まえて論文を作成した。

모은 자료에 입각하여 논문을 작성했다.

★★☆

～を巡って

～을 둘러싸고

外国語の教え方を巡って、さまざまな意見が出た。

외국어 교수법을 둘러싸고 여러 의견이 나왔다.

★★★
～をもって

～로써

合否（ごうひ）は一週間（いっしゅうかん）以内（いない）に文書（ぶんしょ）をもって通知（つうち）します。
합격 여부는 일주일 이내에 문서로 통지하겠습니다.

★★★
～を余儀（よぎ）なくさせる

어쩔 수 없이 ～하게 하다

急（きゅう）な台風（たいふう）の北上（ほくじょう）が登山計画（とざんけいかく）の変更（へんこう）を余儀（よぎ）なくさせた。
갑작스런 태풍의 북상이 어쩔 수 없이 등산 계획을 변경하게 했다.

★★☆
～をよそに

～을 아랑곳하지 않고

住民（じゅうみん）の不安（ふあん）をよそに、原子力発電所（げんしりょくはつでんしょ）の建設（けんせつ）は進（すす）められた。
주민의 불안을 아랑곳하지 않고, 원자력 발전소의 건설은 진행되었다.

★★☆
～んがため

～하기 위해

子供（こども）を自立（じりつ）させんがために、親（おや）は子供（こども）を厳（きび）しくしつける。
아이를 자립시키기 위해, 부모는 아이를 엄격하게 계의범절을 가르친다.

PART 7 연습문제

下の＿＿＿＿線に入る適当な言葉をAからDの中で一つ選びなさい。

1　この地方は高温(こうおん)で雨が多く＿＿＿＿している。

A びしょびしょ　　B すべすべ

C だらだら　　D じめじめ

2　どうして彼女が怒ったのか＿＿＿＿分からない。

A うっかり　　B さっぱり

C くれぐれも　　D せっかく

3　予算(よさん)の有無(うむ)＿＿＿＿かかわらずこの計画は進めなければならない。

A に　　B でも

C で　　D の

4　昨日友だちと映画を見た。＿＿＿＿池袋で買い物をした。

A それとも　　B それから

C それなら　　D それなのに

5　＿＿＿＿の先なのにどうしていつも遅刻するのですか。

A 目と目　　B 鼻と口

C 耳と耳　　D 目と鼻

6　お腹が＿＿＿＿で目が回りそうだ。

A ごつごつ　　B にやにや

C ぺこぺこ　　D おどおど

7　連休に車で外出したが＿＿＿＿渋滞にあってしまった。

A 時折　　B やがて

C 案の定　　D 殊に

8　審判(しんぱん)の判定(はんてい)＿＿＿＿両チームの対立があった。

A を巡って　　B をこめて

C に基づいて　　D にわたって

9 明日は休みだ。映画に行こうか、________ に行こうか。

A そうして　B それに
C それとも　D そんなに

10 何があっても母は必ず姉の________を持ち、私はいつも悔しい思いをしている。

A 腕　B 腰
C 肩　D 手

11 私がドレスを選んでいる間、彼は店の中を________歩き回っていた。

A そもそも　B うろうろ
C うすうす　D そわそわ

12 彼は________英語を勉強していないんだから、話せるはずがない。

A かならずしも　B 先ず
C ちっとも　D たとえ

13 木曜日________金曜日のどちらかの午前中にお越しください。

A さて　B もしくは
C とはいえ　D しかも

14 姉は面接試験を受けた会社からの通知を________を長くして待っている。

A 手　B 首
C 耳　D 目

15 ________一番線に上り電車がまいります。

A ますます　B 既に
C 予て　D まもなく

16 めったに聞けない彼の生演奏(なまえんそう)________、狭い部室は満員になった。

A としては　B とあって
C といって　D だからといって

17 これは珍しいものです。＿＿＿＿値段も高いです。

A したがって　　B さて

C あるいは　　D および

18 彼女は不器用(ぶきよう)だが質素(しっそ)はある。＿＿＿＿目で見てやろう。

A 深い　　B 遠い

C 厚い　　D 長い

19 母の母、＿＿＿＿私の祖母は現在80歳です。

A あるいは　　B すなわち

C そのうえ　　D だって

20 明日はスピーチ大会をします。＿＿＿＿、大会終了後、パーティーがあります。

A なお　　B ただし

C すなわち　　D それは

21 弟は親の心配を＿＿＿＿毎晩遅くまで遊んでいる。

A うえに　　B そとに

C よそに　　D あとに

22 忙しくて料理ができないから、最近は＿＿＿＿外食ですませている。

A みじんも　　B 専ら

C ことごとく　　D めったに

23 彼は＿＿＿＿も葉もないうわさを言うから皆に嫌われる。

A 花　　B 根

C 幹　　D 枝

24 密林(みつりん)の中では、一瞬＿＿＿＿油断(ゆだん)してはいけない。

A だけなら　　B になるまで

C たりとも　　D どころか

25 彼の言葉を信じた＿＿＿＿ひどい目にあった。

A ばかりか　B が最後
C ばかりに　D ところ

26 お酒を飲んで車を運転するなど警察官に＿＿＿＿行為だ。

A あるまじき　B 禁じ得ない
C 難くない　D べからず

27 彼女とは＿＿＿＿が合わなくていっしょに働きたくありません。

A 犬　B 猫
C 馬　D 牛

28 ＿＿＿＿していないで早く言いなさい。

A もじもじ　B だらだら
C むかむか　D ぶつぶつ

29 あの歌手は老若男女（ろうにゃくなんにょ）を＿＿＿＿人気があります。

A かかわらず　B のみならず
C 問わず　D とどまらず

30 人気俳優出演（にんきはいゆうしゅつえん）の芝居（しばい）の券は、＿＿＿＿売り切れだそうだ。

A 忽ち　B 必ずしも
C 度々　D 果たして

PART8

다양한 주제의 지문을 읽고 답하는 문제로 총 30문제가 출제된다. 이해력보다는 속독과 내용을 파악하는 능력이 요구되므로, 평소 신문이나 생활문, 광고문 등을 빠르게 읽고 그 의미를 파악하는 연습을 하도록 한다.

Ⅷ. 下の文を読んで、後の問にもっとも適した答えを(A)から(D)の中で一つ選びなさい。

磁石をそばに置くだけで電気が起きるそんな簡単な発電の仕組みを、東京大の田中雅明教授らのチームが超微細技術を駆使して世界で初めて実現した。この仕組みは「スピン起電力」と呼ばれ、磁気センサーや超小型電子機器の電源などに応用が可能という。従来、磁気で電気を起こすには、発電機のように、電線を幾重にも巻いたコイルの近くで磁石を動かし、磁場を変化させる必要があった。

田中教授らは、ガリウムやヒ素、マンガンなどを材料にして、特定の向きのスピンを持つ電子だけが出入りできるような微細な磁石の粒を素子の中に作り、強めの永久磁石に相当する磁場の中に置いた。

___①___、21ミリ・ボルトの電圧が発生した。実験時の温度は、零下270度近辺と極めて低いが、半導体の作り方を工夫すれば、室温でも同様な現象を引き出せる可能性がある。

例 ___①___に入る言葉として、もっとも適したものを選びなさい。

(A) すると

(B) もしくは

(C) しかし

(D) そのうえ

答 (A)

unit 01 경제

TRACK 8-01

煽り ★☆☆
あお

충격, 여파

ガソリンの価格上昇の煽りを受けて、消費者心理も冷え込んできた。
가솔린 가격 상승의 여파를 받아 소비자 심리도 위축되었다.

赤字 ★★★
あかじ

반 黒字 흑자
くろじ

적자

巨額の財政赤字を抱えている。
거액의 재정 적자를 안고 있다.

足並みを揃える ★★★
あしな　　　そろ

보조를 맞추다

足並みを揃え、効果的な規制に乗り出す。
보조를 맞추어 효과적인 규제에 나섰다.

> 足並みが乱れる 보조가 흐트러지다
> あしな　　みだ

足踏み状態 ★★★
あしぶ じょうたい

유 伸び悩み 답보 상태
の　なや

답보 상태, 제자리 걸음

景気回復は足踏み状態である。
けいきかいふく　あしぶ じょうたい
경기 회복은 답보 상태이다.

★★☆

頭打ちになる

한계점에 이르다

急ピッチで増えていたアジア向けの輸出も頭打ちになってきた。

급속도로 증가하고 있던 아시아 대상 수출도 한계점에 이르렀다.

★★★

悪化

악화

景気が驚くほどのスピードで悪化している。

경기가 놀랄 정도의 속도로 악화되고 있다.

★★☆

後を絶たない

끊이지 않다

予算の無駄遣いは後を絶たない。

예산 낭비는 끊이지 않는다.

★☆☆

穴埋め

보충, 벌충

巨額の経営赤字を穴埋めする。

거액의 경영 적자를 보충하다.

★☆☆

インフラ

인프라(infrastructure), 산업 기반, 경제 기반

道路、港湾などのインフラ整備は遅れている。

도로, 항만 등의 인프라 정비는 늦어지고 있다.

★★☆

打ち切り

중지, 중단

景気悪化による非正規労働者の契約の打ち切りが相次ぐ。

경기 악화에 의한 비정규 노동자의 계약 중단이 이어진다.

★★★
鰻登り(うなぎのぼり)

(기온·물가·지위 등이) 자꾸만 올라감

最近売り上げが鰻登りだ。この調子でもっと頑張ろう。

최근 매상이 자꾸 올라간다. 이 상태에서 더욱 분발하자.

★☆☆
裏打ち(うらうち)

유 裏づけ 뒷받침

뒷받침

財政的裏打ちがしっかりしている。

재정적 뒷받침이 견실하다.

★★★
売り上げ(うりあげ)

매상, 매출

売り上げの減少が心配だ。

매출 감소가 걱정이다.

★☆☆
売り急ぐ(うりいそぐ)

서둘러 팔다

後から売りに出しても高値で売れますから、売り急ぐ必要がありません。

나중에 팔려고 내놓아도 비싼 값으로 팔 수 있으니까 서둘러 팔 필요가 없습니다.

★☆☆
売り込み(うりこみ)

판로를 넓힘

金利動向をにらみ、いかに売り込みを進めていくのかが今後の焦点です。

금리 동향을 주시하고, 어떻게 판로를 넓혀 나갈 것인지가 앞으로의 초점입니다.

★★☆
売り渡す(うりわたす)

매도하다, 팔아넘기다

今月から政府が売り渡す輸入小麦が10%値上げされます。

이번 달부터 정부가 매도한 수입 밀이 10% 인상됩니다.

★☆☆
おうせい
旺盛

왕성함

旺盛な原油需要で、価格は上昇に転じる。

왕성한 원유 수요로 가격은 상승으로 옮겨가다.

★☆☆
おお
覆う

덮다

世界を覆う経済危機が国民の生活に不安を広げている。

세계를 뒤덮은 경제 위기가 국민 생활에 불안을 확산시키고 있다.

★★☆
おおすじ
大筋

대략

牛乳価格は2割のアップで大筋合意した。

우유 가격은 20% 인상으로 대략 합의했다.

★☆☆
おさ　こ
押え込む

억누르다, 꼼짝 못하게 하다

金融危機を押え込むには、なお追加対策が必要となる。

금융 위기를 억누르기에는 더욱 추가 대책이 필요해진다.

★☆☆
お　あ
押し上げる

밀어 올리다

賃金の増加が消費を押し上げる。

임금의 증가가 소비를 밀어 올린다.

★☆☆
おそ
襲う

덮치다, 습격하다

世界の市場を襲っている景気の減速は、国内の不動産市場を直撃している。

세계 시장을 덮친 경기 감속은 국내 부동산 시장을 직격하고 있다.

★★☆

落ち込む（おちこむ）

(실적·매상 등이) 떨어지다, (좋지 못한 상태에) 빠지다

スーパーやデパートの売り上げは最近、急激に落ち込んでいる。

슈퍼마켓이나 백화점의 매출은 최근, 급격하게 떨어지고 있다.

★☆☆

及ぶ（およぶ）

타 及ぼす 미치게 하다, 끼치다

미치다

世界的な資源高が、鉄にも及んでいる。

세계적인 자원 가격 상승이 철에도 미치고 있다.

★★★

解雇（かいこ）

해고

非正規労働者の解雇の動きが拡大している。

비정규 노동자 해고의 움직임이 확대되고 있다.

★☆☆

回復（かいふく）

회복

国内経済はいつになったら回復するのか。

국내 경제는 언제가 되면 회복할 것인가?

★☆☆

買い控え（かいびかえ）

사는 것을 일시적으로 보류함, 구매 보류

国内の自動車販売が低迷している中で、買い控えを招き、販売不振に拍車がかかりかねない。

국내 자동차 판매가 침체를 벗어나지 못하고 있는 가운데, 구매 보류를 초래하여 판매 부진에 박차가 가해질지도 모른다.

★☆☆

書き入れ時

이익이나 벌이가 가장 많을 때, 대목

ホテルは書き入れ時にも関わらず、稼働率が平均20％以下にまで落ち込んでいる。

호텔은 대목임에도 불구하고, 가동률이 평균 20% 이하까지 떨어져 있다.

★☆☆

格下げ

반 格上げ 격상, 승격

격하

格下げされた会社が資金調達難に見舞われる。

격하된 회사가 자금 조달난에 빠지다.

★☆☆

格付け

등급을 매김

機械の性能によって格付けする。

기계의 성능에 따라서 등급을 매긴다.

★☆☆

影を落とす

영향을 미치다

長期不況が企業業績に影を落とし始めた。

장기 불황이 기업 실적에 영향을 미치기 시작했다.

★☆☆

貸し渋り

금융기관이 대출에 진중한 태도를 보임, 대출을 꺼림

企業は長引くデフレ不況のもとで、金融機関の貸し渋りに苦しんでいる。

기업은 길어지는 디플레이션 불황하에서 대출에 신중한 태도를 취하는 금융기관에 괴로워하고 있다.

★☆☆

かたがわり
肩代わり

(부담·부채 등) 남을 대신해서 떠맡음

企業が納付に応じない場合は保険料を国が**肩代わり**する。

기업이 납부에 응하지 않을 경우는 보험료를 나라가 대신 떠맡는다.

★☆☆

かちゅう
渦中

와중

今、経済情勢は混乱の**渦中**にある。

지금 경제 정세는 혼란의 와중에 있다.

★☆☆

がまん
我慢くらべ

서로 상대의 태도를 참을성 있게 기다리는 것

店の存亡をかけた**我慢くらべ**が続いている。

가게의 존망을 건 인내심 싸움이 계속되고 있다.

> 명사 + くらべ 겨루어 우열을 가림
> ちえ
> 知恵くらべ 지혜 겨루기
> ちから
> 力くらべ 힘 겨루기

★★☆

かんぜい
関税

관세

肉に100%という異例の高い**関税**をかけた。

고기에 100%라는 이례적으로 높은 관세를 붙였다.

★★☆

かんよう
肝要

かんじん
㊒肝心 중요함

매우 중요함

今は景気と雇用に目配りが**肝要だ**。

지금은 경기와 고용을 두루 살피는 것이 중요하다.

★☆☆

机上の空論（きじょう の くうろん）

탁상공론, 궤상공론

黒字化計画（くろじかけいかく）は、常（つね）に机上（きじょう）の空論（くうろん）で終（お）わった。

흑자화 계획은 항상 탁상공론으로 끝났다.

★☆☆

機動的（きどうてき）

기동적

金融（きんゆう）システムの麻痺（まひ）を防（ふせ）ぐため、柔軟（じゅうなん）で機動的（きどうてき）な政策運営（せいさくうんえい）が必要（ひつよう）だ。

금융 시스템의 마비를 방지하기 위해 유연하고 기동적인 정책 운영이 필요하다.

★☆☆

逆戻り（ぎゃくもどり）

제자리로 되돌아감

日本経済（にほんけいざい）はデフレに逆戻（ぎゃくもど）りする恐（おそ）れがある。

일본 경제는 디플레이션으로 되돌아갈 우려가 있다.

★☆☆

急激（きゅうげき）

급격

急激（きゅうげき）な経済（けいざい）の悪化（あっか）によって需要（じゅよう）が減（へ）ってしまったことが一番（いちばん）の原因（げんいん）です。

급격한 경제 악화에 의해 수요가 줄어들어 버린 것이 가장 큰 원인입니다.

★★☆

窮状（きゅうじょう）

궁상, 궁핍한 상태

窮状（きゅうじょう）を打開（だかい）するために、いろんな手（て）を打（う）っている。

궁핍한 상태를 타개하기 위하여 여러 수단을 쓰고 있다.

★☆☆

窮地（きゅうち）

궁지

どの企業（きぎょう）も窮地（きゅうち）に立（た）たされている。

어느 기업도 궁지에 몰려 있다.

★★☆

急騰（きゅうとう）

반 急落（きゅうらく） 급락

급등

急騰（きゅうとう）の主（おも）な原因（げんいん）は投資（とうし）ファンドなどの投機資金（とうきしきん）の流入（りゅうにゅう）と見（み）られる。

급등의 주된 원인은 투자 펀드 등의 투기 자금의 유입으로 보여진다.

★★☆

急場しのぎ（きゅうば）

유 その場凌ぎ（ばしの） 임시변통
その場逃れ（ばのが） 임시변통

(난처한 상황을 면하기 위한) 임시변통

利用者（りようしゃ）の足（あし）を奪（うば）う線路縮小（せんろしゅくしょう）を急場（きゅうば）しのぎに使（つか）ってはならない。

이용자의 발을 묶는 선로 축소를 임시변통으로 사용해서는 안 된다.

★☆☆

急坂（きゅうはん）

가파른 비탈

世界経済（せかいけいざい）は急坂（きゅうはん）を転（ころ）げ落（お）ちるように悪化（あっか）している。

세계 경제는 가파른 비탈을 굴러 떨어지듯 악화되고 있다.

★☆☆

強大（きょうだい）

반 弱小（じゃくしょう） 약소

강대

世界経済（せかいけいざい）における中国（ちゅうごく）のパワーは、ますます強大（きょうだい）になる。

세계 경제에서 중국의 파워는 점점 강대해진다.

★☆☆

局面（きょくめん）

국면

雇用失業情勢（こようしつぎょうじょうせい）は下降局面（かこうきょくめん）にある。

고용 실업 정세는 하강 국면에 있다.

★☆☆

切り込む（きこ）

매섭게 따지다

今（いま）の官僚制度（かんりょうせいど）に大胆（だいたん）に切（き）り込（こ）んだ。

지금의 관료 제도에 대담하게 따졌다.

切(き)り札(ふだ)

최후의 수단, 비장의 수단

米国(べいこく)の金融危機(きんゆうきき)を沈静化(ちんせいか)させる切(き)り札(ふだ)になるのだろうか。
미국의 금융 위기를 잠잠하게 하는 최후의 수단이 될 것인가?

★★★

懸念(けねん)

걱정, 염려

유 気(き)がかり 근심, 걱정
心配(しんぱい) 근심, 걱정

韓国(かんこく)でも景気減速(けいきげんそく)と物価上昇(ぶっかじょうしょう)が同時進行(どうじしんこう)する懸念(けねん)は、一段(いちだん)と強(つよ)まっている。
한국에서도 경기 감속과 물가 상승이 동시 진행되는 걱정은 한층 강해지고 있다.

★★★

下落(げらく)

하락

長期的(ちょうきてき)に見(み)ると価格(かかく)は大(おお)きく下落(げらく)する恐(おそ)れがある。
장기적으로 보면 가격은 크게 하락할 우려가 있다.

★☆☆

減速感(げんそくかん)

감속감

地方(ちほう)の景気(けいき)は減速感(げんそくかん)を強(つよ)めている。
지방 경기는 감속감을 거세게 하고 있다.

★☆☆

合計(ごうけい)

합계

日本(にほん)は合計(ごうけい)200万(まん)トンの外国米(がいこくまい)を輸入(ゆにゅう)した。
일본은 합계 200만 톤의 외국 쌀을 수입했다.

★☆☆

好循環(こうじゅんかん)

호순환

반 悪循環(あくじゅんかん) 악순환

海外(かいがい)からの投資(とうし)が増(ふ)えれば、成長(せいちょう)が加速(かそく)する好循環(こうじゅんかん)を生(う)む。
해외로부터의 투자가 증가하면, 성장이 가속하는 호순환을 낳는다.

★☆☆

更新(こうしん)

갱신

原油価格の上昇を受けて輸入額が過去最大を**更新**した。

원유 가격의 상승을 받아서 수입액이 과거 최대를 갱신했다.

★☆☆

後退(こうたい)

반 前進(ぜんしん) 전진

후퇴

景気**後退**への懸念が再び高まりそうです。

경기 후퇴로의 걱정이 다시 높아질 것 같습니다.

★★★

高騰(こうとう)

고등, 물건 값이 오름

世界的な食糧価格の**高騰**で、今日の食事にさえ困る人も少なくない。

세계적인 식량 가격의 상승으로, 오늘의 식사조차 곤란한 사람도 적지 않다.

★☆☆

こぎ着(つ)ける

노력하여 어떤 목표에 이르다

市場の混乱を恐れ、妥協に**こぎ着けた**といえよう。

시장의 혼란을 우려해서 타협에 이르렀다고 할 수 있을 것이다.

★☆☆

焦(こ)げ付(つ)く

빌려 준 돈을 받을 수 없게 되다

貸し金が**焦げ付く**恐れがある。

빌려 준 돈이 회수 불능이 될 우려가 있다.

★★☆

好(この)ましい

바람직하다

長期的な経済成長と雇用に対し、**好ましい**効果がある。

장기적인 경제 성장과 고용에 대해 바람직한 효과가 있다.

歳出 (さいしゅつ)
★☆☆

세출, 회계연도 내의 지출

歳出削減による財政規律の維持も重要だ。
세출 삭감에 의한 재정 규율의 유지도 중요하다.

[반] 歳入(さいにゅう) 세입

先行き (さきゆき)
★★☆

전망, 장래

失業率の悪化で景気の先行きに対する不安がさらに高まるのは避けられないものだ。
실업률의 악화로 경기 전망에 대한 불안이 더욱 높아지는 것은 피할 수 없는 것이다.

[유] 行方(ゆくえ) 장래
　　行く末(ゆくすえ) 장래, 전도

避ける (さける)
★★☆

피하다

景気の減速がこのまま続くようでは、地下の下落も避けられない状況です。
경기의 감속이 이대로 계속되어서는 땅값 하락도 피할 수 없는 상황입니다.

差し引く (さしひく)
★★☆

차감하다, 공제하다

所得税を差し引くことを検討している。
소득세를 공제하는 것을 검토하고 있다.

サブプライムローン
★☆☆

서브프라임론(subprime loan), 저소득자 주택융자

サブプライムローンを組み込んだ証券化商品は世界中に販売された。
저소득자 주택융자를 짜 넣은 증권화 상품은 전 세계에 판매되었다.

★★☆

山積(さんせき)

산적, 산더미처럼 쌓여 있음

やるべきことは山積(さんせき)している。

해야 할 일은 산더미처럼 쌓여 있다.

★☆☆

資金繰(しきんぐ)り

자금 변통

企業(きぎょう)が資金繰(しきんぐ)りに行(ゆ)き詰(づ)まり、またたく間(ま)に倒産(とうさん)する例(れい)が増(ふ)えている。

기업이 자금 회전에 막혀, 눈 깜짝할 사이에 도산하는 예가 늘고 있다.

★☆☆

下押(したお)し

시세가 하강함, 내림새

米国(べいこく)の実体経済(じったいけいざい)が減速(げんそく)すれば、世界経済(せかいけいざい)の下押(したお)し要因(よういん)になる。

미국의 실물 경제가 감속하면 세계 경제의 하강 요인이 된다.

★☆☆

醸成(じょうせい)

어떤 기운이나 정세를 서서히 조성함

改革(かいかく)に向(む)けた機運(きうん)は醸成(じょうせい)しつつある。

개혁을 향한 기운은 조성되고 있다.

★★★

正念場(しょうねんば)

진가를 발휘해야 할 가장 중요한 장면

今(いま)が交渉(こうしょう)の正念場(しょうねんば)であろう。

지금이 협상의 가장 중요한 고비일 것이다.

★★☆

想定(そうてい)

상정

世界的(せかいてき)に食糧不足(しょくりょうぶそく)が起(お)きるケースなどは想定(そうてい)していない。

세계적으로 식량 부족이 일어나는 경우 등은 상정되어 있지 않다.

★☆☆
底堅い
そこ がた

(주식 등의 시세가) 내릴 듯하면서 내려가지 않다

国内景気は、底堅く推移しているようだ。
こくないけいき　　そこがた　　すいい

국내 경기는 내릴 듯하면서 내려가지 않는 추이를 하고 있는 것 같다.

★★☆
底割れ
そこ わ

경기나 주가가 최저 상태에서 더욱 나빠짐

政府は政策を総動員し、景気底割れを食い止めねばならない。
せいふ　　せいさく　　そうどういん　　けいきそこわ　　く　と

정부는 정책을 총동원하여 경기가 더욱 나빠지는 것을 막아야 한다.

★☆☆
退職金
たい しょく きん

퇴직금

大卒社員の退職金が、大幅に減っている。
だいそつしゃいん　　たいしょくきん　　おおはば　　へ

대졸 사원의 퇴직금이 대폭적으로 줄어들고 있다.

★★☆
打診
だ しん

타진

金融機関に出資要請を打診した。
きんゆうきかん　　しゅっしようせい　　だしん

금융기관에 출자 요청을 타진했다.

★☆☆
立て直す
た　　なお

다시 세우다, 재정비하다

保険料を引き上げて、財政状況を立て直したい。
ほけんりょう　　ひ　あ　　ざいせいじょうきょう　　た　なお

보험료를 끌어올려 재정 상황을 재정비하고 싶다.

★★☆
ダメージ

대미지(damage), 손해

ダメージを最小限に抑えるためにあらゆる努力をした。
さいしょうげん　　おさ　　　　　　　　　　どりょく

손해를 최소한으로 억제하기 위해서 모든 노력을 했다.

ためらう

주저하다

金融危機の拡大を防ぐには、公的資金の投入をためらうべきではない。

금융 위기의 확대를 막기 위해서는 공적 자금 투입을 주저해서는 안 된다.

力を注ぐ

힘을 쏟다

経済の立て直しと景気回復に、力を注ぐべきであることは言うまでもない。

경제의 재정비와 경기 회복에 힘을 쏟아야 하는 것은 말할 필요도 없다.

血眼

혈안

中国が資源獲得に血眼になっている。

중국이 자원 획득에 혈안이 되어 있다.

注視

주시

今後、大都市の地価動向を注視する必要がある。

앞으로 대도시의 지가 동향을 주시할 필요가 있다.

帳尻を合わせる

수지 계산을 맞추다

彼は月々の家計費の帳尻を合わせるためにキャッシュフローの問題と戦っている。

그는 매달 가계비 수지 계산을 맞추기 위해, 현금 흐름 문제와 싸우고 있다.

★★☆

直撃(ちょくげき)

직격

食料品を含む急激な物価高は、貧困層を直撃している。

식료품을 포함하는 급격한 물가 상승은 빈곤층을 직격하고 있다.

★☆☆

直面(ちょくめん)

직면

韓国は今、様々な危機に直面している。

한국은 지금 다양한 위기에 직면해 있다.

★☆☆

つぎ込(こ)む

투입하다, 들이다

巨額な費用を道路につぎ込む必要がある。

거액의 비용을 도로에 투입할 필요가 있다.

★☆☆

綱渡(つなわた)り

줄타기, 위험한 짓

経営は綱渡りの状況が続いている。

경영은 줄타기 상황이 계속되고 있다.

★★☆

強(つよ)まる

거세지다

今後、下落傾向がさらに強まるだろうと覚悟をせねばなるまい。

앞으로 하락 경향이 더욱 거세질 거라고 각오를 해야 할 것이다.

★☆☆

低減(ていげん)

값을 내림, 저감

原価の低減を目指す動きが出ている。

원가 저감을 목표로 하는 움직임이 나타나고 있다.

★☆☆
提言（ていげん）

제언

年金改革（ねんきんかいかく）については、各界（かっかい）から多（おお）くの提言（ていげん）が出（だ）された。

연금 개혁에 관해서는 각계에서 많은 제언이 나왔다.

★★☆
梃入れ（てこいれ）

지원 조치를 함

低金利（ていきんり）が続（つづ）く日本（にほん）は、金融緩和（きんゆうかんわ）による景気（けいき）梃入れ（てこいれ）の余地（よち）が乏（とぼ）しい。

저금리가 계속되는 일본은 금융 완화에 의한 경기 지원의 여지가 부족하다.

★★☆
撤退（てったい）

철퇴, 철수

計画通（けいかくどお）りに事業（じぎょう）が進（すす）まない場合（ばあい）は、早期（そうき）に撤退（てったい）する判断（はんだん）も大切（たいせつ）だ。

계획대로 사업이 진행되지 않을 경우에는 조기에 철수하는 판단도 중요하다.

★★☆
手っ取り早い（てっとりばやい）

손쉽다, 빠른 길이다

自己資本比率（じこしほんひりつ）を高（たか）めるには融資（ゆうし）の圧縮（あっしゅく）が手（て）っ取（と）り早（ばや）い。

자기자본비율을 높이기에는 융자 압축이 빠른 길이다.

★☆☆
手詰まり（てづまり）

수단·방법이 다하여 꼼짝 못하게 됨

政策（せいさく）の手詰（てづ）まり感（かん）は否（いな）めない。

정책의 어려움은 부인할 수 없다.

★☆☆
手控える（てびかえる）

매매를 하지 않고 관망하다

投資（とうし）が手控（てびか）えられたのが値下（ねさ）がりの要因（よういん）だ。

투자가 유보된 것이 하락세의 요인이다.

★★☆

手を拱く

수수방관하다

厳しい経済情勢を前に手を拱いてたら、景気が底割れする恐れさえある。

혹독한 경제 정세를 앞에 두고 수수방관한다면, 경기가 더더욱 나빠질 우려조차 있다.

★☆☆

手を尽くす

온갖 수단을 쓰다

市場の不安を取り除くため、手を尽くさねばならない。

시장의 불안을 없애기 위해, 온갖 수단을 쓰지 않으면 안 된다.

★☆☆

電撃

전격, 갑작스런 공격, 충격

アメリカの電撃的な協調利下げの効果は限定的だった。

미국의 전격적인 협조 금리 인하의 효과는 한정적이었다.

★☆☆

転じる

변하다, 바뀌다

世界的にみて、地価は多くの国で値下がりに転じている。

세계적으로 보아, 지가는 많은 나라에서 하락세로 변하고 있다.

★☆☆

天引き

공제

給料から所得税が天引きされる。

급료에서 소득세가 공제되다.

★★☆

特許

특허

企業などが特許を出願する際には、出願料がかかる。

기업 등이 특허를 출원할 때에는 출원료가 든다.

★★☆
伴(ともな)う

동반하다

宇宙開発(うちゅうかいはつ)には、巨額(きょがく)の資金(しきん)とリスクが伴(ともな)う。

우주 개발에는 거액의 자금과 위험이 동반한다.

★☆☆
取(と)り分(ぶん)

유 取(と)り前(まえ) 차지할 몫

차지할 몫

人数(にんずう)が増(ふ)えると取(と)り分(ぶん)が減(へ)る。

인원수가 늘면 몫이 준다.

★★☆
鈍化(どんか)

둔화

今年(ことし)の世界経済(せかいけいざい)の成長(せいちょう)は5％台(だい)に鈍化(どんか)する。

올해의 세계 경제의 성장은 5%대로 둔화된다.

> 鈍(にぶ)る 둔해지다, 무디어지다

★☆☆
内需(ないじゅ)

반 外需(がいじゅ) 외수

내수

内需(ないじゅ)はプラスからマイナスへ落(お)ち込(こ)んだ。

내수는 플러스에서 마이너스로 떨어졌다.

★☆☆
生煮(なまに)え

(태도·대답 등이) 분명하지 않음, 흐리멍덩함

生煮(なまに)えの発表(はっぴょう)が市場(しじょう)を落胆(らくたん)させてしまった。

흐리멍덩한 발표가 시장을 낙담시켜 버렸다.

★☆☆
難航(なんこう)

난항

価格交渉(かかくこうしょう)は値上(ねあ)げ幅(はば)を巡(めぐ)り、難航(なんこう)をした。

가격 협상은 가격 인상폭을 둘러싸고 난항을 겪었다.

★☆☆

逃(に)げ得(どく)

도망치는 쪽이 이익이 되는 것

悪質事業主(あくしつじぎょうぬし)の逃(に)げ得(どく)を許(ゆる)さない。

악질 사업주가 도망치는 것을 용서하지 않는다.

★★☆

鈍(にぶ)る

유 鈍(なま)る 둔화되다

둔해지다

日本(にほん)からの輸出(ゆしゅつ)は鈍(にぶ)るだろう。

일본으로부터의 수출은 둔화될 것이다.

★★☆

年功序列(ねんこうじょれつ)

연공서열

年功序列(ねんこうじょれつ)が崩(くず)れ、退職金勘定(たいしょくきんかんじょう)の基準(きじゅん)となる退職時(たいしょくじ)の給与(きゅうよ)が減少(げんしょう)している。

연공서열이 무너져 퇴직금 계산의 기준이 되는 퇴직시의 급여가 감소하고 있다.

★☆☆

伸(の)び率(りつ)

신장률

伸(の)び率(りつ)は事前予想(じぜんよそう)を大幅(おおはば)に上回(うわまわ)っている。

신장률은 사전 예상을 대폭적으로 웃돌고 있다.

★★★

拍車(はくしゃ)がかかる

박차가 가해지다

日本(にほん)では原油(げんゆ)の値下(ねさ)がりを受(う)け、ガソリンの安売(やすう)り競争(きょうそう)に拍車(はくしゃ)がかかっている。

일본에서는 원유 하락세를 받아, 가솔린 염가 판매 경쟁에 박차가 가해지고 있다.

★☆☆

破綻(はたん)

파탄

破綻(はたん)に追(お)い込(こ)まれる前(まえ)に、大胆(だいたん)な経営判断(けいえいはんだん)が必要(ひつよう)である。

파탄에 빠지기 전에 대담한 경영 판단이 필요하다.

★☆☆

抜本的(ばっぽんてき)

발본적

住宅公社(じゅうたくこうしゃ)の経営(けいえい)は、抜本的(ばっぽんてき)な改革(かいかく)が急務(きゅうむ)だ。

주택공사의 경영은 발본적인 개혁이 급선무다.

★☆☆

跳(は)ね上(あ)がる

폭등하다

失業率(しつぎょうりつ)も6.7％に跳(は)ね上(あ)がり、景気(けいき)の急激(きゅうげき)な冷(ひ)え込(こ)みでアメリカの雇用情勢(こようじょうせい)の悪化(あっか)が加速(かそく)している。

실업률도 6.7%로 폭등하고, 경기의 급격한 침체로 미국 고용정세 악화가 가속되고 있다.

★★☆

冷(ひ)え込(こ)む

추위가 매서워지다

住宅市場(じゅうたくしじょう)が冷(ひ)え込(こ)み、企業投資(きぎょうとうし)と個人消費(こじんしょうひ)が弱(よわ)まった。

주택시장이 얼어붙어 기업 투자와 개인 소비가 약해졌다.

★★☆

引(ひ)き金(がね)

계기, 빌미

株価(かぶか)の暴落(ぼうらく)の引(ひ)き金(がね)になったのは、ある経営破綻(けいえいはたん)のニュースでした。

주가 폭락의 계기가 된 것은, 어떤 경영 파탄의 뉴스였습니다.

★☆☆

ひも

끈

このところの不景気(ふけいき)で財布(さいふ)のひもを締(し)めるという方(かた)は多(おお)いと思(おも)います。

최근 불경기로 지갑 끈을 졸라매는 분은 많다고 생각합니다.

★★☆

冷やす

가라앉히다, 진정시키다

企業業績の悪化が賃金の低迷を招き、消費を冷やしている。

기업 실적의 악화가 임금의 침체를 초래해, 소비를 가라앉히고 있다.

★☆☆

冷ややか

냉정한 모양

市場の反応は冷ややかだった。

시장의 반응은 냉정했다.

★☆☆

不手際

서투름, 실수

行政の不手際が景気に冷や水を浴びさせる。

행정 실수가 경기에 찬물을 끼얹다.

★☆☆

不透明

불투명

インフレはすでに高い水準にあり、今後の見通しも非常に不透明だ。

인플레는 이미 높은 수준이고, 앞으로의 전망도 상당히 불투명하다.

★☆☆

ブレーキがかかる

브레이크(brake)가 걸리다

大都市圏の地価回復にブレーキがかかった。

대도시권의 지가 회복에 브레이크가 걸렸다.

歯止めをかける 제동을 걸다

★★☆

へい きん
平均

평균

アフリカ諸国は近年、平均５％の経済成長が続く。

아프리카 모든 나라는 근년, 평균 5% 경제 성장이 이어진다.

★★★

へん さい
返済

변제

民営化された高速道路各社が料金収入で返済する計画になっている。

민영화된 고속도로 각 회사가 요금 수입으로 변제할 계획이다.

★☆☆

ほう しん
方針

방침

控除の対象を所得税だけではなく、住民税にも拡大する方針を固めた。

공제 대상을 소득세뿐만 아니라 주민세에도 확대할 방침을 굳혔다.

★★☆

ぼう ちょう
膨張

반 収縮(しゅうしゅく) 수축

팽창

急激な膨張は、中国内外に深刻な問題をもたらしている。

급격한 팽창은 중국 내외에 심각한 문제를 초래하고 있다.

★☆☆

またがる

걸치다, 올라타다

５年にまたがる計画を実行する。

5년에 걸친 계획을 실행한다.

★★★

み おく
見送る

미루다

原油の増産を見送ることに決めた。

원유 생산을 늘리는 것을 보류하기로 정했다.

★☆☆

未曾有(みぞう)

미증유, 아직 있어 본 적이 없음

米国(べいこく)はいま、未曾有(みぞう)の金融危機(きんゆうきき)にある。

미국은 지금 미증유의 금융 위기에 있다.

★☆☆

胸突(むなつ)き八丁(はっちょう)

일을 해내는 과정에서의 가장 어려운 국면

金融危機(きんゆうきき)を乗(の)り越(こ)えられるかどうか、これからが胸突(むなつ)き八丁(はっちょう)だ。

금융 위기를 극복할 수 있을지 어떨지, 지금부터가 가장 어려운 국면이다.

★☆☆

芽(め)

싹

景気回復(けいきかいふく)の維持(いじ)には、不安(ふあん)の芽(め)を一(ひと)つ一(ひと)つ取(と)り除(のぞ)いていかねばならない。

경기 회복 유지를 위해서는 불안의 싹을 하나하나 제거해 가야만 한다.

★★☆

目覚(めざ)ましい

눈부시다

中国(ちゅうごく)が目覚(めざ)ましい経済成長(けいざいせいちょう)を続(つづ)けている。

중국이 눈부신 경제 성장을 계속하고 있다.

★☆☆

目詰(めづ)まり

그물이나 천 등의 눈이 막힘

金融(きんゆう)の目詰(めづ)まり防止(ぼうし)に全力(ぜんりょく)を挙(あ)げねばならない。

금융의 막힘 방지에 전력을 다해야 한다.

★★★

めどが立(た)つ

목표가 서다, 전망이 서다

いまだに商品(しょうひん)の実用化(じつようか)のめどは立(た)っていない。

아직도 상품 실용화의 전망은 서 있지 않다.

★☆☆

模索(もさく)

모색

厳(きび)しい経営環境(けいえいかんきょう)の中(なか)で、出版界(しゅっぱんかい)の**模索(もさく)**が続(つづ)いている。

혹독한 경영 환경 속에서 출판계의 모색이 계속되고 있다.

★☆☆

漏(も)れる

타 漏(も)らす 누설하다

누설되다

情報(じょうほう)が**漏(も)れて**悪用(あくよう)されれば市場(しじょう)の公正(こうせい)さを歪(ゆが)める。

정보가 누설되어 악용되면 시장의 공정함을 왜곡시킨다.

★☆☆

役割(やくわり)を担(にな)う

역할을 담당하다

地方経済(ちほうけいざい)を活性化(かっせいか)させる**役割(やくわり)を担(にな)う**。

지방 경제를 활성화시키는 역할을 담당하다.

★☆☆

屋台骨(やたいぼね)

어떤 것을 지탱해 주는 것, 뼈대

金融(きんゆう)システムの**屋台骨(やたいぼね)**が揺(ゆ)らぎかねない。

금융 시스템의 뼈대가 흔들릴지도 모른다.

★★☆

やりくり

유 工面(くめん) 변통, 융통

변통

社会保障費(しゃかいほしょうひ)をはじめ財政(ざいせい)の**やりくり**が一段(いちだん)と苦(くる)しくなる。

사회보장비를 비롯한 재정의 변통이 한층 어렵게 되다.

★☆☆

ユーザー

유저(user), 수요자, 실제의 사용자

ユーザー企業(きぎょう)にとっては、高品質(こうひんしつ)の鋼材(こうざい)を確保(かくほ)することが重要(じゅうよう)だ。

유저 기업에게는 고품질의 철강 재료를 확보하는 것이 중요하다.

★☆☆
行(ゆ)き詰(づ)まる
정체 상태에 빠지다

経営(けいえい)に行(ゆ)き詰(づ)まる金融機関(きんゆうきかん)の名前(なまえ)が今(いま)も次々(つぎつぎ)取(と)り沙汰(ざた)されている。
경영이 정체 상태에 빠진 금융기관의 이름이 지금도 잇달아서 소문으로 떠돌고 있다.

★☆☆
行方(ゆくえ)
행방

世界経済(せかいけいざい)の行方(ゆくえ)は、一段(いちだん)と先(さき)が見(み)えなくなっている。
세계 경제의 행방은 더욱 전망이 어두워지고 있다.

★☆☆
揺(ゆ)さぶる
동요시키다, 뒤흔들다

円高(えんだか)は輸出(ゆしゅつ)に頼(たよ)る大手企業(おおてきぎょう)も揺(ゆ)さぶっている。
엔고는 수출에 의지하는 대기업도 뒤흔들고 있다.

★★☆
癒着(ゆちゃく)
유착

業者(ぎょうしゃ)との癒着(ゆちゃく)を断(た)つ抜本的(ばっぽんてき)な改革(かいかく)が必要(ひつよう)だ。
업자와의 유착을 끊는 발본적인 개혁이 필요하다.

★★★
輸入(ゆにゅう)
수입

(반)輸出(ゆしゅつ) 수출

日本(にほん)は海外(かいがい)から米(こめ)を輸入(ゆにゅう)し、大量(たいりょう)に保管(ほかん)している。
일본은 해외에서 쌀을 수입해서, 대량으로 보관하고 있다.

★★☆
呼(よ)び掛(か)ける
호소하다

積極的(せっきょくてき)な投資(とうし)を呼(よ)び掛(か)ける。
적극적인 투자를 호소하다.

★★☆

弱気(よわき)

반 強気(つよき) 강세를 예상함

예상되는 시세의 약세

景気(けいき)が悪(わる)いと融資判断(ゆうしはんだん)は弱気(よわき)になる。

경기가 나쁘면 융자의 판단은 약해진다.

★☆☆

乱高下(らんこうげ)

물가 등의 오르내림이 심함

野菜価額(やさいかがく)の乱高下(らんこうげ)を繰(く)り返(かえ)している。

채소 가격이 심한 변동을 반복하고 있다.

★☆☆

利下(りさ)げ

반 利上(りあ)げ 금리 인상

금리 인하

9月(がつ)から3回連続(かいれんぞく)の利下(りさ)げだ。

9월부터 3회 연속 금리 인하다.

★☆☆

流動化(りゅうどうか)

유동화

現在(げんざい)、世界情勢(せかいじょうせい)は急激(きゅうげき)に変化(へんか)し、流動化(りゅうどうか)している。

현재 세계 정세는 급격하게 변화하고 유동화되고 있다.

★☆☆

両(りょう)にらみ

각기 다른 두 가지의 동향을 동시에 관찰하고 경계함

景気減速(けいきげんそく)と物価上昇(ぶっかじょうしょう)を両(りょう)にらみする難(むずか)しい局面(きょくめん)にある。

경기 감속과 물가 상승을 동시에 경계하는 어려운 국면에 있다.

★☆☆

枠組(わくぐ)み

구조

日本(にほん)としては、多国間外交(たこくかんがいこう)の枠組(わくぐ)みを積極的(せっきょくてき)に活用(かつよう)しなければならない。

일본으로서는 다자간 외교의 구조를 적극적으로 활용해야 한다.

PART 8

unit 02 교육

TRACK 8-02

★★☆

青田買い(あおたがい)

㊜ 青田刈り(あおたがり)
졸업 전의 학생과 채용 계약을 맺는 일

졸업 전의 학생과 채용 계약을 맺는 일

量(りょう)よりも質(しつ)を重視(じゅうし)する企業(きぎょう)は優秀(ゆうしゅう)な学生(がくせい)を青田買い(あおたがい)で採用(さいよう)する。

양보다 질을 중시하는 기업은 우수한 학생을 선채용한다.

★☆☆

いじめる

못살게 굴다, 괴롭히다

いじめられた生徒(せいと)たちが学校(がっこう)を離(はな)れるケースが増(ふ)えている。

괴롭힘을 당한 학생들이 학교를 떠나는 경우가 늘고 있다.

★☆☆

受け皿(うけざら)

받아들이는 곳, 떠맡는 곳

文部科学省(もんぶかがくしょう)は学生(がくせい)の受け皿(うけざら)などの処理策(しょりさく)を練(ね)っておく必要(ひつよう)がある。

문부과학성은 학생을 인수하는 곳 등의 처리방책을 짜 둘 필요가 있다.

★☆☆

きめ細か(こま)

세밀함, 빈틈없음

教員(きょういん)が一人一人(ひとりひとり)の子供(こども)にきめ細(こま)かな指導(しどう)をする。

교원이 한 사람 한 사람의 아이에게 세밀한 지도를 한다.

★★★
工夫(くふう)

궁리함, 생각을 짜냄

学校現場(がっこうげんば)には、生徒(せいと)に科学(かがく)への関心(かんしん)を持(も)たせる**工夫(くふう)**が求(もと)められる。

학교 현장에서는 학생에게 과학의 관심을 가지게 하는 궁리가 요구된다.

工夫(くふう)をこらす 골똘히 궁리하다

★☆☆
検証(けんしょう)

검증

日本(にほん)の子供(こども)たちは問題(もんだい)を科学的(かがくてき)に**検証(けんしょう)**する力(ちから)に弱点(じゃくてん)がある。

일본 아이들은 문제를 과학적으로 검증하는 힘에 약점이 있다.

★☆☆
顕著(けんちょ)

현저

大学生(だいがくせい)の学力低下(がくりょくていか)が**顕著(けんちょ)**になってきた。

대학생의 학력 저하가 현저해졌다.

★☆☆
躾(しつけ)

예의범절

家庭(かてい)での**躾(しつけ)**や道徳教育(どうとくきょういく)が極(きわ)めて大切(たいせつ)だ。

가정에서의 예의범절과 도덕 교육이 매우 중요하다.

★☆☆
そしり

비난, 비방

全国学力(ぜんこくがくりょく)テストが役割(やくわり)を終(お)えたというのは、軽率(けいそつ)の**そしり**を免(まぬか)れない。

전국 학력테스트가 역할을 마쳤다는 것은 경솔하다는 비난을 면할 수 없다.

★☆☆

てい いん わ
定員割れ

정원 미달

ぜんこく　しだい　ていいん わ　お
全国の私大の50％が定員割れを起こした。

전국 사립대학의 50%가 정원 미달을 일으켰다.

★☆☆

とう めい せい
透明性

투명성

こうせい　こうへい　きょういんさいよう しけん　とうめいせい　たか
公正、公平な教員採用試験のため、透明性を高める。

공정, 공평한 교원 채용시험을 위해 투명성을 높인다.

★★☆

な　た
成り立つ

성립되다, 이루어지다

がっこう　ほごしゃ　ちいきじゅうみん　きょうりょく　な　た
学校は保護者や地域住民の協力なしには成り立たない。

학교는 보호자와 지역 주민의 협력 없이는 이루어지지 않는다.

★★☆

の
伸ばす

늘리다, 신장시키다

がくりょく　の　いよく　かんしん　も　たいせつ
学力を伸ばすには、まず意欲や関心を持たせることが大切だ。

학력을 신장시키기에는 우선 의욕과 관심을 가지게 하는 것이 중요하다.

★☆☆

ひ
引きこもり

은둔형 외톨이

ひ　もんだい　かいけつ　おや　ちから　あ
引きこもりの問題を解決するため親たちが力を合わせた。

은둔형 외톨이 문제를 해결하기 위해 부모들이 힘을 모았다.

★☆☆

ふ とう こう
不登校

등교 거부

ふとうこう　がくせい　はじ　げんしょう
不登校の学生が初めて減少した。

처음으로 등교 거부 학생이 감소했다.

★☆☆

補習(ほしゅう)

보습, 보충 학습

大学(だいがく)が基礎学力不足(きそがくりょくふそく)の学生(がくせい)に補習(ほしゅう)を行(おこな)っている。

대학이 기초학력이 부족한 학생에게 보충 학습을 하고 있다.

★☆☆

見極(みきわ)める

규명하다, 사물의 본질을 끝까지 밝히다

教育(きょういく)の質(しつ)を見極(みきわ)める評価制度(ひょうかせいど)の導入(どうにゅう)も急務(きゅうむ)である。

교육의 질을 규명하는 평가 제도의 도입도 급선무다.

★☆☆

水増(みずま)し

실제의 수량보다 명목상의 수량을 불림

採用試験(さいようしけん)で点数水増(てんすうみずま)しを指示(しじ)した疑(うたが)いが浮(う)かんでいる。

채용시험에서 점수 불리기를 지시한 혐의가 드러나고 있다.

★★☆

ゆとり教育(きょういく)

여유 교육

ゆとり教育(きょういく)が学力低下(がくりょくていか)につながる。

여유 교육이 학력 저하로 이어진다.

> 여유 교육이란 과도한 주입식 교육을 지양하고 창의성과 자율성 존중을 표방하며 학교 수업 시간을 줄이는 일본의 교육 정책을 말한다.

★☆☆

要領(ようりょう)

요령

指導法(しどうほう)の改善(かいぜん)などを具体的(ぐたいてき)に盛(も)り込(こ)んだ新指導要領(しんしどうようりょう)の作成(さくせい)を急(いそ)がねばならない。

지도법의 개선 등을 구체적으로 담은 새로운 지도요령의 작성을 서둘러야 한다.

★☆☆

よびこう
予備校

입시 학원

だいがくじゅけん　なつやす　よびこう　かよ
大学受験のため夏休みから予備校に通っている。

대학 입시를 위해 여름 방학부터 입시 학원에 다니고 있다.

★☆☆

ろうにん
浪人

재수

あに　いかだいがく　はい　いちねんろうにん
兄は医科大学に入るため一年浪人することにした。

형은 의과대학에 들어가기 위해 1년 재수하기로 했다.

unit 03 스포츠

TRACK 8-03

★★☆

足跡（あしあと）

행적, 업적

五輪史（ごりんし）に大（おお）きな足跡（あしあと）を残（のこ）した。

올림픽 역사에 큰 업적을 남겼다.

★★☆

意気込み（いきごみ）

의욕, 패기, 기세

田中選手（たなかせんしゅ）はちょっぴり緊張（きんちょう）しながらも開幕（かいまく）に向（む）け、意気込み（いきごみ）を語（かた）ってくれました。

다나카 선수는 조금 긴장하면서도 개막을 향해 의욕을 말해 주었습니다.

★★☆

引退（いんたい）

은퇴

山田選手（やまだせんしゅ）は引退試合（いんたいしあい）でもチームを優勝（ゆうしょう）に運（はこ）んだ。

야마다 선수는 은퇴 경기에서도 팀을 우승으로 이끌었다.

★☆☆

延長戦（えんちょうせん）

연장전

延長戦（えんちょうせん）の末（すえ）、日本（にほん）は開催国（かいさいこく）のスペインに勝（か）った。

연장전 끝에 일본은 개최국인 스페인을 이겼다.

前半戦（ぜんはんせん） 전반전
後半戦（こうはんせん） 후반전
ハーフタイム 하프타임

PART 8

★☆☆

面持ち（おもも）

표정, 안색

思わぬプレゼントを受け取った選手たちは、やや緊張した面持ちです。

뜻밖의 선물을 받은 선수들은 조금 긴장한 표정입니다.

★☆☆

開催（かいさい）

개최

2012年のオリンピックはロンドンで開催される。

2012년 올림픽은 런던에서 개최된다.

★★☆

かつて

아직껏, 이제껏

相撲協会はかつてなかった危機に立たされた。

스모 협회는 아직껏 없었던 위기에 처해졌다.

★☆☆

士気（しき）

사기

韓国選手全体の士気が上がった。

한국 선수 전체의 사기가 올랐다.

★★☆

指導者（しどうしゃ）

지도자

指導者として柔道界に残りたいと思います。

지도자로서 유도계에 남고 싶습니다.

★☆☆

競り勝つ（せりかつ）

경쟁해서 이기다

日本はフランス戦に3対2で競り勝ちました。

일본은 프랑스 전에서 3대2로 이겼습니다.

★☆☆

綱引き

줄다리기

小学生の子供たちが綱引きをしている。

초등학생들이 줄다리기를 하고 있다.

★☆☆

パラリンピック

패럴림픽(Paralympics), 국제 신체 장애인 체육 대회

彼は北京パラリンピックで金メダルを獲得した。

그는 북경 패럴림픽에서 금메달을 획득했다.

★★☆

引き分ける

비기다

たとえ引き分けて、2位のイギリスが勝っても、得失点差でオランダが有利です。

설령 비기고, 2위인 영국이 이겨도 득실차로 네덜란드가 유리합니다.

★☆☆

メジャーリーグ

반 マイナーリーグ 마이너리그

메이저리그(major league)

プロの経験がない選手としては異例のメジャーリーグ契約だ。

프로 경험이 없는 선수로서는 이례적인 메이저리그 계약이다.

★★☆

八百長

미리 짜고 겉으로만 겨루는 승부

選手は八百長疑惑を全面的に否定した。

선수는 엉터리 시합 의혹을 전면적으로 부정했다.

★☆☆

連覇

연패

韓国はオリンピックのアーチェリー競技で3連覇を達成した。

한국은 올림픽 양궁 경기에서 3연패를 달성했다.

unit 04 의료

TRACK 8-04

★☆☆

いりょうほけん
医療保険

의료보험

主に中高年を対象に、病気やけがで入院した時にかかる費用を保障する医療保険が多彩になってきた。

주로 중년과 노년을 대상으로 병이나 부상으로 입원했을 때 드는 비용을 보장하는 의료보험이 다채로워졌다.

★☆☆

インフルエンザ

인플루엔자, 유행성 감기, 독감

新型インフルエンザでは国内の対応が過剰だったとの指摘がある。

새로운 유행성 독감에 대해서 국내의 대응이 과잉이었다는 지적이 있다.

★★★

かいご
介護

간호

高齢者の介護と医療は、切れ目なく整備しなければならない。

고령자의 간호와 의료는 끊임없이 정비해야 한다.

★★☆

かふんしょう
花粉症

화분증, 꽃가루 알레르기

花粉症で鼻がつまる。

화분증으로 코가 막히다.

★★☆

かん じゃ

患者

환자

い しゃ　かんじゃ　そう ご しんらい　ひつよう

医者と患者の相互信頼が必要だ。

의사와 환자의 상호신뢰가 필요하다.

★☆☆

かん せん しょう

感染症

감염증

きょうりょく　かんせんしょう　はっせい

強力な感染症が発生した。

강력한 감염증이 발생했다.

★☆☆

さい ぼう

細胞

세포

かれ　い　さいぼう　えら　ひか　ぎ じゅつ　かいはつ

彼は生きているがん細胞だけ選んで光らせる技術を開発した。

그는 살아 있는 암세포만을 선택해서 빛나게 하는 기술을 개발했다.

★☆☆

し く

仕組み

궁리, 방법, 계획

い りょう じ こ　ふんそう　そう き　かいけつ　あたら　し く

医療事故をめぐる紛争を早期に解決するための新しい仕組み

む か しつ ほ しょうせい ど　どうにゅう

として「無過失補償制度」が導入される。

의료 사고를 둘러싼 분쟁을 조기에 해결하기 위한 새로운 방법으로 '무과실보상제도'가 도입 된다.

★☆☆

じゅ せい らん

受精卵

수정란

にんげん　からだ　じゅせいらん　はじ

人間の体は受精卵から始まる。

인간의 몸은 수정란에서 시작된다.

★☆☆

症状（しょうじょう）

증상

感染した生徒たちのインフルエンザの症状は軽く、全員が回復する見込みです。

감염된 학생들의 인플루엔자의 증상은 가벼워서 전원이 회복될 전망입니다.

★★☆

人工授精（じんこうじゅせい）

인공수정

人工授精による誕生は国内では20年ぶりです。

인공수정에 의한 탄생은 국내에서는 20년만입니다.

★★☆

臓器移植（ぞうきいしょく）

장기 이식

彼は臓器移植によって命を拾った。

그는 장기 이식으로 목숨을 건졌다.

★☆☆

総合病院（そうごうびょういん）

종합병원

総合病院の医者不足対策として設けた医学生対象の奨学金制度に、3人の応募があった。

종합병원의 의사 부족 대책으로 만들어진 의대생 대상의 장학금 제도에 세 명이 응모했다.

★☆☆

鎮痛剤（ちんつうざい）

유 痛み止め 진통제

진통제

大量の鎮痛剤を処方したとして医者二人が起訴された。

대량의 진통제를 처방한 것으로 의사 두 명이 기소되었다.

胃薬 위장약	解熱剤 해열제
カプセル 캡슐	消化剤 소화제

★★☆

度合い

유 程合い 정도

정도

病院の過失の度合いが明らかになった。

병원의 과실 정도가 명백해졌다.

★☆☆

認知症

치매증, 인지증

彼は認知症のお年よりなどが入居するグループホームを運営している。

그는 치매증 노인 등이 입거하는 그룹요양소를 운영하고 있다.

★☆☆

熱中症

열사병

厳しい暑さが続き、熱中症に注意が必要な時期になってきた。

혹독한 더위가 이어져 열사병에 주의가 필요한 시기가 되었다.

★☆☆

疲弊

피폐

医療や介護の現場は、過酷な労働と低賃金で疲弊している。

의료와 간호의 현장은 과혹한 노동과 저임금으로 피폐해 있다.

★☆☆

やみくも

사려 분별이 없는 모양, 마구 닥치는 대로

医療事故でやみくもに責任を問われかねない現状を改善しなければならない。

의료 사고에서 마구 책임을 추궁 받게 될지도 모르는 현상을 개선해야 한다.

★☆☆

猶予（ゆうよ）

유예

医療体制（いりょうたいせい）の見直（みなお）しは、もはや一刻（いっこく）も**猶予**（ゆうよ）できない。

의료 체제의 재검토는 이제는 한시도 유예할 수 없다.

unit 05 정치

TRACK 8-05

★★☆

歩み寄り

(あゆよ)

유 歩み合い 서로 양보함

서로 양보함, 타협

両国の歩み寄りで、長年の懸案に一区切りがついた。

양국의 타협으로 오랜 세월의 현안에 일단락이 지어졌다.

★★☆

渦巻く

(うずま)

소용돌이치다

軍事力強化の意図に対する警戒論が渦巻いている。

군사력 강화의 의도에 대한 경계론이 소용돌이치고 있다

★★☆

演説

(えんぜつ)

연설

総理大臣が初めての所信表明演説を行います。

총리대신이 처음 소신 표명 연설을 행합니다.

★☆☆

お手盛り

(おてもり)

제멋대로 처리함, 자기에게 이롭게 정함

国会議員はお手盛り予算案を可決した。

국회의원은 자신에게 유리한 예산안을 가결했다.

★☆☆

思惑

(おもわく)

유 評判 평판

평판, 소문

彼は世間の思惑を気にしていない。

그는 세간의 평판을 신경 쓰고 있지 않다.

★☆☆
噛み締める

어떤 감정을 깊이 음미하다

責任の重さを噛み締め、熟慮して行動すべき時である。

책임의 중대함을 깊이 새기고, 숙려해서 행동해야 할 때다.

★☆☆
空手形

공수표

政府の公約は事実上、空手形に終わるようだ。

정부의 공약은 사실상 공수표로 끝날 것 같다.

★☆☆
聞き応え

들을 만한 값어치

自らの立場を明確にしつつ、きちんと反論し合ってこそ、聞き応えのある議論になる。

스스로의 입장을 명확히 하면서, 정확히 서로 반론을 하는 것이야말로 들을 만한 가치가 있는 토론이 된다.

★☆☆
軋みが生じる

불화가 발생하다

高齢者医療をはじめ福祉施策全体に軋みが生じている。

고령자 의료를 비롯해 복지 시책 전체에 불화가 발생하고 있다.

★★☆
亀裂

균열

政府の役割や経済政策の基本をめぐって、党内に亀裂が走るようだ。

정부의 역할이나 경제 정책의 기본을 둘러싸고 당내에 균열이 생길 것 같다.

★★☆

交渉（こうしょう）

교섭, 협상

韓国はWTOのルールの変更に向け、本格的に交渉に入るべきだ。

한국은 WTO 규칙 변경을 향해 본격적으로 협상에 들어가야 한다.

★☆☆

構築（こうちく）

구축

韓国の外交戦略の構築が極めて重要だ。

한국의 외교 전략 구축이 매우 중요하다.

★☆☆

膠着（こうちゃく）

교착

政局は再び混乱、膠着状態に陥った。

정국은 다시 혼란, 교착 상태에 빠졌다.

★★☆

懇談会（こんだんかい）

간담회

公務員制度の総合的な改革に関する懇談会が開かれた。

공무원 제도의 종합적인 개혁에 관한 간담회가 개최되었다.

★★★

先送り（さきおくり）

보류

先送りになった法案の採決はどうなったんだろう。

보류된 법안의 채결은 어떻게 되었을까?

★★☆

支持（しじ）

지지

選挙で思ったほど支持を得られなかった理由は何ですか。

선거에서 생각했던 만큼 지지를 얻지 못했던 이유는 무엇입니까?

★☆☆

出馬(しゅつば)

출마

委員長(いいんちょう)は**出馬**(しゅつば)を断念(だんねん)した。

위원장은 출마를 단념했다.

★☆☆

真剣(しんけん)

진지함

今後(こんご)、**真剣に**(しんけん)協議(きょうぎ)し、国民(こくみん)が使(つか)いやすい税制(ぜいせい)を作(つく)り上(あ)げてほしい。

앞으로 진지하게 협의해서 국민이 이용하기 쉬운 세금 제도를 만들어 냈으면 한다.

★☆☆

人事交流(じんじこうりゅう)

인사 교류

人事交流(じんじこうりゅう)を質(しつ)と量(りょう)、両面(りょうめん)で拡大(かくだい)する。

인사 교류를 질과 양, 양면으로 확대하다.

★☆☆

推挙(すいきょ)

추거, 추천

同志(どうし)の方々(かたがた)のご**推挙**(すいきょ)を頂(いただ)き、出馬(しゅつば)する決意(けつい)を固(かた)めました。

동지 분들의 추천을 받아 출마할 결의를 굳혔습니다.

★☆☆

スキャンダル

스캔들(scandal), 추문, 부정 사건

今回(こんかい)の**スキャンダル**で、自(みずか)らの政権浮揚(せいけんふよう)を図(はか)ろうとするような言動(げんどう)は慎(つつし)むべきだ。

이번의 부정 사건으로, 스스로의 정권 부양을 꾀하려 하는 언동은 삼가야 한다.

★☆☆

拙速(せっそく)

졸속

拙速な(せっそく)議論(ぎろん)で禍根(かこん)を残(のこ)してはならない。

졸속한 토론에서 화근을 남겨서는 안 된다.

★☆☆

先手を打つ

선수를 치다, 기선을 잡아 우위에 서다

政策で先手を打って、深刻化を防がねばならない。

정책에서 선수를 쳐서 심각화를 막아야 한다.

> 先手 선두에서 나아가는 군대

★★☆

妥協

타협

安易な妥協は禁物だ。

안이한 타협은 금물이다.

★☆☆

たじろぐ

(상대편의 힘에 밀려) 비틀거리다

一時的な風にたじろぐ必要はない。

일시적인 바람에 비틀거릴 필요는 없다.

★☆☆

立ち上げる

(조직 등을 만들어) 활동을 시작하다

新しい政権の人事構想などに取り掛かる政権移行チームが立ち上げられた。

새로운 정권의 인사 구상 등에 착수할 정권 이행팀의 활동이 시작되었다.

★★☆

立て直し

바로잡음, 재정비, 다시 세움

政治体制の早期立て直しが求められている。

정치 체제의 조기 재정비가 필요하다.

★☆☆

縦割り(たてわり)

(조직체에서) 상하 관계를 중심으로 운영되는 일

役所(やくしょ)の縦割り(たてわり)行政(ぎょうせい)はどこも同(おな)じだ。

관공서의 상하 관계로만 운영되는 행정은 어디나 마찬가지다.

★☆☆

たらい回(まわ)し

어떤 한정된 범위 내에서 차례로 돌림

彼(かれ)らは派閥内(はばつない)で政権(せいけん)をたらい回(まわ)しにした。

그들은 파벌 내에서 정권을 돌려가며 잡았다.

★☆☆

遅滞(ちたい)

지체

国政(こくせい)を遅滞(ちたい)なく遂行(すいこう)する枠組(わくぐ)みが必要(ひつよう)だ。

국정을 지체 없이 수행할 구조가 필요하다.

★☆☆

使い勝手(つかいがって)

사용하기 편리한 정도

国民(こくみん)に使い勝手(つかいがって)のいい補助制度(ほじょせいど)を打(う)ち出(だ)した。

국민에게 사용하기 좋은 보조 제도를 내세웠다.

★★☆

募る(つのる)

심해지다

国際社会(こくさいしゃかい)の不信(ふしん)は募(つの)る一方(いっぽう)だ。

국제 사회의 불신은 심해지기만 한다.

★★☆

停滞(ていたい)

정체

政治(せいじ)の停滞(ていたい)がさらに深刻化(しんこくか)するばかりだ。

정치의 정체가 더욱 심각해지기만 한다.

★☆☆

泥仕合(どろじあい)

서로 상대의 비밀, 실수 등을 들춰가며 추잡하게 싸움

証人喚問を政治的泥仕合の道具にするな。

증인의 환문을 정치적 진흙탕 싸움의 도구로 하지 마라.

★★☆

拭う(ぬぐう)

지우다, 씻다

甘い姿勢では国民の不信を拭えない。

무른 자세로는 국민의 불신을 씻을 수 없다.

★★☆

粘り強い(ねばりづよい)

끈질기다

粘り強く交渉したが、駄目だった。

끈질기게 교섭했지만 쓸데없었다.

★☆☆

背信(はいしん)

배신

それは国民に対する重大な背信行為である。

그것은 국민에 대한 중대한 배신 행위이다.

★★☆

歯切れが悪い(はぎれがわるい)

분명치 않다

社会保障改革の方向性を示したものの、なんとも歯切れが悪い。

사회 보장 개혁의 방향성을 제시했지만, 무엇인지 분명치가 않다.

★★☆

批判を浴びる(ひはんをあびる)

비판을 받다

世論の批判を浴びて挫折する。

여론의 비판을 받고 좌절하다.

★☆☆

誹謗(ひぼう)

비방

みんなが国会(こっかい)の外(そと)でお互(たが)い誹謗(ひぼう)しあっている姿(すがた)は見苦(みぐる)しい。

모두가 국회 밖에서 서로 비방하고 있는 모습은 보기 흉하다.

★★☆

膨(ふく)らむ

반 しぼむ 오그라들다, 위축되다

부풀다, 팽창하다

公的資金(こうてきしきん)の投入額(とうにゅうがく)が、どこまで膨(ふく)らむかも不明(ふめい)だ。

공적 자금의 투입액이 어디까지 부풀지도 불명하다.

★☆☆

見取(みと)り図(ず)

겨냥도

首相(しゅしょう)は外交(がいこう)の見取(みど)り図(ず)を早急(さっきゅう)に示(しめ)さねばならない。

수상은 외교의 겨냥도를 빨리 보이지 않으면 안 된다.

★☆☆

無為(むい)

하는 일 없음

日本(にほん)の会社(かいしゃ)のあり方(かた)にかかわる問題(もんだい)に、国会(こっかい)が無為(むい)であってはならない。

일본 회사의 본연의 모습에 관계되는 문제에, 국회가 하는 일 없이 있어서는 안 된다.

★☆☆

門戸(もんこ)

문호

政府(せいふ)はさらに厳(きび)しく門戸(もんこ)を狭(せば)めることも検討(けんとう)している。

정부는 더욱 엄하게 문호를 좁히는 것도 검토하고 있다.

★☆☆

和(やわ)らげる

완화하다

衝撃(しょうげき)を和(やわ)らげる施策(しさく)を機動的(きどうてき)に打(う)ち出(だ)した。

충격을 완화하는 시책을 기동적으로 내세웠다.

★☆☆

露呈(ろてい)

드러냄

内輪(うちわ)もめを外部(がいぶ)に露呈(ろてい)した。

내분을 외부에 드러냈다.

unit 06 환경

TRACK 8-06

受(う)け取(と)る
★★★

받다

地表(ちひょう)の温度(おんど)は太陽(たいよう)から受(う)け取(と)る熱(ねつ)と反射(はんしゃ)して宇宙(うちゅう)に放出(ほうしゅつ)する熱(ねつ)のバランスで決(き)まる。
지표의 온도는 태양에서 받은 열과 반사해서 우주로 방출하는 열의 균형으로 결정된다.

温暖化(おんだんか)
★★★

온난화

地球(ちきゅう)温暖化(おんだんか)は気温(きおん)や水温(すいおん)を変化(へんか)させ、海水面上昇(かいすいめんじょうしょう)、降水量(こうすいりょう)の変化(へんか)を引(ひ)き起(お)こす。
지구 온난화는 기온과 수온을 변화시켜, 해수면 상승, 강수량의 변화를 야기한다.

敬遠(けいえん)
★☆☆

경원, 꺼리고 멀리함

近年(きんねん)、若者(わかもの)が物理学(ぶつりがく)をはじめとする理工学系(りこうがくけい)を敬遠(けいえん)している。
최근 젊은이가 물리학을 비롯한 이공학계를 꺼리고 있다.

荒廃(こうはい)
★☆☆

황폐

農地(のうち)の荒廃(こうはい)を防(ふせ)ぐため、さまざまな取(と)り組(く)みが始(はじ)まっている。
농지의 황폐를 막기 위해 여러 가지 대처가 시작되고 있다.

★☆☆

さばくか
砂漠化

사막화

ほくぶ ちゅうぶちいき さばくか すす
北部から中部地域にかけて、砂漠化が進む。

북부에서 중부지역에 걸쳐 사막화가 진행된다.

★☆☆

さまが
様変わり

변화

なんきょく しぜん さまが
南極の自然が様変わりしている。

남극의 자연이 변화하고 있다.

★☆☆

さんせいう
酸性雨

산성비

さんせいう えいきょう おくがい どうぞう あと のこ
酸性雨の影響で屋外の銅像に跡が残った。

산성비의 영향으로 야외 동상에 흔적이 남았다.

★☆☆

しがいせん
紫外線

자외선

しょくぶつ つよ しがいせん あ せいちょう そがい
植物は強い紫外線を浴びると成長が阻害される。

식물은 강한 자외선을 쬐면 성장이 저해된다.

せきがいせん
赤外線 적외선

★☆☆

しょう
省エネ

에너지 절약

しょう かでん こうにゅうしゃ ふよ
省エネ家電の購入者にポイントを付与する。

에너지 절약 가전제품의 구입자에게 포인트를 부여한다.

PART 8

★★☆
じん こう えい せい
人工衛星

인공위성

人工衛星を使えば、宇宙から広範囲で情報を伝達することができる。

인공위성을 사용하면 우주에서 광범위로 정보를 전달할 수 있다.

★☆☆
しん こく
深刻

심각함

気温上昇が2度を越えれば人類の暮らしに深刻な影響が出る。

기온 상승이 2도를 넘으면 인류의 삶에 심각한 영향이 생긴다.

★☆☆
すい そ
水素

수소

燃料電池車は水素と酸素の化学反応により発生した電気でモーターを回して走る。

연료전지차는 수소와 산소의 화학반응에 의해 발생한 전기로 모터를 돌려서 달린다.

二酸化炭素 이산화탄소

★☆☆
せい たい けい
生態系

생태계

生態系は人間活動の影響により縮小し、危機に瀕している。

생태계는 인간 활동의 영향에 의해 축소되고, 위기에 직면해 있다.

★☆☆
たい よう こう はつ でん
太陽光発電

태양광 발전

太陽光発電の普及を打ち出している。

태양광 발전의 보급을 내세우고 있다.

どじょう

★☆☆
土壌(どじょう)

토양

土壌(どじょう)汚染(おせん)は過去(かこ)の有害物質(ゆうがいぶっしつ)の利用(りよう)などによる蓄積性(ちくせきせい)の高(たか)い公害(こうがい)である。

토양 오염은 과거의 유해물질 이용 등에 의한 축적성이 높은 공해이다.

と く

★☆☆
取(と)り組(く)む

몰두하다

気候変動(きこうへんどう)は将来(しょうらい)の問題(もんだい)ではなく、すぐに取(と)り組(く)まなくてはならない課題(かだい)だ。

기후 변동은 장래의 문제가 아니라 즉시 몰두해야만 하는 과제다.

み ぢか

★★★
身近(みぢか)

자기와 관계가 깊음

酸性雨(さんせいう)による環境破壊(かんきょうはかい)は、市民一人一人(しみんひとりひとり)にとって身近(みぢか)な問題(もんだい)である。

산성비에 의한 환경 파괴는 시민 한 사람 한 사람에게 관계가 깊은 문제다.

めぐ

★★★
巡(めぐ)る

둘러싸다, 에워싸다

地球温暖化(ちきゅうおんだんか)を巡(めぐ)る交渉(こうしょう)の根底(こんてい)にある先進国(せんしんこく)と新興国(しんこうこく)との溝(みぞ)が、今回(こんかい)も埋(う)まらなかった。

지구 온난화를 둘러싼 협상 근저에 있는 선진국과 신흥국과의 틈이 이번에도 메워지지 않았다.

PART 8

JPT 한권으로 끝내기 VOCA

정답 및 찾아보기

연습문제 정답

PART 1

1
❶ 突っ込んで ❷ ついばんで ❸ 総立ち
❹ 踏み切り ❺ 透き通った ❻ 突き当たり
❼ 溢れ出て ❽ 絡み合って ❾ 差し込んで

2
❶ E ❷ F ❸ G ❹ B ❺ C ❻ D ❼ A ❽ J ❾ K
❿ M ⓫ I ⓬ O ⓭ R ⓮ L ⓯ Q ⓰ H ⓱ N ⓲ P

PART 2

1
❶ 満(み)たして ❷ 省略(しょうりゃく) ❸ 弁護士(べんごし)
❹ 曖昧(あいまい)な ❺ 消(け)しても ❻ 譲(ゆず)り合(あ)って
❼ 従兄弟(いとこ) ❽ 軒並(のきな)み ❾ 継(つ)ぐ

2
❶ A ❷ F ❸ B ❹ E ❺ I ❻ H ❼ C ❽ D ❾ L
❿ N ⓫ G ⓬ M ⓭ J ⓮ K ⓯ Q ⓰ R ⓱ P ⓲ O

PART 3

1
❶ 棚卸(たなおろし) ❷ 裏付(うらづ)ける ❸ 愛想(あいそう)
❹ サボって ❺ 滑(すべ)り出(だ)し ❻ 効(き)き目(め)
❼ ゆでて ❽ 締(し)め切(き)り ❾ 風変(ふうが)わり

2
❶ C ❷ D ❸ B ❹ A ❺ G ❻ H ❼ E ❽ J ❾ F
❿ K ⓫ L ⓬ I ⓭ M ⓮ N ⓯ Q ⓰ P ⓱ R ⓲ O

PART 4

1

❶ 雨足(あまあし)　❷ 振(ふ)り込(こ)み詐欺(さぎ)　❸ 売(う)り手(て)

❹ 擦(す)り抜(ぬ)けた　❺ 爽(さわ)やかな　❻ 発売(はつばい)

❼ 差(さ)し掛(か)かった　❽ 手間取(てまど)った　❾ 雹(ひょう)

2

❶ C　❷ D　❸ B　❹ A　❺ F　❻ E　❼ I　❽ K　❾ G

❿ H　⓫ L　⓬ M　⓭ J　⓮ P　⓯ O　⓰ N　⓱ R　⓲ Q

PART 5

❶ D　❷ B　❸ A　❹ A　❺ D　❻ D　❼ B　❽ C　❾ C

❿ A　⓫ A　⓬ B　⓭ A　⓮ C　⓯ D　⓰ D　⓱ D　⓲ C

⓳ C　⓴ D

PART 6

❶ B(→の)　❷ C(→か)　❸ D(→変(か)わった)

❹ C(→に 또는 へ)　❺ A(→に 탈락)　❻ D(→が)

❼ B(→は)　❽ D(→を)　❾ D(→に)

❿ C(→が)　⓫ C(→だから)　⓬ A(→動(うご)かす)

⓭ D(→落(お)として)　⓮ D(→続(つづ)けた)　⓯ A(→壊(こわ)れて)

⓰ B(→届(とど)いた)　⓱ D(→始(はじ)めました)　⓲ A(→アレルギー体質(たいしつ))

⓳ A(→サッカー)　⓴ D(→ビール)

PART 7

❶ D　❷ B　❸ A　❹ B　❺ D　❻ C　❼ C　❽ A　❾ C

❿ C　⓫ B　⓬ C　⓭ B　⓮ B　⓯ D　⓰ B　⓱ A　⓲ D

⓳ B　⓴ A　㉑ C　㉒ B　㉓ B　㉔ C　㉕ C　㉖ A　㉗ C

㉘ A　㉙ C　㉚ A

찾아보기

어휘

あ

アーチ状 060
相合傘 015
挨拶 013
愛称 131
合図 252
愛想 173
間 243
間柄 252
相次ぐ 226
相手 252
アイディア 322
アイドル 322
合間 252
曖昧 131
曖昧模糊 258
あえて 337
仰ぐ 268
青田買い 434
青田刈り 434
青二才 256
仰向く 012
煽り 407
垢 243
赤字 407
証 243
暁 243
上がる 310
秋 243
空き缶 075
秋雨 223
空き巣 080
空き地 075
商う 268
明らか 265
諦める 376
飽きる 173
呆れる 268
開く 045, 314
空く 039
悪質 118
悪循環 416
悪戦苦闘 258
あくどい 147
明け暮れる 273
開ける 026, 287, 314
空ける 039, 287
明ける 287
挙げる 287
上げる 287, 310
揚げる 287
顎 243
浅い 260
朝寝坊 256
欺く 376
朝飯前 173
鮮やか 265
脚 287
足 287
足跡 439
味気ない 260
足踏み状態 407
預かる 011, 174
預ける 011, 174
汗 243
汗だらけ 069
焦る 268
値 243
暖まる 310
暖める 051, 310
当たり 226
当たり屋 226
当たる 288, 310
中たる 288
篤い 288
暑い 288
熱い 288
厚い 288
悪化 408
扱う 147
厚かましい 381
呆気ない 260
あっさり 351
斡旋 249
圧倒 174
集まる 174
集める 174
当て逃げ 226
当てはまる 310
当てはめる 310
あでやか 265
当てる 288, 310
宛てる 289
中てる 288
充てる 289
跡 243
後 243
後押し 213
後片付け 011
あどけない 260
後始末 256
跡継ぎ 252
アドバイス 322
後払い 159
後回し 252
穴 243
穴埋め 408
アナウンサー 322
強ち 337

板 243
抱く 268
いただく 098
痛み止め 444
悼む 289
傷む 289
痛む 289
一概に 338
一期一会 258
一時的 218
一時払い 159
著しい 260
一大事 256
一目散 256
一目瞭然 258
一目置く 373
いつ 105
一環 227
一喜一憂 258
一挙両得 258
慈しむ 268
一見 249
一向に 338
一切 249
一触即発 258
一斉に 338
一石二鳥 258
いっそ 338
一体 338
一朝一夕 258
一滴 218
一辺倒 256
偽る 376
糸 243
意図 249
従兄弟 118
営む 268
挑む 268
田舎 147
稲妻 218
古 243
命 243
祈る 268
居間 252
忌々しい 260
戒める 268
未だ 339
今にも 339
忌言葉 256
忌む 268
Eメール 322
イメージ 322
妹 243
卑しい 260
嫌らしい 260
イヤリング 073
いよいよ 339
意欲 118
いらっしゃる 098
医療保険 442
入り口 063
居る 290
要る 290
入る 290
色 243
彩る 268
岩 243
祝う 268
隠居 249
インターネット 322
引退 439
インタビュー 322
インフラ 408
インフルエンザ 442
インフレ 322
初々しい 260
ウイルス 322
植木鉢 075
植える 310
飢える 268
右往左往 258
うかがう 098
うかつ 265
浮かぶ 040, 268, 314
浮かべる 040, 314
うきうき 351
浮く 040
受け入れる 273
受け皿 434
受け継ぐ 273
受付 159
受け付ける 273
受け止める 273
受取証 153
受取人 159
受け取る 456
受け持ち 252
受け持つ 273
受ける 290
請ける 290
動かす 012, 309
動き出す 118
動く 012, 309
牛 243
後ろ 243
後ろ足 076
後ろめたい 260
渦 040
薄い 260
うずくまる 022
薄暗い 260
渦巻き 040
渦巻く 040, 447
薄まる 310
薄める 310
右折 153
歌 243
疑う 268
うち 290
家 290

内 (うち)	290	恭しい (うやうやしい)	260	運搬 (うんぱん)	215, 249		
打ち明ける (うちあける)	273	敬う (うやまう)	268	運命 (うんめい)	249		
打ち合わせる (うちあわせる)	273	うやむや	175	絵 (え)	243		
打ち切り (うちきり)	408	裏 (うら)	060, 243	映画館 (えいがかん)	070		
打ち切る (うちきる)	273	浦 (うら)	243	永世 (えいせい)	278		
打ち込む (うちこむ)	273	裏打ち (うらうち)	409	衛生 (えいせい)	278		
有頂天 (うちょうてん)	256	裏返し (うらがえし)	252	衛星 (えいせい)	278		
団扇 (うちわ)	252	裏返す (うらがえす)	312	笑顔 (えがお)	252		
内訳 (うちわけ)	252	裏返る (うらがえる)	312	描く (えがく)	041		
打ち放題 (うちほうだい)	050	うらがなしい	260	えこひいきする	364		
撃つ (うつ)	291	裏切り者 (うらぎりもの)	227	餌 (えさ)	243		
打つ (うつ)	290, 291	裏切る (うらぎる)	227	えしゃく	013		
討つ (うつ)	291	裏付ける (うらづける)	176	枝 (えだ)	243		
うっかり	351	恨む (うらむ)	268	得体 (えたい)	252		
写す (うつす)	291, 312	恨めしい (うらめしい)	260	エチケット	322		
映す (うつす)	040, 291	うらやましい	131	会得 (えとく)	252		
移す (うつす)	291	うらやむ	131	エネルギー	322		
訴える (うったえる)	040	麗らか (うららか)	265	エピソード	322		
うっとうしい	260	売り上げ (うりあげ)	409	獲物 (えもの)	252		
うつむく	012	売上高 (うりあげだか)	256	偉い (えらい)	260		
うつらうつらする	028	売り急ぐ (うりいそぐ)	409	襟 (えり)	243		
移り気 (うつりぎ)	182	売り込み (うりこみ)	409	エリート	322		
写る (うつる)	312	売り出す (うりだす)	273	円 (えん)	060		
映る (うつる)	040	売り手 (うりて)	213	円滑 (えんかつ)	249		
移る (うつる)	268	売り場 (うりば)	063	縁側 (えんがわ)	252		
空ろ (うつろ)	265	売り渡す (うりわたす)	409	延期 (えんき)	186		
器 (うつわ)	243	売る (うる)	312	縁起 (えんぎ)	176		
腕 (うで)	243	潤う (うるおう)	268	婉曲 (えんきょく)	249		
腕揃い (うでぞろい)	189	嬉しい (うれしい)	260	炎上 (えんじょう)	227		
腕前 (うでまえ)	252	熟れる (うれる)	268	円錐形 (えんすいけい)	061		
うとうとする	028	売れる (うれる)	310	演説 (えんぜつ)	012, 447		
鰻登り (うなぎのぼり)	409	うろうろ	351	演奏 (えんそう)	016		
奪い取る (うばいとる)	175	浮気 (うわき)	252	延長線 (えんちょうせん)	439		
奪う (うばう)	268	上着 (うわぎ)	252	遠慮 (えんりょ)	181		
うまい	291	噂 (うわさ)	243	尾 (お)	243		
埋まる (うまる)	040, 310	上手 (うわて)	078	甥 (おい)	243		
産まれる (うまれる)	175	上回る (うわまわる)	273	追い越す (おいこす)	273		
生まれる (うまれる)	316	植わる (うわる)	310	追い込む (おいこむ)	273		
生む (うむ)	316	うんざり	132	おいしい	260		
埋める (うめる)	040, 310	運賃 (うんちん)	249	追い出す (おいだす)	273

おまけに 331
お招き 178
お巡りさん 054
お見合い 178
お土産 119
主 265
思い余る 273
思いがけない 119
思い付き 252
思い付く 273
思い出 252
思い止まる 376
思いやり 182
思い思い(に) 076
思い通り 148
面影 252
重たい 261
表 060, 244
趣 135, 178
赴く 269
面持ち 440
思惑 447
思わず 339
親 244
およぐ 014
および 331
及ぶ 411
折り入って 339
オリエンテーション 322
折り返す 274
折り重なる 041
折り重ねる 041
折り紙付 179
織物 252
降りる 029
下りる 312
折る 312
お礼 013
折れる 312
おろおろ 352
愚か 265
下ろす 312
疎か 265
終わる 310
尾を立てる 014
穏健 265
温暖化 456
温暖前線 219

か

か 317
が 317
カード 322
貝 244
買い集める 120
外貨 179
かいがいしい 261
買い被る 179
海岸 076
会議室 014
介護 442
解雇 365, 411
解雇する 206
開催 440
改札口 076
外需 425
回収する 014
解除 249
海水浴 076
改姓 278
改正 278
快晴 218, 278
回生 278
開拓 249
懐中電灯 065
買い手 213
開店 063
街道 249
回復 411
開放 278
介抱 278
快方 278
快報 278
解放 278
会報 278
開放的 064
垣間見る 179
街路樹 083
買い控え 411
飼う 015
帰す 313
返す 313
却って 340
顧みる 269
省みる 269
帰る 292, 313
代える 292
返る 292, 313
変える 292, 310
替える 292
換える 292
顔 293
顔揃い 189
顔付き 252
香り 244
薫る 269
科学 278
化学 278
踵 244
鏡 064
輝かしい 041
輝く 041
かかる 310
係る 269
垣 244
鍵 180
書き入れ時 412
書留 252

さ

な

情けない 196
情け深い 262
なさる 101
成し遂げる 196
擦り合い 138
なぜ 108
名高い 363
なだらか 266
雪崩 085
夏 246
懐かしい 262
名付ける 275
納豆 126
撫でる 027
なに／なん 108
何気ない 262
なにしろ 346
名札 254
鍋 246
生意気 266
名前 254
生臭い 262
怠ける 271
生煮え 425
生温い 262
生半可 151, 257
生身 254
鉛 246
鈍る 426
波 246
並木 083
並木道 083
涙 246
滑らか 196, 266
悩ましい 262
悩み事 138
悩む 271
なよやか 266
倣う 299
習う 299
慣らす 314
ならびに 336
並ぶ 049
並べる 049
成り上がる 275
成り済ます 275
成り立つ 436
成り行く 275
慣れ慣れしい 262
慣れる 314
難局 285
南極 285
難航 425
何歳 108
何時 109
ナンセンス 324
何日 109
に 319
似合う 138
煮える 314
苦い 262
似顔絵 196
逃がす 314
苦手 196
似通う 275
にきび 027
賑やか 266
握り締める 027
握る 271
憎い 262
肉体的 150
憎む 271
憎らしい 262
逃げ出す 275
逃げ得 426
逃げる 314
にこにこ 357
濁る 271
西 246
虹 126
西日 254
二者択一 259
偽者 254
二束三文 259
荷造り 254
にっこり 038
担い手 016
担う 016, 271
鈍る 425
二枚目 257
にやにや 038
ニュアンス 324
入荷 161
ニュース 324
睨み合う 027
睨む 027
似る 271
煮る 314
庭 246
にわか 246
にわか雨 223
妊娠 156
認知症 445
縫う 027
抜き打ち 233
抜く 314
脱ぐ 028
拭う 033, 453
抜け出す 275
抜ける 314
脱げる 028
主 246
盗む 271
布 083
沼 246
濡らす 028
塗り立て 049
温い 139
濡れる 028
根 246

は

ま

弊店(へいてん)	063	ボーナス	128	炎(ほのお)	247
平凡(へいぼん)	201	ホームページ	325	微笑む(ほほえむ)	038
ぺこぺこ	360	ホームレス	157	ボランティア	325
ベストセラー	325	朗らか(ほがらか)	266	掘り起こす(ほりおこす)	052
下手(へた)	135	募金(ぼきん)	250	彫る(ほる)	052, 272
下手くそ(へたくそ)	201	北上(ほくじょう)	224	滅びる(ほろびる)	312
隔てる(へだてる)	272	ポケット	325	滅ぼす(ほろぼす)	312
べたべた	360	保健室(ほけんしつ)	157	本音(ほんね)	254
ベッド	325	保護(ほご)	250	ほんの	202
ペット	325	歩行者(ほこうしゃ)	058	本場(ほんば)	255
ベテラン	325	誇らしい(ほこらしい)	263	翻訳(ほんやく)	163
部屋(へや)	254	ほこりだらけ	069	ぼんやり	361
減らす(へらす)	139	誇る(ほこる)	272		
ぺらぺら	360	綻びる(ほころびる)	044		
減る(へる)	139, 272	星(ほし)	247	**ま**	
経る(へる)	272	ポジション	325		
便宜(べんぎ)	250	干し物(ほしもの)	254	マーク	325
返却(へんきゃく)	250	補習(ほしゅう)	437	迷子(まいご)	255
変更(へんこう)	157	補償(ほしょう)	286	マイナーリーグ	441
弁護士(べんごし)	140	保障(ほしょう)	286	参る(まいる)	272
返済(へんさい)	429	保証(ほしょう)	286	舞う(まう)	014
返品(へんぴん)	163	干す(ほす)	016, 272	マウス	034
便利(べんり)	266	ポスター	325	前足(まえあし)	076
穂(ほ)	247	ポスト	085	前売り(まえうり)	255
望遠鏡(ぼうえんきょう)	201	細い(ほそい)	202	前置き(まえおき)	255
妨害(ぼうがい)	250	舗装(ほそう)	085	前払い(まえばらい)	159
放棄(ほうき)	285	細長い(ほそながい)	052	前もって(まえもって)	202, 347
法規(ほうき)	285	ぽっかり	360	任せる(まかせる)	171
報告書(ほうこくしょ)	130	発作(ほっさ)	250	賄う(まかなう)	272
傍若無人(ぼうじゃくぶじん)	234	ほっと	360	曲がる(まがる)	311
放射性物質(ほうしゃせいぶっしつ)	235	ホテル	325	紛らわしい(まぎらわしい)	202
方針(ほうしん)	429	ほど	320	紛れる(まぎれる)	272
放送(ほうそう)	163	程合い(ほどあい)	445	巻き込む(まきこむ)	128
防虫剤(ぼうちゅうざい)	236	歩道橋(ほどうきょう)	054	巻く(まく)	272
傍聴(ぼうちょう)	285	ほどく	314	枕(まくら)	247
膨張(ぼうちょう)	285, 429	ほどける	314	曲げる(まげる)	311
冒頭(ぼうとう)	202	施す(ほどこす)	272	負ける(まける)	272
葬る(ほうむる)	272	ほとんど	086, 347	真心(まごころ)	255
放り込む(ほうりこむ)	276	骨(ほね)	247	正に(まさに)	348
放り出す(ほうりだす)	276	骨惜しみ(ほねおしみ)	186	勝る(まさる)	272

や

流動化 433
領海 286
了解 286
両替 164
了承 172
良心 286
両親 286
両にらみ 433
リラックス 326
離陸 059
りりしい 264
類 216
累計 286
類型 286
ルーズ 137
ルール 326
留守 255
零下 219
冷害 286
例外 286
冷蔵庫 208
レシート 326
レベル 326
レポート 130
連休 130
連覇 441
廊下 286
老化 208, 286
老衰 286
漏水 286
ろうそく 074
浪人 438
ローン 326
碌 267
録音 158
ろくに 350
露骨 267
露呈 455
ロマンチック 326

わ

輪 248
わいわい 031
若い 264
沸かす 309
我侭 267
若者 255
若々しい 264
脇 248
湧き出る 087
弁える 141
沸く 309
枠 248
枠組み 433
わくわく 361
わけない 264
若人 150
技 248
業 248
災い 248
わざわざ 350
わずか 267
僅か 087
煩う 303
患う 303
煩わしい 264
忘れ物 255
綿 248
話題 158
渡す 038
渡り鳥 255
渡る 038
詫びる 272
和風 251
笑う 038
童 248
割り込む 277
割引 158
割り当て 255
割り算 047
割る 312
悪口 208
我 248
割れる 312
ワンクッション 326
を 321

관용구・표현・문형

あ

～あげく 383
開いた口が塞がらない 362
相槌を打つ 372
あうんの呼吸 373
青筋を立てる 363
仰向けになる 038
あぐらをかく 022
揚げ足を取る 372
あげたてのてんぷら 050
足が棒になる 363
足が出る 362
足止めを食う 055
足並みを揃える 407
足の裏 075
足を組む 018
足を曲げる 011
足を伸ばす 173
足を引っ張る 365
足を揃える 011
頭に浮かぶ 040
頭に来る 363
頭を冷やす 051

頭打ちになる 408
あっという間に 174
後を絶たない 408
～いいですか 112
いざという時 147
～いざしらず 383
家の上にも三年 372
医者にかかる 045
意地を張る 372
いずれにしろ 175
いたずらをする 023
一途をたどる 227
一泊朝食つき 159
～一方だ 383
いまだかつて～ない 216
いもを洗うよう 043
嫌気が差す 173
色合いを帯びる 227
腕を振るう 363
馬が合う 373
馬の耳に念仏 373
笑みを浮かべる 038
縁起を担ぐ 176
大げさに言う 374
大詰めを迎える 227
大手を振る 025
お金を下ろす 177
臆面もなく 381
お世話になる 177
恐れ入ります 178
お茶にする 013
お茶を入れる 013
お茶を濁す 373
お払い箱にする 365
お払い箱になる 365
思いもかけない 119
思いもよらない 119
お湯が沸く 063
折り畳みの傘 015
終わりを告げる 230

か

顔色が悪い 180
顔が立つ 363
顔が売れる 363
書き入れ時 412
かけらも無い 165
傘をさす 015
傘を畳む 015
片意地を張る 372
～かたがた 383
肩にかける 016
肩の荷が下りる 364
肩を組む 018
肩を持つ 364
～かたわら 383
肩膝を上げる 011
合点がいかない 380
～か～ないかのうちに 384
～かねない 384
かの涙 169
～かもしれない 113
体がだるい 192
～から～にかけて 384
～からには 384
気が合う 373
気が気でない 374
気が抜ける 374
機嫌が悪い 120
机上の空論 414
気に入らない 374
気に食わない 374
気になる 133
気の毒 265
～気味 384
肝を冷やす 051
脚光を浴びる 375
急場しのぎ 415
～きらいがある 384
～きり 385
気を紛らわす 375
気を配る 375
具合が悪い 149, 192
釘をさす 375
首が飛ぶ 365
首が回らない 365
首にする 206
首を長くする 035
曇りのち雨 220
経験を積む 133
強情を張る 372
功を奏する 375
心を鬼にする 376
腰を折る 365
腰を下ろす 022
殊の外 119
～ことにする 116
～ことになる 116
言葉尻を捕らえる 376
好みに合わせる 167

さ

～さえ～ば 385
匙を投げる 376
～(さ)せていただく 101
鯖を読む 038, 376
～ざるを得ない 385
事故に遭う 021
～次第 385
舌を巻く 366
しのぎを削る 377
芝を刈る 021
しぼり立ての牛乳 050
蛇口を締める 079
蛇口を捻る 079
邪魔をする 365
終止符を打つ 230

所帯を持つ 370
白を切る 381
尻に火がつく 368
人口に膾炙する 365
診察を受ける 045
～末 385
涼しい顔をしている 379
雀の涙 169
～ずにはいられない 385
～ずにはすまない 386
隅に置けない 377
席を外す 169
雪上霜を加える 367
背を向ける 022
想像を絶する 190
～そうだ 114, 115
底が割れる 380
その場凌ぎ 415
その場逃れ 415

た

体調が悪い 192
高みの見物 019
高をくくる 377
～だけあって 386
竹を割ったよう 377
～たことがある 386
～たとたんに 386
棚にあげる 377
～たびに 386
～たまま 386
～たりとも 387
茶々を入れる 365
帳尻を合わせる 421
長蛇の列 120
～っこない 387
～つつ 387
～つつある 387
～って 115
～っぱなし 387
爪先を揃える 011
～つもりだ 116
面の皮が厚い 382
鶴の一声 378
手当たり次第 169
～てくださいませんか 111
～てくれない 111
～てくれませんか 111
～てくれる 111
～でございます 101
～てしかたがない 387
手にする 025
手に汗を握る 151
手袋をする 025
手袋を嵌める 025
～てもいいですか 112
～てもかまわないですか 112
～てやまない 388
手を入れる 025
手を拱く 424
手を叩く 030
手を振る 025
手を抜く 366
手を焼く 366
手を尽くす 424
手を打つ 194
天気が崩れる 222
～と相まって 388
～とあって 388
～といえども 388
～といったところだ 388
～といったらない 388
～と思いきや 389
～と思う 113
～とか 115
～ときたら 389
～どころではない 389
度肝を抜く 378
～とばかりに 389
途方に暮れる 378
～ともあろう 389
～ともなく 389
取り付く島がない 378

な

～ないことはない 390
～ないほうがいい 113
～ないものでもない 390
長い目で見る 367
泣き面に蜂 367
波を立てる 027
～ならでは 390
～にあたって 390
～にあるまじき 390
～に(は)あたらない 393
～にかかわらず 390
～に限り 391
～にかけては 391
～にかたくない 391
～に決まっている 391
～に加えて 391
～に越したことはない 391
～に応えて 392
～に従って 392
～にしては 392
～に相違ない 392
～に沿って 392
～にたえる 392
～につけ(て) 393
～にとどまらず 393
～に伴って 393
二の足を踏む 188
～にひきかえ 393
～にほかならない 393
～にもかかわらず 394
～に基づいて 394

～にもまして 394
～にわたって 394
猫に小判 378
猫の手も借りたい 370
猫を被る 379
根堀り葉堀り 197
根も葉もない 379
念には念を入れる 379
念を押す 375
喉から手が出る 367
～のみならず 394
蚤の市 197

は

～はおろか 394
歯が立たない 367
～ばかりか 395
～ばかりに 395
馬脚を表す 380
歯切れが悪い 453
拍車がかかる 426
～はさておき 395
弾みを付ける 215
～ばそれまでだ 395
はっきりしない天気 220
～はともかく 395
鼻っ柱をへし折る 368
鼻にかける 368
鼻に付く 368
～ば～ほど 396
～はもとより 395
腹が立つ 363
腹の虫が納まらない 363
腹這いになる 038
万全を期する 234
判で押したよう 380
ひざを乗り出す 036
肘を付く 031
人手が足りない 139
批判を浴びる 453
ひびが入る 200
ピリオドを打つ 230
フード付きのコート 085
腑に落ちない 380
船を漕ぐ 028
踏んだり蹴ったり 367
へそを曲げる 368
ペダルを漕ぐ 033
～ほうがいい 113, 396
頬杖をつく 034

ま

枕を高くする 370
～ましょう 110
～ましょうか 110
～ませんか 110
マスクをする 034
瞬く間に 174
まないたの鯉 381
見栄を張る 203
見かけによらず 140
身から出た錆 369
右に出る者がない 381
水をまく 035
水をやる 035
水を浴びる 035
水を差す 365
～みたいだ 114
道草を食う 381
身に付ける 369
身の上 255
身の回り 255
見二つになる 156
耳にたこができる 369
耳を傾ける 369
身を固める 370
身を乗り出す 036
身を投げる 027
～向けに 396
虫がいい 381
虫が好かない 382
虫の居所が悪い 382
胸をなで下ろす 370
眼鏡をかける 036
目から鱗が落ちる 370
目が回る 370
目くじらを立てる 371
目薬をさす 037
めどが立つ 430
目と鼻の先 371
目に浮かぶ 040
目の上の瘤 371
目眩がする 205
目を伏せる 037
目を通す 371
メンツが立つ 363
面目が立つ 363
～もさることながら 396

や

やき立てのパン 050
役に立つ 382
役割を担う 431
安もの買いの銭失い 382
勇気を出す 141
～ようがない 396
～ようだ 114
～ようにする 116
～ようになる 116
予約を取る 163
弱い目に祟り目 367

ら

～らしい 114
らちが明かない 382
類を見ない 216

わ

～わけにはいかない 396
輪になる 013
～わりに(は) 397
輪をかける 374
～をおいて 397
～をかぎりに 397
～を皮切りに(して) 397
～を禁じ得ない 397
～をこめて 397
～を通じて 398
～を問わず 398
～を抜きにして 398
～をはじめ 398
～を踏まえて 398
～を巡って 398
～をもって 399
～を余儀なくさせる 399
～をよそに 399
～んがため 399

Memo

Memo

Memo

Memo